Deep Customer Value

Kai Zimmermann · Frank Pensel

Deep Customer Value

So gestalten Sie Angebote
und Verträge in digitalen
Kundenbeziehungen
profitabel

 Springer Gabler

Kai Zimmermann
concision GmbH
Ahrensburg, Deutschland

Frank Pensel
LionGate AG
München, Deutschland

ISBN 978-3-658-17971-7   ISBN 978-3-658-17972-4   (eBook)
DOI 10.1007/978-3-658-17972-4

Die Deutsche Nationalbibliothek verzeichnet diese Publikation in der Deutschen Nationalbiblio-
grafie; detaillierte bibliografische Daten sind im Internet über http://dnb.d-nb.de abrufbar.

Springer Gabler
© Springer Fachmedien Wiesbaden GmbH 2017

Gedruckt auf säurefreiem und chlorfrei gebleichtem Papier

Springer Gabler ist Teil von Springer Nature
Die eingetragene Gesellschaft ist Springer Fachmedien Wiesbaden GmbH
Die Anschrift der Gesellschaft ist: Abraham-Lincoln-Str. 46, 65189 Wiesbaden, Germany

Vorwort

Die ersten Ideen sind bereits vor zehn Jahren entstanden. Die Überlegungen begannen also in einer Zeit, in der noch nicht so umfassend über die Digitale Transformation gesprochen wurde wie heute. In dieser Zeit entwickelten sich die ersten Skizzen zu einem völlig neuen Ansatz eines wertsteuernden Gesamtkonzepts.

Es ging zum ersten Mal nicht nur um einen einzigen Kanal, eine einzelne Kundengruppe oder ein Prozesscluster wie Rückgewinnungskampagnen oder Vertragsverlängerungen. Für einen wirklich großen Kundenbestand von mehreren Millionen Kunden sollte der Grundstein gelegt werden für ein neues, unumstrittenes, konzeptionelles Zentrum der Wertsteuerung.

Es ging um nicht weniger als eine völlig neue Art der strategischen und operativen Zusammenarbeit zwischen allen Bereichen, dem Vertrieb, Customer Service und dem Produktmarketing. So umfassend diese Vision auch war, so widerstandsfähig erwies sich die Organisation bei der Überwindung der eigenen Handlungsparadigmen. Mit einem zentralen Wertbegriff und der Macht eines längerfristig angelegten Programms sowie ausgestattet mit Zeit und Geld konnte das Marketing auf eine völlig neue Stufe gebracht werden. Interne Prozesse, Systeme und die Art, wie eine moderne Steuerung funktionieren kann, mussten quasi neu erschaffen werden. Das benötigt Zeit und Überzeugungskraft. Beliebte Arbeitsweisen mussten aufgegeben werden. Neue Fehler mussten gemacht werden und tolle Ideen erwiesen sich als Luftnummern. Technische Herausforderungen in einer komplexen Welt galt es zu meistern und Klippen zu umschiffen. Nach drei größeren erfolgreichen Projekten eines umfassenden Programms sind neue Instrumente und regelbasierte Werkzeuge etabliert worden. Die Mächtigkeit und die Möglichkeiten dieser neuen Infrastruktur kombiniert mit einem einheitlichen Grundkonzept und den damit stark verkürzten Reaktionszeiten haben uns alle überrascht. Wir sind in eine Welt aufgebrochen, in der eine werthaltige und systematische Marktbearbeitung möglich ist, von der zuvor keiner zu träumen gewagt hatte.

Gleichzeitig zeigten sich aber in dieser Zeit auch die wahren Probleme der täglichen Arbeit sowie im Management. Konsequenz und Stringenz einer Reise in eine neue Zeit sind immer wieder Angriffen ausgesetzt, denen man sich erwehren muss. Neuland bedeutet immer wieder, auch neue Ideen zu haben, diese attraktiv darzustellen und Mitstreiter zu gewinnen.

Schnell zeigte sich, dass unsere Beobachtungen aus diesem Umfeld kein Einzelfall sind. In vielen Unternehmen werden ähnliche Erfahrungen gemacht, die Situationen gleichen sich und die gleichen Kräfte wirken gegeneinander. Junge, neue, technologiegetriebene Unternehmen stellen sich gegen die alteingesessenen, großen Platzhirsche auf. Größe ist als Überlebenskriterium nicht mehr so stark wie noch vor einiger Zeit. Vielmehr geht es um konzeptionelle und technologische Kompetenz und die Fähigkeit einer Organisation, die eigene Veränderung proaktiv zu managen.

Dieses Buch soll einen Beitrag leisten für diejenigen, die auf diese Art von Veränderungsprozessen vorbereitet sein oder sich daran aktiv beteiligen wollen. Erfahrungen müssen selbst gemacht werden, aber man kann sich darauf vorbereiten.

Danksagung

Unser Dank geht an alle die uns das Vertrauen gegeben haben, die Herausforderungen gemeinsam anzupacken. Nur so konnten wir entscheidende Schritte zu einer umfassenden Wertorientierung gehen und Grundsteine für eine neue Art der Zusammenarbeit und den damit verbundenen Organisationen legen.

Dieser Dank gilt im Besonderen Denis Hülsheger, Nicolai Kötter und Mike Dietze.

Danke auch an alle, die durch ihr Verständnis, ihre Hilfe und Unterstützung dieses Buch ermöglicht haben und uns immer zur Seite stehen.

Inhaltsverzeichnis

Über die Autoren

Dr. Kai Zimmermann entwirft seit 15 Jahren die Business Logik von Telekommunikations-Unternehmen.

Der Psychologe und Linguist arbeitet seit 2001 fast ausschließlich als externer Berater für Unternehmen mit großen Kundenbeständen und reichhaltigen Profildaten.

Anfänglich spezialisiert auf Machine Learning im CRM, ist seine heutige Arbeit geprägt von der Erkenntnis, dass diese analytischen Erzeugnisse und Leistungen (Modelle, Scores, etc.) nur dann einen Nutzen entfalten können, wenn auch die strategische Logik des Produktportfolios und der Marketingaktivitäten, in die diese Erzeugnisse eingebettet sind, mit der gleichen analytischen Professionalität konstruiert und betrieben wird. Daraus ergibt sich heute ein End-to-End Anspruch, bei dem Business Logik in alle Anknüpfungspunkte hinein (Design, Betrieb, Messung, Optimierung, Freigabe, Schulung, etc.) begleitet wird.

Unter den Kunden der letzten Jahre sind drei Mobilfunk-Unternehmen und drei Internet Service Provider, aber auch Online-Handel und Bonusprogramme. Mehrere Projekte wurden über viele Jahre aktiv mitgestaltet, von der Projektphase durch den Betriebsübergang bis zur jahrelangen Verfeinerung im Betrieb.

Kai Zimmermann ist Geschäftsführer der concision GmbH. Er lebt mit seiner Familie in Ahrensburg bei Hamburg.

Frank Pensel kann auf zwei Jahrzehnte Beratungserfahrung zurückgreifen. Als Diplom-Informatiker haben ihn die IT und das Workflowmanagement zum Customer Relationship Management (CRM) und zur Prozessoptimierung geführt. In der bekannten Hamburger Beratungsgesellschaft „Mummert & Partner" – (jetzt Sopra Steria) – konnte er in vielen Branchen wertvolle Erfahrungen in großen Projekten sammeln.

Seit dem Start des Mobilfunks ist er als Berater und Projektmanager in dieser Branche aktiv.

Die Themen „Wertorientierung" und „Realtime Decisioning" beschäftigen Frank Pensel seit über 7 Jahren. Die Umsetzung derartiger Strategien hat er als Solution Manager, IT Projektleiter und auf der Business Seite aktiv begleitet. Hierbei konnte er insbesondere die organisatorischen und projektspezifischen Auswirkungen aktiv mitgestalten. Zu seinem persönlichen Beratungsverständnis gehört die Verzahnung zwischen IT und Business und damit die Überwindung von Verständnisbarrieren sowie politisch dominierten Hindernissen.

Als Vorstandsvorsitzender des Münchner Beratungshauses LionGate AG, welches er 2005 mitgründete, verantwortet er den Vertrieb, leitet innovative, komplexe Kundenprojekte und hält Fachvorträge.

Er ist als Project Management Professional PMP® und SCRUM Master zertifiziert. Darüber hinaus ist er als Coach aktiv und war im Vorstand der M2M-Alliance e. V.- eines innovativen Branchenverbandes des „Internet of Things".

Er wohnt in Essen, ist verheiratet und hat drei Kinder.

Warum die Wertsteuerung in einer digitalisierten Welt so schwierig ist

Digitale Vertragsprodukte und die Herausforderung der Wertorientierung

Zusammenfassung
Sie sind für oder in einem Unternehmen tätig, welches mit großen Kundenmengen operiert? Sie verwalten komplexe Digitale Vertragsprodukte und müssen sicherstellen, dass die Vertragsbeziehungen zu ihren Kunden profitabel sind und möglichst lange bestehen bleiben? Sie stellen sich oft die Frage, was die Profitabilität Ihrer Vertragsbeziehungen ausmacht? Dann wundern Sie sich vermutlich auch über die Volatilität der Kundenentscheidungen, obwohl es immer attraktive neue Angebote, Aktionen und Rabatte gibt und ärgern sich über rein mengenorientiertes Denken im Vertrieb. Sie fragen sich, wie man all diese Themen gleichzeitig zielgerichtet managen kann? Sie haben das Gefühl, dass sich die grundsätzliche Herangehensweise an diese Themen ändern sollte und wollen erfahren, worauf Sie sich dabei einlassen und was auf Sie zukommen wird? Wertorientierung im Zeitalter digitaler Vertragsprodukte ist ein Teil der Digitalen Transformation deren Ausmaß noch unvorstellbarer ist, als wir es erahnen. Lernen Sie, warum der Einsatz wertorientierter Instrumente und ein entsprechendes Logikdesign so essenziell ist.

1.1   In welcher Welt leben wir eigentlich?

Digitale Transformation
Wir befinden uns mitten in der *Digitalen Transformation*. Diese auch als digitale Umwälzung bezeichnete Revolution, wird durch Klaus Schwab, Gründer und Präsident des Weltwirtschaftsforums, in seinem Buch „Die Vierte Industrielle Revolution" [1] so charakterisiert: „Die Geschwindigkeit und das Ausmaß … verstehen wir immer noch nicht vollständig" ([1], S. 9). Weiter schreibt er: „Das Ausmaß ihrer Auswirkungen und die Geschwindigkeit, in der sich die Veränderungen vollziehen,

© Springer Fachmedien Wiesbaden GmbH 2017   1
K. Zimmermann und F. Pensel, *Deep Customer Value,*
DOI 10.1007/978-3-658-17972-4_1

machen diese aktuelle Transformation zu etwas ganz anderem als jede industrielle Revolution in der Menschheitsgeschichte zuvor" ([1], S. 171). Themen rund um die Digitale Transformation durchdringen alle Branchen. Die Digitale Transformation ist nicht nur ein Hype, sondern eine epochale Veränderung, die alle Arbeits- und Lebensbereiche beeinflussen wird. Wir befinden uns noch in der ersten stark zunehmenden Phase der Revolution der Informationstechnologien, einem großen Zyklus mit einer Vielzahl von Paradigmenwechseln und Veränderungen. Diese Umwälzungen werden noch eine beachtliche Zeit andauern. Je nachdem, wie viel wir von diesen Veränderungen bereits diesem Zyklus zuschreiben, könnten weitere 20 bis 40 Jahre folgen [2].

Der rasante Fortschritt der Informationstechnologien, das Internet und die hierdurch vorangetriebenen weiteren Innovationen haben alle Branchen erfasst. Software, Algorithmen und fortlaufende technologische Entwicklungen werden alle Industrien und Branchen weiterhin so umfassend revolutionieren, dass sich dadurch die gesamte Gesellschaft, das Zusammenleben und die Art des Arbeitens ändern werden. Inzwischen ist dies auch in der gesamtgesellschaftlichen Diskussion über Daten, Datenschutz, Rechte bis hin zur Ethik angekommen.

Digitale Vertragsprodukte

Mit zunehmender Geschwindigkeit werden immer neue digitale, digitalisierte oder um digitale Features angereicherte Produkte und Möglichkeiten geschaffen, vertrieben und genutzt. Der ständige Zugriff auf Services und die Verfügbarkeit eines direkten Kanals zum Kunden – ermöglicht durch mobile Technologien – schaffen völlig neue Dimensionen der Kundeninteraktion. Immer häufiger wird versucht, digitale Produkte gemeinsam mit und bei dem Kunden zu gestalten. Die Innovationszyklen tragen zudem zum Preisverfall bei. Gerade der Preisverfall erzeugt wiederum ein Feuerwerk an Vertriebs- und Marketingaktivitäten, um Kundenbewegungen zwischen den Konkurrenten zu vermeiden. Zur Kundenbindung und um den sinkenden Preisen etwas entgegenzusetzen, werden digitale Services und Produkte in allerhand undurchsichtigen Vertragsverhältnissen vertrieben. Über kurz oder lang entsteht so eine Menge an verschiedensten Leistungs- und Vertragskonstellationen, bei denen man schnell den Überblick verlieren kann.

Bedeutungszuwachs von Daten

Die Arbeitsmethoden in fast allen Unternehmensbereichen müssen sich heutzutage ändern und weiterentwickeln. Digitale Produkte und die Interaktion mit Kunden erzeugen völlig neue Herausforderungen und eine Unmenge an Daten:

Daten über den Kunden, Produktdaten, Daten über die Leistungsnutzung. Die Verfügbarkeit situativer Informationen über die digitalen Aktivitäten der Kunden im Internet können einbezogen werden und ermöglichen vielleicht eine neue Dimension im Umgang mit Voraussagen. Das bedeutet jedoch, dass zum einen oft die Einwilligung des Kunden zur Ermittlung dieser Aktivitäten nötig ist, zum anderen sind diese Daten nicht gänzlich verlässlich. Kundendaten mit korrekten rechtlichen Voraussetzungen können sehr nützlich sein, andere Informationen klingen vielleicht interessant, sind aber oft wenig hilfreich. Durch eine zielgerichtete Nutzung der richtigen Daten können Services und Prozesse immer wieder angepasst und verbessert werden.

Prozesssteuerung erfordert Logik
Wenn Sie aus der Unmenge an Daten, die für Sie relevanten identifizieren und damit die Werthaltigkeit Ihres Bestandes zielgerichtet weiterentwickeln könnten, würde ein mächtiger Wirkungskreislauf entstehen. Neben den Daten und den Erkenntnissen aus den analytischen Auswertungen, benötigen Sie neue Steuerungsinstrumente in Ihren Prozessen. Die Erkenntnisgewinnung kommt damit aus einer leidvollen Einbahnstraße heraus, denn die Rückübersetzung derartiger Erkenntnisse in eine operative Prozesssteuerung ist weit und breit aktuell durch „Stille Post" und uneinheitliches Handeln geprägt. Analytische Erkenntnisse würden so nicht mehr nur für das Management produziert, sondern mithilfe dieser neuen, mächtigen und flexiblen Steuerungswerkzeuge in den Prozessen wirken. Es entsteht ein Kreislauf aus analytischen Erkenntnisprozessen und der direkten aktiven Anwendung der Regelwerke. Diese Art der Steuerung kann sowohl innerhalb der klassischen Marketingaktivitäten als auch bei den betreuenden oder vertriebsorientierten Kundenmanagementprozessen ein umfangreiches Umdenken einleiten. Hierzu wird eine Logik benötigt, die mächtig und schnell genug ist, den Zielen zu gehorchen und damit in der Interaktion mit dem Kunden die Entscheidungen so zu beeinflussen, dass gewollte Aktivitäten gefördert und ungewollte Aktivitäten abgemildert werden. Neu ist dieser Ansatz nicht. Vorgaben, Anweisungen und allerhand Parametrisierungen in den Softwarekomponenten gibt es schon lange. Allerdings sind diese oft nicht abgestimmt und im Unternehmen verteilt, langsam bei Änderungen und folgen oft unterschiedlichen Zielen. Die Notwendigkeit für eine integrierte, gewissermaßen in Echtzeit operierende Logik legt die Latte für einen sauberen, konzeptionellen Ansatz viel höher, als es Unternehmen heute schon wahrhaben wollen. Ein Grundgerüst an konzeptionellen Prinzipien und Steuerungsinstrumenten, denen umfangreiche Prozesssteuerungen gehorchen, wird unabdingbar.

Bedeutung der Organisation und Methoden

Basierend auf diesen Erkenntnissen stellen sich eine Menge an neuen Fragen zur Organisation, der benötigten Infrastruktur und auch zu den Vorgehensmodellen, mit denen Sie einer derartigen neuen Arbeitsweise schrittweise näherkommen können. All diese Veränderungen müssen verstanden und umgesetzt werden. Täglich ist in verschiedensten Rollen zu entscheiden, welche Aktivitäten positiv und nachhaltig im Sinne des Unternehmensziels sind und welche Veränderungen eher negativ sind. Es muss der Weg dafür bereitet werden, wie mit Projekten neue technologische Möglichkeiten richtig eingesetzt werden können und welchem gemeinsamen Ziel sie folgen wollen.

Wertorientierung: Deep Customer Value

Viel hängt an der klugen Wahl einer Wertdefinition. Nichts wäre gewonnen, wenn im Herzen einer sauber harmonisierten Anstrengung aller Fachbereiche und Kanäle eine schiefe Wertvorstellung säße, die nicht wirklich den Nutzen für das Gesamtunternehmen abbildet. Gleichzeitig ist aber fraglich, ob die Kennzahl, mit der man auf höchstem Abstraktionsniveau die Gesundheit und den Erfolg des ganzen Konzerns misst, auch praktisch zur Bewertung einzelner Kunden oder gar einzelner Transaktionen eingesetzt werden kann. Denn letzteres ist genau die Aufgabe, die sich im Tagesgeschäft stellt. Ihre Steuerung betrifft Transaktionen. Sie erlauben, belohnen oder empfehlen diese, wenn Sie sie für wertvoll halten. Ihr Kompass für diese Millionen von Mikroentscheidungen muss beides leisten: er muss wirklich in Richtung des ganzheitlichen Optimums zeigen, er muss aber auch in der hektischen und unvorhersehbaren Realität der einzelnen Verkaufssituationen praktisch einsetzbar sein.

Konkret bedeutet dies, dass Sie über die Verwendung einer ganzen Reihe von Wertdimensionen urteilen müssen. Reicht die Betrachtung des Umsatzes oder müssen Kosten dagegengehalten werden? Reichen monatliche Zeitscheiben oder müssen Sie längere Abschnitte der Kundenbeziehung betrachten? Reicht der Wert, den die Transaktion in Zukunft einbringt, oder müssen Sie zum Vergleich bewerten, wie gut Sie auch ohne diese Transaktion dastehen würden? Und mit welcher Methode sollten Sie diese Prognosen angehen?

Über alle diese Fragen werden Sie streiten müssen. Aber Sie sollten diesen Streit nur einmal austragen müssen, nicht erneut bei jeder taktischen Justierung Ihrer Steuerungsinstrumente. Das Kapitel über Steuerungsprinzipien bietet eine Basis für diese Diskussionen.

▶   Alle konzeptionellen Bemühungen des unternehmerischen Handelns
      bei der Interaktion mit dem bereits gewonnenen Kundenstamm sollten

auf einem gleichartigen Wertbegriff und einer darauf abgestimmten Strategie basieren und mit aufeinander abgestimmten fachlichen Instrumenten erfolgen.

Deep Customer Value – der Begriff, der diesem Buch seinen Namen gibt – ist keine bestimmte, noch bessere Kennzahl. Gemeint ist die Gesamtheit des Knowhows, das nötig ist, um eine Wertkennzahl klug zu wählen und dann auch „zum Laufen zu bringen". Die jeweils optimale Messgröße für Profitabilität Ihrer Transaktionen wissenschaftlich zu ermitteln, ist bereits eine respektable Leistung. Aber das in diesem Buch gesammelte Erfahrungswissen ist „deep" vor allem in dem Sinne, dass es von der schmutzigen Realität einer Organisation, ihrer Menschen und Systeme nicht wegabstrahiert, sondern genau dies zum Hauptthema macht. Sie wollen Ihre Transaktionen nach einem wertorientierten System einstufen und danach steuern, aber können Sie sich gegen bisherige Gewohnheiten und geltende Zielvereinbarungen durchsetzen? Ist Ihre technische Infrastruktur dazu in der Lage, oder stehen Sie vor einem großen Integrationsproblem? Sind Ihr bisheriger Produktkatalog und dessen Business Regeln von so vielen Ausnahmeklauseln durchsetzt, dass vor der Einführung einer eleganten und metrikbasierten Wertsteuerung erst einmal eine Rechercheaufgabe von epischen Ausmaßen ansteht? Viele solcher Hürden sind noch zu nehmen, selbst wenn Sie Ihr Steuerungsprinzip auf dem Papier bereits optimal konstruiert haben.

Konzeptioneller Rahmen und Software
Bezogen auf Wertorientierung und deren umfassende Umsetzung in Unternehmen sind Ratgeber und Erfahrungsberichte rar. Im Dschungel technologischer Versprechungen und auf Hochglanzfolien werden immer wieder einfache und eingängige Strategien – meist Software-Lösungen – präsentiert. Diese klingen verlockend, solange Sie zu den wahren Problemstellungen noch nicht vorgedrungen sind. Diese Versprechungen sollen zwar bei der Bewältigung der angesprochenen Herausforderungen bezüglich der Komplexität und Wertorientierung helfen. Oft sind es aber im Endeffekt nur neue Softwarekomponenten, technologische Grundwerkzeuge oder schlaue Sprüche, deren Ausgestaltung dann doch wieder bei Ihnen liegt. In der harten Realität paralleler Aktivitäten in Marketing, Vertrieb und IT fehlt es an Zielorientierung sowie an konzeptionellen Grundlagen beim Einsatz von Tools, Logik, Prozessen und der dahinterliegenden Strategien. Nachhaltige Ergebnisse bleiben oft aus und Resignation macht sich breit.

Erfolgsmessung und Lernprozesse

Misserfolge werden verschwiegen, bleiben unanalysiert oder werden aufgrund von neuen Aktivitäten einfach vergessen. Ohne aus dem ersten Versuch zu lernen, stürzen sich Unternehmen in die nächste Runde von Veränderungen und Anpassungen und hoffen darauf, dass schnelle Einschätzungen und kleine Kurskorrekturen zum Erfolg führen.

Je nachdem, wie groß Ihr Einfluss in Ihrer Organisation/Ihrem Unternehmen ist, können Sie Änderungen mehr oder weniger gut mitentscheiden, einfordern oder anmahnen. Entscheidend wird sein, dass Sie bei allen Aktivitäten auf ein Grundgerüst an konzeptionellen Überlegungen zurückgreifen können. Sie sollten Klarheit darüber haben, welche Instrumente der Wertorientierung Sie mit welchen Prinzipien anwenden wollen. Wenn Sie damit beginnen, sich mit der Einführung von Logik und dessen Design zu beschäftigen, sollten Sie die richtigen Argumente parat haben, um auf einem lernbereiten Weg zu bleiben. Wenn Sie es schaffen, einen lernfähigen Prozess zu etablieren, der sich selbst im Kern immer wieder hinterfragt und verbessert, werden Sie langfristig auf einem guten Weg bleiben. Wenn Sie darüber hinaus beim Start zusätzlich aus echten Erfahrungen schöpfen können, wird Ihnen die notwendige Überzeugungsarbeit leichter fallen.

In den vorliegenden Kapiteln bekommen Sie eine Reihe von Hilfestellungen und Leitsätzen für die tägliche Arbeit an die Hand. Sie erhalten einen Erfahrungsschatz, der aus der Praxis kommt und bereits den leidvollen Weg durch die oft mühselige und erschütternde Schule der Realität gemacht hat.

1.2   Die schöne Welt der *Digitalen Vertragsprodukte*

Bei digitalen Produkten und Services ist es sehr einfach geworden, ein einmal erzeugtes Produkt häufig zu vervielfältigen. Durch die technologischen Möglichkeiten können diese Produkte deswegen innerhalb kurzer Zeit einer sehr großen Kundenmenge angeboten werden. Konkurrenten haben es leicht, ähnliche Produkte oder Services am Markt anzubieten. Der Druck, seine Kunden zu binden, ist immens gestiegen. Aus diesem Grund werden digitale Produkte oft sofort im Rahmen einer Vertragshülle, bestehend aus einzelnen Servicebestandteilen und/ oder Produktkomponenten, Laufzeiten und Bedingungen, vertrieben. Deswegen nennen wir sie fortan *Digitale Vertragsprodukte*.

Fast alle Personen nutzen inzwischen diese Art der Digitalen Vertragsprodukte, beispielsweise in Form eines Telekommunikationsvertrags, eines Mobilfunkvertrags oder andere Verträge digitaler Medien.…

Leistungsbestandteile und Komponenten können oft beliebig untereinander kombiniert werden. Die Vielfalt hilft, Kunden über verschiedenste Arten besser anzusprechen. Eine Komplexität, die jedoch zum Beispiel im Mobilfunk-Bereich Kunden und Anbieter inzwischen gleichermaßen überfordert! Dabei gibt es unterschiedliche positive und negative Auswirkungen. Je nach Blickwinkel (ob Kunde oder Anbieter) kann diese Komplexität auch Gewinner produzieren, die aus dieser (Komplexitäts-)Notlage ihre Vorteile ziehen. Soweit sei schon einmal vorgegriffen: Es sind nicht immer die Anbieter, die diese Vorteile einfahren.

Im Vertrieb und Marketing ist man durch den Wettbewerb ständig bemüht und zum Teil sogar gezwungen, immer neue Ideen, Tarife, Pakete oder Vertragstypen zu entwickeln. Diese dienen der Akquisition, der Rückgewinnung oder einfach dem Wettbewerb, von dem man sich abheben muss. Diese oft hektische Betriebsamkeit heizt die Komplexitätsfalle und den Handlungsdruck weiter an.

Stellen wir zunächst einen Vergleich mit einem gegenständlichen Produkt an, um die neuen Eigenschaften und Herausforderungen Digitaler Vertragsprodukte besser diskutieren zu können. Ein Gegenstand (Produkt) muss entwickelt und hergestellt werden. Der Verkauf kümmert sich um den Absatz. Um den Gewinn zu optimieren, versucht der Hersteller in der Regel die hergestellte Menge entsprechend dem potenziellen Absatz zu optimieren. Die Summe aller Herstellungs-, Vertriebs- und sonstigen Kosten stellt er dem Verkaufserlös gegenüber und dadurch sollte der geplante Gewinn entstehen. Natürlich kann dieser Gewinn durch Rabatte, nicht abgesetzte Mengen oder andere eingetretene Risiken entsprechend geschmälert werden. Ob ein Gegenstand vertrieblich zu einem Kunden passt, entscheidet in der Regel der Kunde zusammen mit dem Verkäufer. Beraten wird der Kunde durch den Vertrieb.

Wie verhält es sich mit einem digitalen Produkt auf dem Weg zum *Digitalen Vertragsprodukt:*

Beispiel

Als einfaches Beispiel soll ein (professionelles) digitales Bild dienen. Als Herstellungskosten werden vereinfacht nur die Kosten eines professionellen Fotografen und die Kosten der Vertriebsplattform (Webshop) berücksichtigt. Im Prinzip kann dieses Bild nun beliebig oft verkauft werden (herunterladen), ohne dass die Herstellungskosten signifikant proportional steigen. Die Kosten für jeden einzelnen Download können fast vernachlässigt werden. Download-Menge multipliziert mit dem Preis ergeben den Umsatz. Der Preis müsste natürlich vorher festgelegt werden (Angebot). Um das tun zu können, benötigt man eine unternehmerische Schätzung über die Menge der potenziellen Käufer. Kaufen später mehr Kunden als erwartet das Bild, ist der Erfolg größer als der Plan (hoher Gewinn). Kaufen es weniger, wird man weniger Gewinn oder sogar Verlust machen. Die Mengenprognose unterscheidet sich gegenüber dem gegenständlichen Produkt wenig.

Erweitern wir nun das Beispiel auf viele digitale Bilder. Wenn genügend Bilder eingekauft werden, wird sich bei einem entsprechenden Marketing und einer guten Zielgruppe in Summe sicherlich ein stattlicher Gewinn einfahren lassen. Zum Ausbau des Geschäftsmodells und vor allem zur Kundenbindung soll nun eine vertragliche Komponente hinzukommen. Für eine gewisse Grundgebühr kann ein Vertragskunde jeden Monat eine bestimmte Menge an beliebigen Bildern erwerben. Jetzt wird es schwieriger, den Überblick zu behalten. Damit die Kontrolle über die Kosten nicht verloren geht, werden drei Klassen von Bildern eingeführt: NORMAL, SUPER und PREMIUM. Um im Marketing zielgruppengerechter ansprechen zu können, werden die Vertragsmöglichkeiten um verschiedene Vertragstypen mit unterschiedlicher Grundgebühr und Menge inkludierter Downloads aus den drei Kategorien eingeführt. Jetzt wird es schon komplex! Es gibt Kunden, die immer gerade die Bilder erwerben, die im Einkauf am teuersten waren; andere kaufen nur wenige preiswerte Bilder. Wiederum andere handeln genau konträr dazu. Welcher Vertrag ist wie wertvoll? Welche Aktivitäten sollen im Vertrieb motiviert und welche unterbunden werden? Es wird zudem Kunden geben, die aus einem Tarifmodell in ein anderes wechseln wollen, weil sie z. B. plötzlich Gefallen an hochwertigeren Bildern haben. Ist das gestattet und gut für das Geschäftsmodell? Um neue Kundenpotenziale zu erschließen, werden nun weitere neue Modelle ausschließlich für Neukunden eingeführt, weil Sie es geschafft haben, bessere Preise bei den Fotografen auszuhandeln. Soll dieser Preisverfall sofort allen Kunden zugutekommen? Fragen über Fragen türmen sich auf…

Dieses Beispiel vermittelt einen ersten Eindruck, wie schnell sich mit einem kleinen Geschäftsmodell basierend auf digitalen Produkten eine völlig neue Dimension an Herausforderungen auftun kann.

Die Komplexitätsfalle schlägt oft schneller zu, als im Management damit gerechnet wird. Selbstverständlich gibt es sehr viele Möglichkeiten, auf diese Komplexität zu reagieren. Man kann analytische Tools einführen. Reports und Monitorings ermöglichen eine schnelle Erkenntnis bezogen auf die Vergangenheit. Es können neue, besser kalkulierte Verträge und Preise eingeführt werden. Alle Mitarbeiter aus Marketing, Verkauf, IT und Controlling sind emsig bemüht, das Geschäftsmodell dauerhaft erfolgreich zu betreiben. Es lassen sich zyklische Abstimmungen und Besprechungen basierend auf den Reports bis hin zu tagesaktuellen Dashboards einführen. So entsteht schnell neben der eigentlichen Komplexität der Produkte und Vertragskonstellationen auch noch eine Komplexität rund um die Analytik und Auswertung. Aber die eigentliche Herausforderung ist nicht die analytische Erkenntnis, sondern die Schnelligkeit bei der Umsetzung. Also die konkreten Änderungen in der Zukunft, wenn z. B. der Absatz plötzlich einbricht und Sie handeln müssen.

Aus immer mehr Branchen sind *Digitale Vertragsprodukte* nicht mehr wegzudenken. Dabei geht es um digitale Services und Produkte wie:

- Telekommunikationsverträge, insbesondere Mobilfunkverträge und Kombiprodukte aller Spielarten
- Mediendienste wie Pay-TV, digitales Fernsehen und Onlinevideotheken
- Digitale Medienbibliotheken für Bilder, Musik, Hörspiele, Noten etc.
- Andere Services, die auf Dienstleistungen basieren, deren Verfügbarkeit deutlich größer ist als die jeweils einzelne Kundennutzung (zum Beispiel Strom-, Gas-, und andere Versorger)

Digitale Vertragsprodukte zeichnen sich durch folgende Grundeigenschaften (Abb. 1.1) aus:

- Eine vertragliche Laufzeit
- Verschiedene Leistungsbestandteile (Komponenten) mit gegebenenfalls eigenen Laufzeiten
- Mindestens eine Grundgebühr sowie weitere Preiskomponenten
- Änderungsmöglichkeiten an den Vertragsbestandteilen während oder am Ende der Laufzeit
- Eine Nutzungs- oder Verbrauchssicht (während der Vertrag läuft)

Immer mehr Branchen bieten digitale Vertragshüllen mit allerhand Optionen und Komponenten an.

Spätestens mit der Einführung der Flatrates haben Anbieter basierend auf statistischen Aussagen eine Preisbildung entwickelt, deren Wert sich nur durch die Gesamtheit der Kunden einer Produktgruppe für den Anbieter rechnet. Ein einzelner Kunde kann also durchaus ein Verlust sein, solange die gesamte Kundengruppe dieses Produktes in Summe einen Wert erwirtschaftet. Jede einfache produktbezogene Wertdefinition ist damit offensichtlich redundant. Leider werden Sie trotz Flatrate diese Art der Bewertung noch verbreitet vorfinden.

Eine weitere Herausforderung ist der permanente Druck, dass Kunden mit schlechteren Konditionen in Richtung neuer Konditionen drängen, oder gar das Risiko, dass sie zur Konkurrenz wechseln. Grund hierfür ist der fortwährende

Abb. 1.1 Digitale Vertragsprodukte

Preisverfall durch die Digitalisierung selbst und die hohe Vergleichbarkeit digitaler Produkte.

Anreizsysteme für Kunden (Rabatte und Incentives) und Verkäufer (Provisionen) versuchen, sich mit einem oft sehr hohen Budget diesen negativen Strömungen entgegenzustemmen. Als einzelner Anbieter ist es schwer, sich diesem Gebaren zu entziehen, obwohl es gute und leuchtende Beispiele dafür gibt, Dinge eben ‚einfach einfacher‘ zu machen. „Die Welt ist komplex, Kunden haben es dennoch leicht – das ist Easiness" ([3], S. 13). Dieses Vertriebsfeuerwerk hat immer wieder kurzfristig Erfolg, ist aber in Summe eine riesige Wertverbrennungsmaschine, auf die sich die Anbieter eingelassen haben und von der sie nicht wegkommen. Die konzeptionelle Art der Steuerung dieser in großen Unternehmen relevanten Budgetposition ist oft weit weniger stringent oder konzeptionell ausgeprägt, als man annehmen sollte.

Genau hier werden Unternehmen in Zukunft einen signifikanten Vorteil erringen können, wenn sie die Herausforderungen der wertorientierten Steuerung annehmen und die mächtigen Instrumente im gesamten Unternehmen erfolgreich anwenden. Hierzu ist es notwendig, dass alle Akteure ihre Aufgaben kennen und die gemeinsam zu erarbeitenden Ziele unterstützen. Darüber hinaus benötigen Sie eine Infrastruktur (IT), die die Umsetzung der Logik und Designprinzipien ermöglicht. Nur so werden Sie einen Handlungskreislauf etablieren können, der sich von Erkenntnis zu Erkenntnis weiterentwickeln kann.

Der Weg dahin ist leider alles andere als leicht. Er ist steinig, aber machbar.

1.3 Orte des Handelns und ihre Herausforderungen

Akzeptieren wir also, dass das Management Digitaler Vertragsprodukte inzwischen eine sehr große Herausforderung geworden ist und als wahre Schlacht gelebt wird (siehe Abb. 1.2). Die generelle Maxime der betriebswirtschaftlichen Ausrichtung auf Gewinn ist eine unternehmerische Grundausrichtung. Sie steht selbstverständlich nicht zur Disposition. Temporäre Ausnahmen bei Start-ups und in speziellen Marktsituationen einmal ausgenommen. Die grundsätzliche

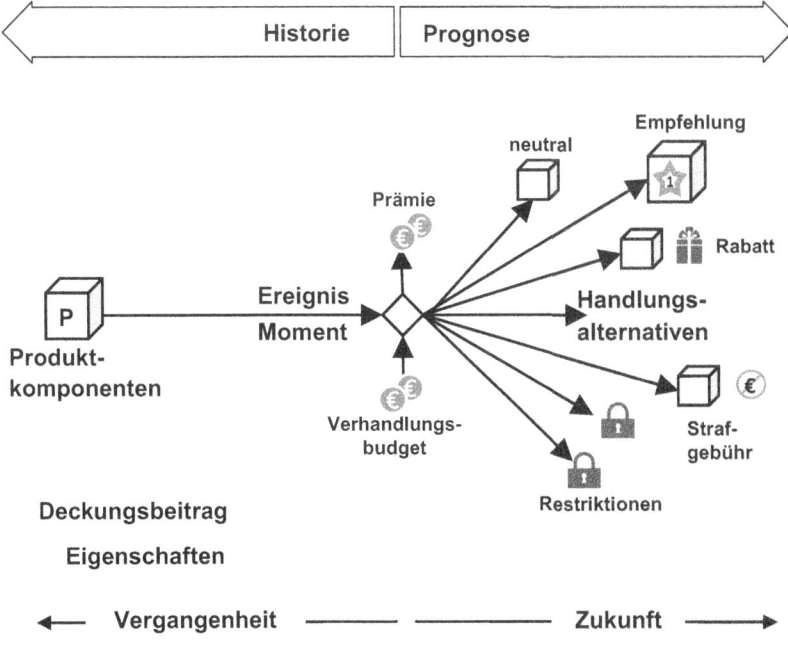

Abb. 1.2 Der Entscheidungsmoment einer Änderung

Wertorientierung sollte also in jedem Unternehmen vorhanden sein. Es stellt sich aber die Frage, durch welche Maßnahmen, welche Instrumente und mit welchen modernen Mitteln eine proaktive Steuerung im Sinne einer Wertsteuerung aufgebaut werden kann. Allein die konzeptionelle Koordination dieser Aktivitäten ist zunehmend zu einem Kampf geworden, der einem undurchsichtigen Schlachtfeld gleicht. Zielvereinbarungen von einzelnen Managern kollidieren mit Unternehmenszielen. Selbstherrlich agierende Organisationsbereiche wollen beweisen, wie gut sie sind. Noch viel weiter verbreitet sind die endlosen Ausreden und Begründungen, warum bestimmte Dinge einfach nicht umsetzbar sind und woran es bei den jeweils anderen Bereichen hapert. Das Gleiche gilt für die Aktivitäten auf dem Markt selbst. Im Interface zum Kunden und zur Konkurrenz liefert man sich wahre Marketing-Schlachten um Preise, Begriffe, Emotionen. Es handelt sich um einen scheinbar stetig schneller werdenden Wettkampf um Deckungsbeiträge, Kundenbindung und Kundenzahlen selbst. Geschwindigkeit spielt eine immer größere Rolle. Mit einem verbesserten „Deep Customer Value"-Verständnis werden Sie den wahren Herausforderungen besser begegnen und an den richtigen Stellen den Handlungsdruck aufspüren.

Sie können Ihre Position positiv beeinflussen, wenn Sie ein neues konzeptionelles Klima schaffen. Die Art der Zusammenarbeit zwischen den verschiedensten Abteilungen muss dringend weiterentwickelt werden.

Leider ist es oft noch an der Tagesordnung, dass sich interne Unternehmensbereiche vieler namhafter Unternehmen unter- und gegeneinander messen. Die besten, neuesten oder eben aber auch oft die lautesten Ideen gewinnen. Manager rufen Strategien aus, die man nur schwerlich umsetzen kann. Unternehmensberater glorifizieren Einzellösungen oder den neuesten Hype aus der IT als Allheilmittel. Verantwortliche für verschiedene Vertriebslinien oder -kanäle kannibalisieren ihren Kundenbestand gegenseitig. Das sind wahrliche Schlachten nach innen. Die wirklichen Herausforderungen der Digitalen Transformation werden nicht ernst genommen und erst recht nicht mit der notwendigen Priorität angegangen (vgl. [4]).

Vielmehr sollte eine neue Art der Zusammenarbeit so ausgeprägt sein, dass alle Aktivitäten im Kundenbestand auf ein gleiches unternehmerisches Ziel ausgerichtet sind. Der Wettkampf findet hingegen überall statt, nach außen und innen.

Die nachfolgenden Themen treiben die Diskussion um die Wertorientierung im Kundenbestand stark an:

- Ständiges Wachstum von Kombinatorik und Vielfalt durch die digitale Produktgestaltung selbst
- Starkes Wachstum bezüglich der Verfügbarkeit von Daten über die Nutzung der Produkte, über den Kunden oder die aktuelle Situation des Kontakts

- Verfügbarkeit von technologischen Möglichkeiten bei der Verarbeitung von großen Datenmengen (Big Data und Künstliche Intelligenz)
- Verfügbarkeit von Regelwerksystemen und Algorithmen, um Zusammenhänge abbilden zu können.

Bereits heute übersteigt allein die Menge der Produkt-Einzelinformationen eines Service oft die Überschaubarkeit bei Kunden, Call Centern und in den Unternehmensbereichen der Anbieter selbst. Sollte es aktuell nicht der Fall sein, so wird es ziemlich sicher morgen passieren. Denn auf einen aktuellen Tarif folgt im nächsten Jahr bestimmt ein neuer, und daraufhin entwickelt man noch ein Spezialtarif, weil ein Marketingmitarbeiter das für sinnvoll hält und man sonst seine Ziele nicht erreichen kann. Eine Beruhigung ist nicht in Sicht. Vergleichsportale und Übersichten schießen im Internet aus dem Boden und versuchen eine Entscheidungshilfe (zumindest für den Kunden) im Dschungel der Informationen zu sein oder Transparenz zu liefern. Mal objektiv im Sinne des Kunden, mal mehr oder weniger vertrieblich vom Anbieter beeinflusst. In jedem Falle sind solche Plattformen selbst schon hoffnungslos überfrachtet und kompliziert. Das wiederum treibt die Anbieter an, immer neue und unübersichtlichere Modell zu erfinden. Dieser Kreislauf befeuert sich also prima selbst.

Im Marketing und Vertrieb werden große Anstrengungen unternommen, um profitable Produkte zu verkaufen. Wie aber kann ein Unternehmen Einfluss auf die entsprechenden Aktivitäten im Kundenbestand nehmen um, sie positiv und wertorientiert zu beeinflussen?

Betrachten Sie ein Unternehmen mit einer genügend großen Anzahl von Kunden und *Digitalen Vertragsprodukten*. Das Callcenter ist mit einem state-of-the-art IT-CRM-System ausgestattet. Alle Details des Kunden und der Produkte werden darin angezeigt (Leider ist bereits das nicht immer Standard, aber das soll hier nicht Thema sein).

Dem Customer-Care-Mitarbeiter am Telefon bleiben nur wenige Minuten, um mit dem Kunden eine Aktivität zu diskutieren. Natürlich steht zunächst das Kundenanliegen im Vordergrund. Aber wenn der Kunde schon am Telefon ist, dann ist es sicher eine gute Gelegenheit, um auch vertrieblich auf ihn einzuwirken – oder?

Der Customer-Care-Agent muss also in diesen wenigen Sekunden **alle** potenziellen Möglichkeiten **aller** für den Kunden verfügbaren Produkte/Services durchgehen. Er muss jeweils die Wahrscheinlichkeit einschätzen, ob der Kunde am Telefon sich für eine Änderung entscheiden würde und ob das Produkt für diesen Kunden interessant genug ist. Zusätzlich sollte der Agent sich noch „schnell" gute Argumente überlegen, mit denen er den Kunden überzeugen kann. Die entscheidenden Fragen, die in diesen wenigen Minuten überlegt sein wollen, sind:

- Welches Produkt oder Änderung passt zu den Bedürfnissen des Kunden?
- Wie ändert sich der Wert des Vertrags durch die geplante Anpassung durch den Kunden?
- Welche Möglichkeiten habe ich als Agent, um den Kunden zu halten, falls er kündigen will?
- Welchen Vorteil habe ich als Agent/Vertriebsmitarbeiter davon?

Ist ein Agent überhaupt noch in der Lage, diese Antworten zu generieren? Und schafft er diese Überlegungen in der ihm zur Verfügung stehenden kurzen Zeit? Die Antwort ist klar: Es ist ohne Hilfsmittel nicht zu schaffen!

Ausnahmen kann es geben, aber hier kann man wohl niemals von einer echten unternehmerischen Steuerung über alle Kanäle hinweg sprechen. In Zukunft wird das immer weniger möglich oder gar unmöglich sein.

Es sind aber genau diese Ereignisse oder Momente während der Kundeninteraktion, in denen eine signifikante Änderung eines Vertrags durchgeführt wird. Je besser diese Situationen systematisch und konzeptionell unterstützt werden und je besser das Konzept und die Umsetzung davon sind, umso besser wird sich der Wert Ihres Bestands entwickeln. Alle Anstrengungen eines Unternehmens, welches konsequent wertorientiert handeln möchte, müssen sich auf diese systematische Unterstützung konzentrieren! Das bezieht sich gerade nicht nur auf die allgegenwärtigen Empfehlungen, denen wundersame Kräfte zugeschrieben werden, die in der Realität aber ihre Wirkung oft verfehlen.

Allein in diesen Interaktionsmomenten entscheidet das Unternehmen mit seinen Akteuren in einer kleinen Mikroentscheidung über einen Vertrag und dessen Wert in der Zukunft (Abb. 1.2). Alle Unternehmensbereiche, in denen derartige Ereignisse/Momente vorkommen, müssten konzeptionell aufeinander abgestimmt sein und idealerweise mit wirksamen Instrumenten zielgerichtet arbeiten. Darüber hinaus wird es entscheidend sein, auf welcher Datengrundlage sie mit diesen Instrumenten hantieren, im Rahmen welcher Regeln und basierend auf welchen Prinzipien Entscheidungen getroffen werden.

Es ist entscheidend, welche Motivationsinstrumente Sie für die handelnden Akteure anbieten.

Es ist entscheidend, welche Definition von Wert sie benutzen, um Änderungen zu genehmigen, zu verbieten, zu empfehlen oder anderweitig zu motivieren.

Es ist entscheidend, welche Aktivitäten sie erlauben und welche nicht.

Es ist entscheidend, für welche Aktivitäten Sie zusätzliche Gebühren verlangen, Rabatte vergeben oder Provisionen ausschütten und für welche nicht.

Es ist entscheidend, wie viel Vergangenheit Sie bei der Bewertung der Handlungsalternativen berücksichtigen.

Es ist entscheidend, wie gut Sie eine Prognose erstellen können und wie gut Sie aus der Menge an Möglichkeiten eine passgenaue Empfehlung für einen speziellen Kunden ableiten können.

Viele der Antworten münden geradewegs in einer komplexen IT-Lösung. Welche neuen Herausforderungen ergeben sich durch das ständige Anpassen dieser Capabilities an eine solche IT-Lösung? Wie müssen Sie mit den handelnden Unternehmensbereichen interagieren, um Ihr Ziel mit derartigen IT-Lösungen zu erreichen? Und ist wirklich das IT-System entscheidend?

▶ Mit einer konsequenten Konzentration auf Instrumente, Regeln und Daten können Sie die Organisation, die Architektur und die benötigten Features auf ein unternehmensweites, wertorientiertes Handeln im Kundenbestand ausrichten.

Neben den Momenten in der Interaktion mit dem Kunden, während derer wichtige Entscheidungen bezüglich des Werts eines Vertrags im Bestand getroffen werden, gibt es weitere entscheidende Orte in Ihren Prozessen, an denen wichtige Entscheidungen zur Wertorientierung gefällt werden müssen.

Ein solch wichtiger Ort ist die Produktdefinition selbst. Zusammen mit dem dazugehörigen Leistungs- und Preisgefüge und gegebenenfalls zusätzlichen Incentives wird hier die erste entscheidende Basis gelegt. Mit diesen Eigenschaften kommt ein Neukunde – wenn er denn durch den Vertrieb gewonnen wurde – in den Bestand. Vor allem wird hierdurch die Ausgangssituation entscheidend geprägt.

Haben Sie bereits einen umfangreichen Kundenbestand, werden Sie fortlaufend neue Produkte für den Vertrieb an Neukunden ersinnen. Zwangsläufig müssen Sie sich gleichzeitig auch mit den Regeln beschäftigen, nach denen der Bestand mit diesen Produkten zu behandeln ist. Welcher Kunde darf unter welchen Umständen und Bedingungen das neue Produkt erhalten? Sind diese Regeln kundenindividuell, kundengruppenspezifisch, produktspezifisch oder vertragsspezifisch und welche innere Flexibilität haben sie?

Der dritte Ort ist die Produktzusammensetzung. Produkte bestehen heute aufgrund praktischer Gründe aus verschiedensten Leistungskomponenten. Jede Leistungskomponente gibt es in unterschiedlichen Ausprägungen, um die entsprechenden Zielgruppen besser ansprechen zu können. Automatisch ernten Sie damit natürlich die Komplexität, welche Änderungen während einer Vertragslaufzeit erlaubt oder verboten sein sollen. Schließlich haben Sie die Kalkulation ja über die gesamte Vertragslaufzeit erstellt. Anpassungen laufen dieser Kalkulation natürlich entgegen, sofern sie den Wert signifikant verändern. Auch hier gilt die Frage: Sind diese Regeln statisch oder dynamisch?

Auf Basis all dieser Definitionen werden Sie nun die Kundenbetreuung und den Vertrieb dazu bringen müssen, diese Regeln konsequent zu berücksichtigen und auf den zukünftigen Wert der Verträge in jedem Moment einer Veränderung zu achten.

1.4   Welche Unterstützung brauchen die Akteure?

Ohne Unterstützung wird es nicht gehen. Aber welche Unterstützung benötigt welcher Akteur? Was machen wir mit digitalen Kanälen wie dem Internet (Portal) oder einer App auf einem Smartphone? Hier gibt es nur den Kunden als Akteur. Es scheint auf der Hand zu liegen, dass es nicht nur eine einzige Art der Unterstützung geben kann.

Zunächst kommt es darauf an, zu welchem vertraglichen Zeitpunkt der Kontakt mit dem Kunden erfolgt. Allein die Motivationen für einen Kontakt können sehr unterschiedlich ausfallen:

- Der Kunde hat ein konkretes Anliegen oder gar eine Beschwerde und tritt in Kontakt.
- Der Kunde wird durch ein vertriebliches Angebot/Werbung aufmerksam und tritt in Kontakt.
- Sie treten mit dem Kunden vertrieblich in Kontakt, weil sie glauben, ein gutes Angebot zu haben.
- Der Kunde stellt fest, dass ein Leistungsmerkmal nicht optimal für ihn ist (mit oder ohne Kontakt des Kunden).
- Es tritt eine Situation ein, in der ein nicht vorhandenes Leistungsmerkmal eine sehr gute Ergänzung/Möglichkeit für den Kunden darstellt (mit oder ohne Kontakt des Kunden).
- Eine vertragliche Vereinbarung endet inhaltlich oder zeitlich (mit oder ohne Kontakt des Kunden).

Womit und durch wen werden Aktionen, Sonderangebote, Veränderungsmöglichkeiten und Reaktionsaktivitäten (in der Regel spricht man hier von Kampagnen) für Verträge von Kunden konzipiert?

- Stellt man sich hier die gleichen Fragen wie im Verkauf?
- Auf welcher Grundlage und mit welchem Ziel werden Angebote geschnürt?
- Ist das Ziel all dieser Aktivitäten das Gleiche?

- Welche Analysen werden herangezogen?
- Wie wird der Erfolg dieser Maßnahmen gemessen?

Es geht um die Profitabilität und damit das Wohl des eigenen Unternehmens. Alles, was ausgehandelt oder angeboten wird, soll so profitabel wie möglich sein. Es geht aber auch um das Wohl des Kunden. Denn er sollte sich nicht belästigt fühlen. Wenn er unzufrieden ist, ist er im digitalen Zeitalter schnell weg, denn oft gibt es nur ein paar Klicks weiter ähnliche Angebote und Aktionen. Eine vertragliche Restlaufzeit ist dabei ein letzter Anker gegen diesen schnellen Wechsel. Doch damit nicht genug. Ärgert sich der Kunde, strahlt das auf seinen Bekanntenkreis aus und dank Social Media & Co passiert das auch noch viel schneller als früher.

- Wie behutsam sollen Sie in diesen Momenten mit dem Kunden umgehen?
- Wie können Sie die Umstände des Kunden rechtzeitig erkennen?
- Wie können Sie besser steuern und wie behalten Sie dabei die Wertorientierung dauerhaft und umfassend im Blick?
- Welche Daten brauchen Sie dafür und welche Aussagekraft liefern diese?

Machen wir noch einen weiteren spannenden Vergleich:

Beispiel

Auf dem Basar (in manchen Ländern kennt man das noch) wird gehandelt. Der Verkäufer sagt einen viel zu hohen Preis, der Kunde einen viel zu niedrigen, aber man kommt sich immer näher. Irgendwann ist man sich entweder einig oder der Kunde geht einfach weiter. Unvorbereitete Kunden haben dabei oft das Nachsehen. Gewiefte Kunden machen hingegen gute Geschäfte. Ein gewitzter Händler hat seine Geschäfte gut im Griff und passt sich blitzschnell an jeden Kunden an. Er hat verschiedene Arten von Kunden, beispielsweise den Rechner, den Großzügigen, den Unbeholfenen, den Ängstlichen usw. Er macht langfristig gute Geschäfte. Wie macht er das?

Er nutzt Erfahrung und Menschenkenntnis. Er kann Unsicherheit und sicheres Auftreten aus dem „Bauch" heraus unterscheiden. Er kennt seine Kosten genau und kann selbst zügig entscheiden, ob er wenigen Kunden einen Vorteil gewährt, dafür aber bei vielen Kunden seinen Vorteil voll im Griff hat. Einziger Unterschied: Er verkauft keine Verträge mit einer Laufzeit und muss diese deswegen nicht zusätzlich kalkulieren.

Inzwischen gibt es selbst für klassische Dienstleistungsprodukte digitale Vertragshüllen, die vertrieben werden. Digitale Produkte sind noch viel komplexer, vielfältiger und können ständig adaptiert werden. Allein der Trend von der mengenabhängigen Nutzung hin zur Flatrate macht eine Aussage der Kosten und damit der Profitabilität im Voraus unmöglich. Wir befinden uns im Bereich des statistischen Pokerns. Kosten verlagern sich immer mehr in Richtung Service und Vertrieb. Hier wird versucht, auch dieses Kostenwachstum durch Self-Service-Angebote im Internet zu verringern.

Der Vergleich mit dem Basar trägt hier also nicht. Auch der gewitzte Händler vom Basar würde bei dieser Art von Produkten kläglich scheitern. Die Menge an Kombinationsmöglichkeiten überfordert Kunden, Agenten in der Betreuung und im Vertrieb, aber auch eine Menge an Marketingabteilungen. Die Nachbetrachtung über einen gewissen Zeitraum funktioniert mit dem entsprechenden Reporting. Dann wird hektisch nachgesteuert, nachgebessert oder das Ruder herumgerissen. Proaktives (wertorientiertes) Management und Handeln sieht anders aus.

Neue Denk- und Arbeitsweisen beim Umgang mit diesen Themen werden daher dringend benötigt. Hierbei sind klassische marketing- oder vertriebsorientierte Abteilungen genauso überfordert wie die IT. Sie antworten mit mengenbezogenen Aktionen, bezahlen horrende Vertriebsprovisionen auf Basis eines statischen Produktwertes oder arbeiten je Organisationseinheit im schlimmsten Falle gegeneinander, um gut dazustehen. Die IT und die verschiedenen Hypes des digitalen Zeitalters (Big Data, Cloud Computing und Predictive Analytics) heizen die Herausforderungen weiter an. Angefeuert werden diese Ideen immer wieder mit einer Art Erlösungsgedanken: Endlich einfach machbar! Aber auch neue Technologien funktionieren nur richtig, wenn Sie Ihre konzeptionellen Hausaufgaben gemacht haben.

Wertorientierung erfordert eine neue Art der Zusammenarbeit und eine entsprechend neue technologische Art der Unterstützung. Software kann dabei helfen, aber – wie immer – tut sie das nicht von allein oder „out of the box", wie viele Anbieter es leider häufig behaupten. Big Data und Regelmaschinen (Rule Manager) sind mächtige Werkzeuge. Das ist kein Entweder-Oder. Big Data ist vielmehr die Art und Weise, wie aus großen Datenmengen möglichst schnell die richtigen Erkenntnisse gewonnen werden können. Die Ergebnisse in Prozessen zielgerichtet zu verwerten, ist eine zweite unabhängige Disziplin. Beides kann helfen. Wenn Sie Ihre Steuerungsinstrumente mit den richtigen Regeln und Daten versorgen, werden Sie Ihre Ziele erreichen können. Dann können Sie und Ihre Akteure in Bruchteilen von Sekunden die richtige, passgenaue Entscheidung treffen. Sie werden eine auf die Situation zugeschnittene ausgewogene Bewertung

abgeben können, Änderungen erlauben oder verbieten oder aber dynamisch Verhandlungsbudgets und Prämien wertorientiert bereitstellen.

Aber – digitale Produkte produzieren eine Vielzahl von Daten. Deren Auswertung alleine macht schon eine Menge Arbeit. Hier helfen moderne Werkzeuge
und ein paar gute Mitarbeiter mit analytischen Fähigkeiten. Oft fehlt es aber
schon an der Vorstellung des Ziels der Auswertung.

Für die Erarbeitung von Prognosen und Voraussagen muss man Zusammenhänge entdecken und umfassend konzeptionell aufarbeiten. Auf Basis dieser
Zusammenhänge könnten Sie Regelwerke und Entscheidungsbäume entwickeln,
mit denen Sie agieren wollen. Wenn Sie es nun noch schaffen, diese Art des Agie-
rens in den Prozessen und Systemen Ihres Hauses zu etablieren, dann sind Sie auf
dem richtigen Weg, ein wertorientiertes Management aufzubauen.

▶   Die Integration analytischer Ergebnisse und Prognosen zusammen
    mit einer wohldefinierten Logik, die auf wertorientierten Prinzipien
    basiert, ist als Instrument im operativen Moment der Kundeninterak-
    tion ein mächtiger Hebel bei der wertorientierten Steuerung des Kun-
    denbestands.

Das ist eine große Herausforderung. Es geht um die konzeptionelle Integration
diverser Kontaktkanäle und Prozesse mit unterschiedlichen menschlichen und
technischen Möglichkeiten. Niemals hat man heute die Möglichkeit, in einem
großen Unternehmen kurzfristig die technischen Systeme neu auszurichten. Wenn
Sie dies zum Erfolg führen wollen, sollten Sie einen guten konzeptionellen Plan
haben. Neben den technischen Änderungen dürfen Sie die organisatorischen und
strategischen Änderungen in Bezug auf die Arbeitsweise und Organisation nicht
unterschätzen. Hier warten weit schwerwiegendere Herausforderungen.

Zunächst werden Sie im Folgenden die fünf wichtigsten Instrumente der wertorientierten Steuerung kennenlernen. Diese Instrumente sollten einigen wenigen
wertorientierten Prinzipien gehorchen, die Sie immer wieder zurate ziehen müssen, wenn es um die Bewertung von Änderungen in der Steuerung geht. Um die
zeitlichen und konzeptionellen Herausforderungen einer effizienten Steuerung
bewältigen zu können, werden Sie diese Instrumente in einer Logik umsetzen
müssen. Sie werden erfahren, wie Sie diese Logik so strukturieren, dass Sie auch
größere Ausprägungen sicher beherrschen können und Transparenz und Qualität
für Sie kein Fremdwort wird.

Bei dieser Arbeit stellen Sie vermutlich fest, dass der schwierigste Part die
Einführung von Grundprinzipien und konzeptionellen Basisüberlegungen ist. Die
übliche Praxis basiert auf unabgestimmten und sehr uneinheitlichen, sich zum

Teil widersprechenden Arbeitsmethoden. Hier liegt ein Großteil der wirklichen Herausforderungen. Wie Sie die richtigen Daten für Ihre Instrumente und Logik identifizieren und managen, ist eine eigene Disziplin. Erkennen Sie, was in diesem Umfeld auf Sie zukommt.

In einem weiteren Kapitel erfahren Sie, wie Sie den umfangreichen Auswirkungen auf Ihre Organisation und Arbeitsprozesse proaktiv begegnen können. Schließlich werden Sie Projekte zur Umsetzung mit der IT besprechen müssen, beispielsweise um neue Softwarekomponenten einzusetzen oder vorhandene Komponenten zu harmonisieren. Erfahren Sie in den nächsten Kapiteln, worauf Sie bei der Integration achten sollten und was alles schiefgehen kann.

Stellen Sie sich den Herausforderungen einer neuen wertorientierten Denkweise zur Anpassung Ihrer Prozesse sowie der Organisation und erfahren Sie alles über die Skills, die Sie dazu benötigen. Es gibt eine Menge zu tun und viele Orte notwendigen Handelns (siehe Abb. 1.3).

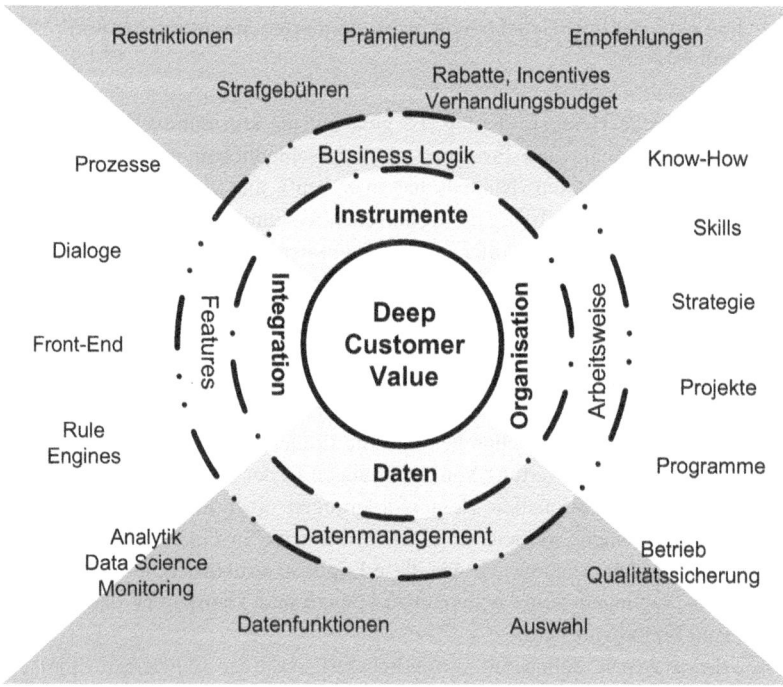

Abb. 1.3 Deep Customer Value – Orte des Handelns

Warum die Wertsteuerung in einer digitalisierten Welt so schwierig ist

Durch die fortschreitende Digitalisierung entstehen immer mehr digitale Produkte und Services. Zur Kundenbindung und zur Bündelung werden diese Produkte und Services stetig umfangreicher und als Digitale Vertragsprodukte vertrieben und betreut. Alle Änderungen dieser Verträge wertorientiert zu steuern, ist eine wachsende Herausforderung. Die eigentlichen Wertbeiträge können nicht mehr offensichtlich erkannt werden und basieren oft auf einem uneinheitlichen Wertbegriff. Kombinationsmöglichkeiten der Produktbestandteile und nutzungsabhängige Deckungsbeiträge machen eine zielgerichtete Steuerung ohne konzeptionellen Rahmen und technische Unterstützung fast unmöglich. Bei der technischen Umsetzung werden flexiblere Logikwerkzeuge benötigt, mithilfe derer die Geschwindigkeit der Anpassung zunimmt und die Möglichkeiten sich widersprechender Aktivitäten verringert wird.

Literatur

1. Schwab, K. 2016. *Die Vierte Industrielle Revolution*. München: Pantheon.
2. Kurki, S und M, Wilenius. 2014. Organisations and the sixth wave: Are ethics transforming our economies in the coming decades? Finland Futures Research Centre, University of Turku, Helsinki.
3. Wimmer, A. 2016. *Easiness. Leichtigkeit gewinnt beim Kunden*. Varel: Oriol.
4. Etventure und GfK Nürnberg. 2016. Mangelnde Entschlossenheit in Chefetagen bedroht Digitale Transformation in Großunternehmen, Whitepaper. http://www.etventure.de/wp-content/uploads/2016/03/etventure-gfk-deutschlandstudie-digitale-transformation-epaper.pdf. Zuletzt zugegriffen: 16. März 2017.

Instrumente der Steuerung

Wie verschiedene Stellschrauben einem gemeinsamen Sinn folgen

Zusammenfassung

Dass Sie Transaktionen entsprechend Ihrer Strategie steuern wollen, ist selbstverständlich. Welche Instrumente ihnen dafür zur Verfügung stehen, ist aber meistens nicht für alle Beteiligten deutlich. Einige beißen sich an Empfehlungen fest, andere an Rabatten. Wer so stark auf ein Instrument fokussiert ist, vergisst schnell, dass der Verkaufsprozess noch Verbote und Gebühren sowie Anreize enthält, die auf die gleichen Steuerungsziele einzahlen. Wenn man großes Pech hat, ist das Unternehmen auch noch entlang dieser Instrumente organisiert, sodass kaum noch jemand über seinen Tellerrand schaut. Umso wichtiger ist es, am Anfang weit auszuholen und das gesamte Arsenal zu sichten. Arbeiten bei Ihnen schon alle Maschinenteile auf ein gemeinsames Ziel hin?

2.1 Angebote sind keine Empfehlungen

Wenn Sie sich als Neuling in eine Marketing- oder CRM-Abteilung begeben, treffen Sie auf eine ganz bestimmte Welt aus Steuerungsmechanismen, Prozessen und Organisationsstrukturen. Sie haben alle Hände voll zu tun, sich in dieser Welt zu orientieren und möglichst schnell ein kompetenter Spieler in genau dem konkret stattfindenden Spiel zu werden. Den Luxus, hinterfragen zu können, ob noch andere Arbeitsweisen möglich oder sogar besser wären, werden Sie sich erst spät leisten können – vielleicht auch niemals, da Sie jederzeit den heißen Atem der kommerziellen Stakeholder im Nacken spüren. Wenn Deadlines rasant näher rücken, will niemand mit Ihnen vermeintlich akademische oder

© Springer Fachmedien Wiesbaden GmbH 2017
K. Zimmermann und F. Pensel, *Deep Customer Value*,
DOI 10.1007/978-3-658-17972-4_2

philosophische Debatten führen, was ein Offer oder Angebot eigentlich genau ist oder ob man unerwünschtes Kundenverhalten eher durch technische Verbote oder hohe Strafgebühren unterbinden sollte. Sie befinden sich in einer Situation ohne Vergangenheit und Zukunft. Man agiert auf der Arbeitsebene, als ob die heute im Unternehmen eingesetzten Instrumente der Wertsteuerung schon immer da waren und gar keine Welt vorstellbar wäre, in der anders verfahren wird.

Diesen Luxus, verschiedene Instrumente der Wertsteuerung vorzuführen, nebeneinander zu halten und zu bewerten, wollen wir uns jetzt gönnen. Es ist hilfreich, gleich zu Anfang ein paar Schritte zurückzugehen und sich mit gebührendem Abstand zur konkreten Arbeitsweise zu vergegenwärtigen, warum man sich für diese Instrumente entschieden und sie so gestaltet hat. Auf den ersten Blick werden die ganz grundlegenden Antworten banal erscheinen, aber die Übung macht sich bezahlt, wenn es später gilt, die Arten der verwendeten Logik, die zuständigen Abteilungen und die notwendigen Arbeitsprozesse abzuleiten.

Spricht man von Marketing und CRM, so hat man es üblicherweise mit einer fachlichen Begriffswelt zu tun, die sich um das Angebot oder Offer dreht. Die Hauptaufgabe des Analytischen CRM ist es, dem richtigen Kunden das richtige Angebot zur richtigen Zeit zu machen und zwar über den richtigen Kontaktkanal. So wird es jedenfalls in zahllosen Unternehmensberater-Präsentationen gefordert und zugleich in Aussicht gestellt. Um uns jedoch von solchen Binsenweisheiten auf Hochglanz-Folien zu lösen, müssen wir zuerst den Begriff des Angebots fixieren.

Wenn in Ihrem Stamm-Supermarkt im hintersten Regal versteckt eine verstaubte Packung Zahnpasta für 1,99 EUR liegt, ist das bereits ein Angebot?

Dadurch, dass sich dieses Produkt mit einem Preis versehen für Kunden zugänglich im Verkaufsbereich befindet, wird Ihnen ja zumindest die Möglichkeit zu dieser Transaktion geboten. Die Zahnpasta ist verfügbar, aber weiter nichts.

Wollen wir dies aber wirklich schon als Angebot bezeichnen, oder ist es erst dann ein Angebot, wenn der Supermarkt die geringste Bemühung unternimmt, den Kunden auf dieses Angebot aufmerksam zu machen? Beispielsweise indem er die Zahnpasta in einem Fernsehspot, in einer Online-Kampagne, auf einem Plakat bewirbt, oder sie immerhin in einer Ladendurchsage erwähnt, oder einen kleinen neonfarbenen Aufkleber mit einem Ausrufezeichen an der Zahnpasta anbringt? Dies ist kein philosophisches Rätsel, sondern nur eine Frage der Definition. Und diesbezüglich wollen wir im Folgenden so verfahren:

▶ **Angebot** Wenn Sie einem Kunden die Möglichkeit geben, ein bestimmtes Produkt zu einem bestimmten Preis zu kaufen, dann wollen wir dies als Angebot bezeichnen, selbst wenn Sie sonst nichts dafür tun, um den Kunden auf das Angebot aufmerksam zu machen.

Diese banal erscheinende Definition soll vor allem eine Abgrenzung zum Begriff der Empfehlung ermöglichen.

▷ **Empfehlung** Wenn Sie einen Kunden persönlich ansprechen und ihm nahelegen, dass genau für ihn der Kauf eines bestimmten Produkts eine gute Idee wäre, dann nennen wir das eine Empfehlung. In diesem Sinne kann eine Litfaßsäule keine Empfehlungen machen, selbst wenn ein auf ihr angebrachter ein Slogan zum Kauf von irgendetwas auffordert. Dem Betrachter ist klar, dass die Säule nicht ihn persönlich meinen kann.

Der Unterschied ist riesig. Empfehlungen sind ein viel sensibleres Thema als Angebote. Angebote können Sie relativ leichtfertig in der Welt herumliegen lassen und müssen dabei lediglich darauf achten, dass eine minimale Wirtschaftlichkeit gegeben ist. Wenn ein Angebot einem Kunden nicht gefällt, kann er etwas Anderes kaufen.

Bei Empfehlungen hingegen belästigen Sie den Kunden mit Ihrem Anliegen, erheischen seine Aufmerksamkeit, stehlen seine Zeit. Ist er geneigt, Sie anzuhören, müssen Sie sich dieser Gunst würdig erweisen. Sie müssen glaubhaft machen, dass Sie in seinem Interesse handeln und es für ihn von Nutzen wäre, der Empfehlung zu folgen. Ihre Empfehlungen müssen also nicht nur für Sie als Unternehmen wirtschaftlich rentabel sein, sondern für den Kunden geeignet, interessant und spannend klingen. Das heißt, er muss für die Empfehlung affin sein. Wenn Sie etwas für ihn Überflüssiges empfehlen, haben Sie hingegen Zeit und Aufwand verschwendet und den Kunden belästigt. Wenn Sie sogar etwas empfehlen, das offensichtlich nicht in seinem Interesse ist, wird er Sie des Betrugs bezichtigen, und Ihre Kundenbeziehung ist beschädigt.

Natürlich gibt es außer der Empfehlung noch andere Wege, um ein Angebot effektiv auf dem Markt zu unterstützen. Sie können Verkäufer mit einem besonderen Bonus belohnen, wenn der Kunde ein bestimmtes Angebot annimmt. Oder Sie können das Angebot selbst noch verbessern, durch zusätzliche Leistungen oder einen reduzierten Preis. Aber bei allen diesen Maßnahmen gilt, dass stets nur Wirtschaftlichkeit zu beachten ist. Die Kundenbeziehung ist nicht in Gefahr. Nur Empfehlungen besitzen diese zusätzliche Dimension, die besondere Sorgfalt bei der Einschätzung von Affinität sowie die strenge Umsetzung von Prinzipien der Fairness erfordert.

Tab. 2.1 Arsenal der Steuerungsinstrumente

Instrument	Wirkungsweise
Restriktion	Sie erstellen ein Angebot, verbieten aber den Verkauf an manche Kunden
Rabatte	Sie reduzieren den Preis eines Produkts für manche Kunden
Strafgebühren	Sie erhöhen künstlich den Preis eines Produkts für manche Kunden
Empfehlungen	Sie machen manche Kunden auf ein Angebot aufmerksam und erklären, dass es ihnen einen Vorteil bietet
Prämierung	Sie belohnen einen Verkäufer mit einer Bonuszahlung, wenn er ein bestimmtes Produkt verkauft

Dies sind die Bausteine jeder Steuerungstaktik. Angebote werden verboten oder gestattet und vielleicht sogar aktiv empfohlen. Dabei werden sie für Kunden je nach Bedarf attraktiver oder unattraktiver, indem man Rabatte und Gebühren hinzufügt. Der Verkäufer profitiert dann, wenn seine Handlungen im Interesse des Unternehmens sind

Mit dieser Unterscheidung zwischen Angebot und Empfehlung im Hinterkopf wollen wir jetzt die einzelnen Steuerungsinstrumente betrachten. Fünf Instrumente sollen dabei nacheinander behandelt werden. Tab. 2.1 zeigt sie in einer ersten Zusammenfassung. Sie werden sehen, dass es viele Kombinationsmöglichkeiten dieser Instrumente gibt. Fast jedes Unternehmen wendet mindestens drei bis vier von ihnen gleichzeitig an. Die spannende Frage ist jedoch, wie man diesen simultanen Einsatz in sich konsistent und harmonisch gestaltet.

2.2 Restriktion: Finger weg von meinem Produkt, Kunde!

Das Zahnpasta-Angebot gilt für jeden Kunden, der den Laden betritt. Niemals hat man einen Grund, einzelnen Kunden die Zahnpasta an der Kasse zu verweigern oder sie bewusst vor ihnen geheim zu halten. Auch der Kauf der billigsten Zahnpasta-Marke ist eine gern gesehene Transaktion. Ganz anders verhält es sich beim Bestandskunden-Marketing von Digitalen Vertragsprodukten.

Beispiel

Ein Kunde betritt den „Laden" (nehmen wir also an, der Verkaufskanal ist in diesem Beispiel der stationäre Handel) und verlangt einen Tarifwechsel in einen Preisbrecher-Tarif aus der aktuellen Fernsehwerbung. Der Verkäufer ruft die Stammdaten des Kunden auf und stellt fest, dass dieser derzeit noch

in einem uralten, hoffnungslos überteuerten Tarif ist. Er zahlt stolze 20 EUR
mehr im Monat für relativ wenig Leistung. Der alte Tarif stammt aus einer
Zeit, als solche Preise noch marktüblich waren, und offenbar hatte der Kunde
bisher nicht genug Interesse, Überblick oder Leidensdruck, um die Optimierung, die der Markt schon länger bietet, einzufordern.

Bloß weil das Preisbrecher-Angebot also grundsätzlich existiert (für Neukunden
zum Beispiel), heißt das noch lange nicht, dass wir es auch ausgerechnet diesem
Kunden gewähren wollen. Eigentlich wollen wir diese Transaktion verhindern,
denn sie schadet dem Unternehmen. Zwar ist jede verkaufte Tube Zahnpasta gut
für den Supermarkt, so wie auch jeder Neuvertrag in dem Preisbrecher-Tarif gut
für den Mobilfunk-Anbieter ist – solange man nicht einen Tarif mit einem negativen Deckungsbeitrag anbietet. Aber bei Tarifwechseln von Bestandskunden ist
die Situation anders. Benötigt wird eine Restriktionslogik, die bestimmte Kunden
daran hindert, Angebote wahrzunehmen, die anderen Kunden aber gewährt werden.

Man würde diese Transaktion zwar gern verhindern, ob man es aber tatsächlich wagt, dem Kunden gegenüber ein hartes Verbot auszusprechen, basiert auf
mehreren Faktoren. Wie hoch ist die Wahrscheinlichkeit, dass der Kunde nun
den Vertrag kündigt und zur Konkurrenz wechselt? Dies wiederum hängt davon
ab, ob die Konkurrenz ein vergleichbares Preisbrecher-Angebot bietet. Wenn
Sie der Preisführer sind, können Sie es sich leisten, Ihren Altkunden die güns-
tigsten Tarife zu verwehren, da sie solch ein Angebot nirgendwo sonst bekommen. Außerdem ist ausschlaggebend, wie lange der Kunde noch an seinen Vertrag
gebunden ist. Ist er kurz vorm Ende der Bindung, sollten Sie lieber keine Experi-
mente machen. Ist er noch lange bei Ihnen, können Sie gelassener agieren.

Und wie groß ist die Wahrscheinlichkeit, dass der Verkäufer sich mit dem
Kunden verbündet, um das Verbot auszuhebeln? So könnte er zum Beispiel dem
Kunden raten, den Vertrag zu kündigen und einen Neuvertrag zu den gewünsch-
ten Preisbrecher-Konditionen abzuschließen. Dies ist bekannt als Rotational
Churn [1].

Und schließlich ist auch ausschlaggebend, nach welchen Kennzahlen das
Unternehmen auf globaler Ebene gesteuert wird. In gewissen Situationen leistet
sich das Management vielleicht die Vorgabe, den Marktanteil unter allen Umständen zu steigern, auch auf Kosten von Wirtschaftlichkeit und nachhaltiger Kos-
tendeckung. In solchen Zeiten wird man jedem Kunden jeglichen Tarifwechsel
erlauben. Dies kann jedoch nicht von Dauer sein und so wird man unweigerlich
in einen Modus zurückkehren, in dem man Tarifwechsel genau dann verbietet,

wenn der erwartete Schaden durch den Wechsel höher ist als der erwartete Schaden durch die Verweigerung des Wechsels.

Man erkennt vielleicht schon, dass die Anforderungen an eine gute Restriktionslogik mannigfaltig sind: man bräuchte nicht nur statistische Vorhersagen über
Kundenverhalten, sondern sogar eine Theorie über die Kundenreaktionen auf die
Maßnahmen des Unternehmens. Am liebsten hätte man also nicht nur versierte
Stochastiker, sondern auch Spieltheorie-Kenner in seinem Expertenstab. Aber
selbst derartige analytische Finesse wird wirkungslos verpuffen, wenn nicht die
strategische Ausrichtung des Unternehmens – und sei es nur die grobe Entscheidung, ob man derzeit nach Menge oder nach Gewinn „tickt" – in diesem Restrik-
tionsregelwerk sauber und aktuell abgebildet ist.

2.3 Rabatte: Sabotieren Sie nicht heute schon Ihr Marketing von morgen

Eine Spielart von Restriktionslogik ist das Verhandlungsbudget. Dieses Budget
regelt, in welchem Ausmaß ein Verkäufer auf den Listenpreis eines Produktes
noch Rabatte aufschlagen darf.

Was wir bisher behandelt haben, sind gebührenpflichtige Produkte, also zum
Beispiel Tarife oder Zusatzoptionen. Die eben dargelegte Restriktion verhindert,
dass Ihr Kunde in ein Produkt wechselt, das schon an sich zu billig ist, selbst
ohne zusätzliche Rabatte. Es bleibt nach Anwendung dieser Restriktionen aber
immer noch die Frage offen, inwieweit Sie bereit sind, den Preis eines zulässigen Produkts durch Rabatte noch kundenindividuell zu senken. Einen Rabatt zu
gewähren bedeutet, eine große Leistung zum Preis einer kleinen Leistung zu verkaufen. Nehmen wir einmal an, Sie hätten mit Ihrer Restriktionslogik festgelegt,
dass der Kunde Ihren 20-EUR-Tarif auswählen darf, aber keinen günstigeren. Sie
wollen also mindestens 20 EUR vom Kunden haben. Heißt das aber auch, dass
Sie bereit sein sollten, ihm jedes Ihrer Produkte auf 20 EUR rabattiert zu verkaufen?

Wir nehmen hier der Einfachheit halber an, dass die Kosten, die Ihnen durch
die Leistungsbereitstellung entstehen, bei allen Produkten gleich sind. Wenn wir
uns im Mobilfunk-Bereich befinden und eine maßgebliche Leistung zum Beispiel
die Größe des Datenpakets ist, dann ist diese Annahme annähernd korrekt. Fünf
Gigabyte kosten den Anbieter nicht wirklich mehr als ein Gigabyte. Wenn diese
Annahme nicht stimmen würde, dürften wir als Wirtschaftlichkeitskennzahl, nach
der das Regelwerk ausgerichtet ist, ohnehin nicht den Umsatz nehmen, sondern
müssten stattdessen den Deckungsbeitrag verwenden.

Wenn also die Bereitstellung der Leistung Sie immer gleich viel kostet, kann es Ihnen dann nicht egal sein, wie viel Leistung der Kunde für 20 EUR erhält? Wenn Sie diesen Betrag von ihm haben wollen, warum geben Sie ihm dafür nicht das leistungsstärkste Produkt in Ihrem Sortiment? Sie tun dies nicht, weil Sie dem Kunden so eines Tages für eine Zusatzleistung noch eine zusätzliche Gebühr berechnen können. Sie geben ihm deswegen für 20 EUR vielleicht eine Leistung, die eigentlich 25 EUR wert ist. Weil Sie den Kunden als kündigungsgefährdet einstufen, schenken Sie ihm Leistung im Wert von fünf Euro, mehr aber nicht. Denn der Tag wird kommen, an dem der Kunde vielleicht eine Leistung braucht, die 40 EUR kostet. Sie werden sie ihm dann für 30 EUR geben und haben damit immerhin noch ein Upselling im Wert von zehn Euro geschafft. Dieses Upselling hätten Sie unmöglich realisiert, wenn Sie von vornherein die größte Leistung angeboten hätten. Rabattlogik ist also in so einer Situation eigentlich keine Wertlogik, sondern eine Wertpotenziallogik. Sie müssen heute entscheiden, wie viel Potenzial für ein zukünftiges Upselling Sie bereits aufgeben wollen, um den Kunden zu halten.

In Abb. 2.1 sehen wir eine typische Konstellation aus Restriktion und Rabattlogik. Das günstigste Produkt wird nur dem gefährdeten Kunden gewährt und selbst er darf dann keinen Rabatt mehr geltend machen. Die beiden teureren Produkte stehen beiden Kunden zur Verfügung, aber der gefährdete bekommt höhere

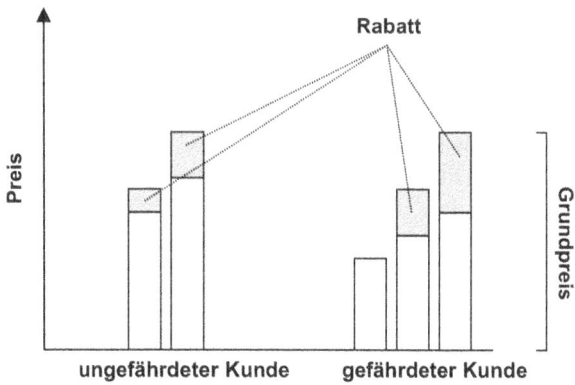

Abb. 2.1 Rabatte werden so bemessen, dass es weiterhin Upsell-Pfade in höherpreisige Produkte mit mehr Leistung gibt

Rabatte. Man beachte, dass ein Rabatt nie ein teures Produkt auf das Niveau eines billigeren heruntersetzt, sodass auch nach der Rabattierung für jeden Kunden ein Upsell-Pfad offenbleibt.

Anders verhält es sich, wenn (im Gegensatz zu den mobilen Datenprodukten) Sie die Leistungsbereitstellung echtes Geld kostet. Ein Rabatt vernichtet dann nicht nur ein hypothetisches Potenzial, sondern vielleicht direkt die aktuelle Wirtschaftlichkeit eines Auftrags. Es ist hilfreich, sich über diese Unterschiede immer im Klaren zu sein.

Grundsätzlich gilt: Das Verhandlungsbudget bekommt der Kunde nicht automatisch hinterhergeworfen. Dem Verkäufer wird es als ein verfügbares Mittel an die Hand gegeben, das er bei Bedarf einsetzen kann, um den Auftrag abzuschließen.

2.4 Strafgebühren: Muss Kundenvorteil wirklich bestraft werden?

Der Begriff „Strafe" klingt vielleicht etwas rabiat, wenn man bedenkt, dass wir hier von der Behandlung eines hochgeschätzten und wertvollen Kunden sprechen. Schließlich können Kunden ja beim ersten Ärgernis sofort abtrünnig werden und zur Konkurrenz wechseln. Man denkt beim Kundenbeziehungsmanagement daher eigentlich eher an ein unablässiges Umwerben und Umsorgen als an Bestrafung. Wir nutzen trotzdem diesen Begriff, um Strafgebühren klar von sonstigen Gebühren zu trennen. Natürlich erhebt man bei der Erbringung einer Leistung immer eine Gebühr dafür, die erstens die Kosten decken muss und zweitens im Sinne des Gewinns so hoch angesetzt wird, wie die Nachfrage es zulässt. Das hat aber noch nichts mit Strafe zu tun.

Strafgebühren hingegen sind jene Gebühren, die zusätzlich aufgeschlagen werden, um ein Angebot künstlich unattraktiv zu machen und Kunden davon abzubringen. Das klassische Beispiel sind Tarifwechselgebühren. Anstatt mit einer Restriktionslogik hart durchzugreifen und dem Kunden einen Wechsel in einen Billigtarif zu verweigern, könnten Sie den Tarifwechsel zulassen, ihn aber mit einer saftigen Wechselgebühr von mehreren Hundert Euro versehen. Diese Gebühr hat nichts mit den Kosten der Leistungserbringung zu tun, sondern soll lediglich verhindern, dass durch Wechsel in einen niederwertigen Tarif ein Schaden entsteht, den man vermeiden könnte.

Sie fragen sich nun vielleicht, wie man sich zwischen Einsatz von Restriktion oder Strafgebühr entscheiden sollte, da sie ja eigentlich äquivalent sind. Man kann das 20-EUR-Produkt verbieten und den Kunden damit in das 30-EUR-Produkt zwingen. Oder man kann das 20-EUR-Produkt erlauben, aber eine Strafgebühr im Wert von 240 EUR verlangen, die über eine klassische zweijährige Laufzeit gerechnet für den Kunden die gleichen Kosten verursacht, als würde er ein 30-EUR-Produkt kaufen.

Der Unterschied liegt darin, dass eine Gebühr nur einmalig anfällt. Man setzt sie zum Beispiel auf die Höhe, die genau den Schaden abdeckt, der dadurch entstehen würde, wenn der Kunde die nächsten 24 Monate in einem viel zu billigen Tarif verbringt. Was tun Sie aber, wenn der Kunde nach den 24 Monaten immer noch in diesem Tarif bleibt? Wer einmal seine Kosten verringert, wird sie in den seltensten Fällen freiwillig wieder erhöhen lassen. Aber Sie können andererseits keine Gebühr erheben, die einen zehnjährigen Bezug eines Billigtarifs neutralisiert, denn das ginge in die Tausende Euro. Eine Gebühr von weit mehr als 200 EUR ist realistisch nicht vermittelbar. Sie wäre effektiv eine Restriktion, nur eben eine, die Sie nebenbei zum Gespött der Branche macht.

▶ Selbst vernünftige, kommunizierbare Strafgebühren sind kein sehr wirksames Mittel, um langfristig den Wertverlust in Ihrem Kundenbestand vorzubeugen.

In Branchen, wo bereits ein Preisverfall oder gar Preiskampf herrscht, kann die Entscheidung zwischen Restriktion und Strafgebühr den Unterschied zwischen Überleben und Untergang ausmachen. Man kann aber natürlich Restriktionen mit Strafgebühren wunderbar kombinieren, sodass die wirklich schädlichen Angebote verhindert und nur die grenzwertigen mit einer Strafgebühr bewilligt werden.

Wenn es um die Optimierung und Steuerung einer Strafgebührenlogik geht, kann man diese Gebühren wie negative Rabatte behandeln und auf die gleiche Weise vertragsindividuell steuern. Der kündigungsgefährdete Kunde, dem wir auch mit Restriktionen etwas kulanter begegnen würden, könnte hier zum Beispiel bei einem Tarifwechsel mit einer bescheideneren Strafe davonkommen als sein vermeintlich ungefährdeter Nachbar.

Davon abgesehen muss man bei der Entscheidung zwischen Restriktionen und Strafgebühren immer auch den „Shitstorm"-Faktor beachten. Sind Ihre Vertriebskanäle überhaupt in der Lage, einem Kunden sinnvoll zu vermitteln, dass ein Produkt, das sie gerade mit den aufdringlichsten Werbemitteln scheinbar jedem anderen Menschen auf der Welt anbieten, gerade ihm nun verwehrt bleibt – und das, obwohl er Ihnen seit zehn Jahren monatlich eine viel zu hohe, völlig unzeitgemäße Monatsgebühr zahlt? Kann eine Kundenbeziehung das verkraften? Diese Fragen werden Sie selbst für Ihr Unternehmen beantworten müssen.

2.5 Empfehlungen: Wie viel Fairness können Sie aushalten?

Wir kehren zu Restriktion, Verhandlungsbudget und Strafgebühren in späteren Kapiteln zurück; an dieser Stelle soll es genügen, ein erstes Bild von diesen Logiken zu zeichnen, um es sogleich mit dem Bild der Empfehlungslogik zu kontrastieren. Denn es gibt eigentlich nur das Argument der ungenügenden Wirtschaftlichkeit, um ein Angebot ganz zu verhindern oder es künstlich teuer zu machen, während bei einer Empfehlungslogik immer mindestens zwei Faktoren im Spiel sind.

Erstens muss eine Empfehlung natürlich genau den gleichen Wirtschaftlichkeitskriterien genügen, aus denen zum Beispiel die Restriktionslogik besteht, nur dass sie hier noch etwas strenger angewendet werden. Eine Transaktion, die dem Unternehmen einen kleinen Schaden zufügt, wird man in gewissen Zeiten vielleicht zähneknirschend tolerieren, aber man wird sie deshalb noch lange nicht empfehlen wollen. Der neue Preisbrecher-Tarif wird deswegen möglicherweise in Ausnahmefällen auch für Bestandskunden eingesetzt, beispielsweise für den gelegentlichen Querulanten, der im Laden ungemütlich wird, theatralisch mit Kündigung droht oder schwört, andere Kunden in Online-Foren gegen das Unternehmen aufzuhetzen. Aber von einer proaktiven Empfehlung – bei der womöglich auch noch Kontaktkosten anfallen – kann natürlich keine Rede sein. Idealerweise verwendet die Empfehlungslogik also die gleiche Wirtschaftlichkeitskennzahl wie die Restriktionslogik (zum Beispiel den geschätzten monatlichen Umsatzverlust), setzt aber den Grenzwert strenger an.

Aber noch ein zweiter Faktor ist bei der Empfehlungslogik ausschlaggebend: die Affinität. Hiermit bezeichnen wir ein Maß der Wahrscheinlichkeit dafür, dass eine Empfehlung für den Kunden tatsächlich interessant ist und deshalb auch von ihm angenommen wird. Tragischer Weise sind Wirtschaftlichkeit und Affinität tendenziell gegenläufig. Ausnahmen gibt es nur bei Produkten, die als Statussymbol taugen, wie Luxusautos und Parfum. Telekommunikation, Strom und Musik-Downloads zählen leider nicht dazu. Ein Angebot, bei dem der Kunde sehr viel Leistung für sehr wenig Geld bekommt, hat natürlich hohe Erfolgschancen. In diesem Sinne ist wohl jeder Kunde dafür affin. Aber natürlich ist dies nicht wirtschaftlich. Angebote, bei denen der Kunde deutlich mehr zahlt als vorher, sind hingegen wirtschaftlich, aber kaum jemand ist dafür affin. Die eigentliche Kunst der Angebotsgestaltung und Produktentwicklung ist es, aus dieser Trade-off-Situation auszubrechen.

Eine um fünf Euro gestiegene Grundgebühr nimmt ein Kunde vielleicht hin, wenn sich seine Leistung dafür um das Zehnfache erhöht. Vielleicht vergisst der Kunde ja dabei sogar, dass er schon seine bisher bereitstehende Leistung gar nicht ausschöpft. Indem man derartige Erwägungen operationalisiert und in einer Empfehlungslogik umsetzt, trifft man also zwangsläufig Annahmen über die Interessenlage aber auch die mögliche „Dummheit" des Kunden. Wer seinem Kunden unterstellt, sich von einer Leistungsvervielfachung blenden zu lassen, wagt dann solch eine Empfehlung. Wer seinen Kunden hingegen für aufmerksamer hält, geht sofort zu einer Empfehlung über, aus der der Kunde einen echten Vorteil zieht. Wer seine Empfehlungslogik auf sehr guten Analysen aufbaut, kann vorhersagen, bei welchem Kunden man „dreist" sein darf und bei welchem ein solches Verhalten zu einem Eigentor führt.

Es scheint vielleicht provokant, hier gleich so ein hartes Wort wie „Dummheit" zu verwenden. Es sollte nicht darüber hinwegtäuschen, dass hier eine unheimlich spannende analytische Baustelle schlummert. Denn die wissenschaftliche Ökonomie hat die Grundannahme eines Kunden, der in jeder Lage komplett rational seinen objektiven Vorteil verfolgt, inzwischen überwunden und untersucht sehr erfolgreich die systematisch wiederkehrenden Denkfehler oder Biases im Entscheidungsverhalten eines Menschen und Verbrauchers. Auch Ihr Unternehmen wird in den Köpfen erfahrener Marktforscher und Marketingstrategen einen reichen Schatz an Wissen über solche Biases haben. Vermutlich ist dieses Wissen aber bisher nicht systematisch zusammengetragen und in den Affinitätsdefinitionen Ihrer Empfehlungslogiken nicht strukturiert zum Einsatz gebracht worden.

Wir wollen hier eine klare, handfeste Sprache wählen, denn es soll nicht der Eindruck entstehen, Affinitätsdefinition wäre eine esoterische Geheimlehre für promovierte Volkswirte. Auf der konkreten Arbeitsebene im Marketing hat sich über die Jahre eine gewisse „Bauernschläue" verfestigt, die ein gewagtes Angebot genau dann vorbringt, wenn man glaubt, dass der Kunde einen damit davonkommen lässt, weil seine rationale Nutzenbewertung durch schillernde Gimmicks vernebelt ist. Bei der Angebotserstellung macht man sich von jeher genau diese Gedanken. Ist der Kunde wirklich so dumm? Und wenn nicht? Wenn der erste Vorstoß zu dreist war, kann man noch ein faires Angebot nachliefern, um den Schaden zu begrenzen?

Nicht zuletzt soll das harte Wort „Dummheit" auf die ethischen Aspekte der Situation hinweisen. Wollen Sie Ihren Kunden für dumm verkaufen? Arbeiten Sie in einer Unternehmenskultur, die aus der gelegentlichen Unvernunft des Kunden einen Vorteil schlagen will? Auch hierzu gibt es in den Köpfen der Agierenden immer schon einen Kodex. Einerseits sind die echten Entscheidungsgewohnheiten

im Marketing wohl immer etwas von dem Fairness-Image entfernt, das man nach
außen kommunikativ erzeugen will. Anderseits ist die gelebte Marketinglogik
selten völlig „böse" oder unethisch. Die tatsächlichen ethischen Gewohnheiten
treffen sich irgendwo in der Mitte, sind aber von Unternehmen zu Unternehmen
durchaus unterschiedlich. Genau wie das Wissen um nützliche Denkfehler des
Kunden sollte auch die eigene moralische Bereitschaft, diese Fehler zu monetari-
sieren, strukturiert in den Logiken abgebildet werden.

▶   Gerade die Ethik Ihres Marketings sollten Sie steuern wollen. Weder
      sollten Sie übertriebene Dreistigkeit im Umgang mit wertvollen Kun-
      den tolerieren, noch werden Sie es fördern wollen, dass Ihre Vertriebs-
      kanäle wie die Verbraucherzentrale agieren. Positionieren Sie sich
      bewusst auf dieser ethischen Dimension!

2.6   Prämierung: Leistung muss sich wieder lohnen

Was noch fehlt, ist die gebührende Würdigung des menschlichen Verkäufers und
seiner Motive, sofern man dabei von einem Vertriebskanal spricht, in dem dieser
Moderator aus Fleisch und Blut noch existiert. Unmoderierte digitale Vertriebskanäle sind sehr kostengünstig, aber sie bringen die zusätzliche Herausforderung
mit sich, dass hier die rohe Marketinglogik ungebremst auf den Endkunden prallt.
Die eben erläuterten Restriktions- und Empfehlungslogiken gibt es auch hier, nur
sind sie gefährlicher. Wenn Sie aus Gründen der Wirtschaftlichkeit dem Kunden
die Hälfte des aktuellen und breit beworbenen Portfolios verweigern, entstehen
auffällige Lücken, die ohne die erklärenden Worte eines Verkäufers beim Kunden
schnell das Gefühl entstehen lassen, dass er „abgezockt" werden soll. Schlimmer ist es noch, wenn eine zu gewagte Empfehlung auf einen abgebrühten Kunden trifft. Ein guter Verkäufer hätte nach dem unvermeidlichen Protest oder gar
Gelächter noch elegant zu einem besseren Angebot überleiten können, aber im
Online-Kanal hat man seine einzige Chance dann bereits verspielt.

Wird in einem Kanal also noch ein menschlicher Verkäufer eingesetzt, so
haben wir mit der Prämienlogik ein letztes fundamentales Instrument der Wertsteuerung, das es zu gestalten gilt. Wie jeder Mensch agiert auch der Verkäufer
tendenziell so, dass er seine persönliche Zielerreichung maximiert, und somit ist
es die Aufgabe der Prämienlogik, seine persönlichen Ziele deckungsgleich mit
den Unternehmenszielen zu machen.

Als wir über das Entscheidungsverhalten von Kunden sprachen, bestand die
wichtigste Erkenntnis darin, dass Kunden nicht immer rational agieren und die

Kunst einer Empfehlungslogik gerade darin besteht, solche Rationalitätsbrüche zu erkennen und zu nutzen. Bei Verkäufern, die durch Prämien motiviert sind, können wir getrost davon ausgehen, dass das Gegenteil der Fall ist. Verkäufer haben eine fast unheimliche Fähigkeit, ihren Eigennutzen in jeder Situation zu maximieren, selbst wenn dies (aufgrund einer schlampig gesteuerten Prämiensystematik) schon nicht mehr im Interesse des Unternehmens ist. Man sollte bei der Modellierung des Verkäuferverhaltens stets davon ausgehen, dass es keine Biases gibt.

Die Prämie des Verkäufers sollte umso höher sein, je mehr Gewinn er dem Unternehmen einbringt, wobei wiederum bei einer idealen Logik-Architektur hier die gleiche Wertdefinition verwendet wird, wie bei Restriktions- und Empfehlungslogik. Für Schäden, die er durch extrem unwirtschaftliche Transaktionen anrichtet, kann man ihn in der Regel schon aus arbeitsrechtlichen Gründen nicht durch „negative Prämien" – also Strafen – zur Rechenschaft ziehen. Also ist es wichtig, solchen Schäden nicht nur durch ausbleibende Prämien, sondern durch harte Restriktionen zu verhindern.

Sollte nun also Prämierungslogik den gleichen Ansätzen folgen wie die bisher diskutierten Logiken? Bemühen wir erneut unseren kündigungsgefährdeten Beispielkunden, der zu einem 20-EUR-Produkt wechselt. Sollte ein Verkäufer für einen solchen Auftrag eine höhere Prämie erhalten als in dem Fall, dass er das gleiche Produkt dem vermeintlich ungefährdeten Nachbarn verkauft? Diese Frage kann man nur mit einem umfassenden Wissen über die Verkaufssituation beantworten.

Betrachtet man jedes Verkaufsgespräch isoliert, drängt sich der Eindruck auf, dass für beide Aufträge die gleiche Prämie ausgezahlt werden sollte. Wenn man den Kunden im Laden vor sich hat, reicht es doch sicherzustellen, dass das teuerste Produkt die höchste Prämie verursacht, egal ob der Kunde gefährdet ist oder nicht. Ob der Kunde gefährdet ist, kann man nicht steuern oder verhindern, also wozu darauf reagieren? Vor allem wenn der Verkäufer nur die gleichen Produkte in seinem Sortiment hat wie für jeden anderen und nichts weiter tun kann als sein Bestes?

Aber darf man die Gespräche denn isoliert voneinander betrachten? Denn wahrscheinlich hat der Verkäufer noch die Möglichkeit, seine Zeit und Mühe strategisch zwischen den Gesprächen zu allokieren. Kommt jemand in den Laden, der schon gekündigt hat und im Herzen bereits bei der Konkurrenz ist, dann wird der Verkäufer ihn als hoffnungslosen Fall abschreiben, den Kunden möglichst schnell abhandeln und zügig wieder aus dem Geschäft befördern. Seine Zeit und Mühe wird er vor allem auf diejenigen Kunden konzentrieren, die von vornherein gute Chancen versprechen. Wenn Sie diesen Verkäufer aber für die Rettung eines

Kündigers mit der dreifachen Prämie belohnen, ändert sich seine Strategie ganz
schnell. Ob Sie dies wollen, hängt von Ihren Unternehmenszielen ab. Ist Kündigung gerade ein Problemthema? Oder geht es um die schiere Auftragsanzahl?
Je nach strategischer Ausrichtung können Sie Ihre Ziele also besser erreichen,
wenn Ihre Prämienlogik nicht nur das Produkt, sondern auch vertragsindividuelle
Eigenschaften verwendet.

2.7   The Big Picture

Ein Unternehmen hat nun die folgenden Methoden der Wertsteuerung zur Verfügung: harte Restriktionen, ein Verhandlungsbudget für Rabatte, Strafgebühren,
wertorientierte Prämien und affinitätsbasierte Empfehlungen. Der Marketing-
oder CRM-Bereich sollte sich aber auch bewusst dazu positionieren, wie er diese
Instrumente zusammen aufstellt und priorisiert.

Betrachten wir einen Kanal, der von menschlichen Verkäufern moderiert wird.
Wenn man von der Kompetenz und Intelligenz seiner Verkäufer voll überzeugt
ist, braucht man nichts weiter zu tun, als die Prämienlogik sorgfältig zu gestalten.
Solange wertvolle Transaktionen für den cleveren Verkäufer angemessen profitabel sind, wird es ihm irgendwie gelingen, diese Transaktionen herbeizuführen. In
diesem Falle braucht man schädliches Verhalten nicht extra zu verbieten, denn der
Verkäufer käme nie auf die Idee, so etwas durchzuführen. Und man braucht ihm
die wertvollen Angebote nicht extra zu empfehlen, da diese ohnehin in seinem
Interesse liegen. Die Einführung von Restriktions- und Empfehlungslogik wäre
also nicht nur überflüssig, sondern würde im schlimmsten Fall als Bevormundung
empfunden.

Wenn man nun entweder die Kompetenz seiner Verkäufer niedriger einstuft
oder aber die Angebotsvielfalt und Komplexität der Leistungen und Features so
groß sind, dass sie das menschliche Auffassungsvermögen übersteigen, wird man
als erstes eine Restriktionslogik einführen, denn hier droht ein großer Schaden,
den man relativ leicht verhindern kann. Eine Restriktionslogik braucht nicht die
komplette Leistungskomplexität der Produktwelt abzubilden, sondern kann sie
auf eine relativ simple Wirtschaftlichkeitskennzahl reduzieren. Hier lässt sich mit
relativ wenig Aufwand schon viel Gutes tun.

Anders ist dies bei der Empfehlungslogik. Da sie Affinität abbilden muss,
führt eine komplexe Produktwelt auch sofort zu einer komplexen Empfehlungslogik. Außerdem müsste sie in einem Kanal mit menschlichen Verkäufern sehr gut
sein, um überhaupt irgendeine Wirkung zu haben. Denn egal ob Verkäufer wirklich kompetent sind oder es nur zu sein glauben – sie haben immer ein gewisses

Vertrauen in die eigene Fähigkeit, die Situation einzuschätzen und ein vernünftiges Angebot zu unterbreiten. Eine automatisierte Empfehlung muss deswegen nicht nur sehr erfolgreich, sondern auch für den Verkäufer gut nachvollziehbar sein, um bei ihm die Bereitschaft zu erzeugen, die automatisch generierte Empfehlung der eigenen Intuition vorzuziehen.

▶ In Kanälen ohne Verkäufer ist die Empfehlungslogik allmächtig und muss mit hoher Priorität und großer Sorgfalt entwickelt und gepflegt werden. In Kanälen mit Verkäufer sollte man sich überlegen, ob Empfehlungslogik dort überhaupt eine Chance hat, bevor man viele Ressourcen in die Entwicklung einer realistischen Affinitätsdefinition versenkt.

Jetzt sind wir die wichtigsten Steuerungsinstrumente durchgegangen und haben jedes einzelne mit seinen Vor- und Nachteilen unter die Lupe genommen. Dabei darf es aber nicht passieren, dass Sie vor lauter Einzelheiten die großen Zusammenhänge nicht mehr erkennen.

Sie lassen sich bei all diesen Instrumenten von dem gleichen vertragsindividuellen Wertziel leiten, das wir in den folgenden Kapiteln noch näher beleuchten werden. Die Wirkung der Instrumente auf dieses Wertziel sehen Sie im Überblick in Abb. 2.2. Sie hegen also ein Portfolio aus Angeboten, von denen einige viel zu billig sind, als dass Sie sie Ihrem Kunden gestatten würden. Keinerlei Manipulation kann diese Angebote noch lukrativ machen, und sie werden somit gnadenlos gesperrt. Andere sind zwar nicht gesperrt, werden aber künstlich durch Strafgebühren verteuert, bis sie das Wertziel erreichen. Wiederum andere Angebote schaffen das Ziel aus eigener Kraft, übertreffen es sogar so deutlich, sodass ein Rabatt gestattet werden kann, der den Preis aber nie ganz bis zur Schmerzgrenze zurückfährt. Wird das Wertziel deutlich übertroffen und der Preis nicht noch durch Rabatte ruiniert, kann sich der Verkäufer über saftige Prämien freuen. Empfohlen werden am Ende genau die Angebote, die zwar das Wertziel merklich übertreffen, ohne jedoch für den Kunden unrealistisch teuer zu sein.

Um eine bessere Intuition über das Zusammenspiel all dieser Instrumente zu entwickeln, hilft vielleicht die Analogie zur Aufgabe eines Staates, der mithilfe diverser Instrumente das Verhalten seiner Bevölkerung steuert, um Glück, Wohlstand und Frieden zu sichern. Ein Staat setzt seine härtesten Mittel ein, um das schädlichste Verhalten zu unterbinden. Diebstahl und Gewalt werden durch scharfe Gesetze verboten, analog zur Restriktionslogik, mit der Sie die allerschädlichsten Transaktionen in Ihrem Kundenbestand verhindern. Weil Verbote unbeliebt sind, setzen Sie sie nur dann ein, wenn Sie glauben, dies einem Kunden

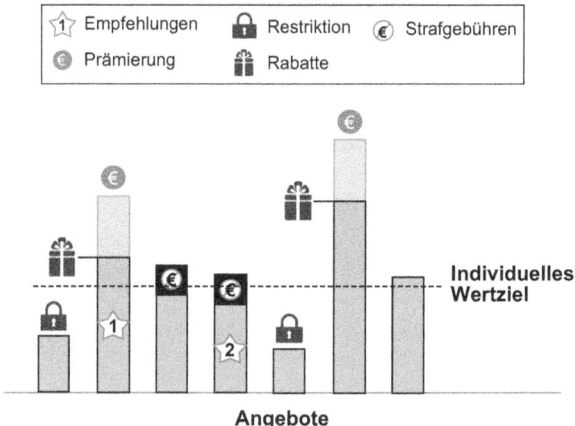

Abb. 2.2 So wirken Ihre Steuerungsinstrumente im Zusammenspiel. Einige Angebote sind dem Kunden verboten, andere durch Strafgebühren künstlich verteuert, sodass ein kundenindividuelles Wertziel gehalten wird. Oberhalb dieser Grenze sind Rabatte für den Kunden und Prämien für den Verkäufer möglich. Manche Angebote passen so gut auf den Kunden, dass man sie proaktiv empfiehlt

oder Händler gegenüber argumentieren zu können. Eine demokratische Regierung, die Interesse daran hat, wiedergewählt zu werden, setzt Verbote ebenfalls nur dann ein, wenn über sie ein gesellschaftlicher Konsens erzielt werden kann.

Soll sich ein nützliches, positives Verhalten im Staat möglichst weit verbreiten, so nutzt die Regierung Fördermittel. Wer ein besonders energieeffizientes Haus baut, erhält vom Staat einen Kredit zu guten Konditionen. Wer nach einer Babypause schnell wieder in den Beruf zurückkehrt, bekommt vom Staat finanzielle Unterstützung bei der Kinderbetreuung. Analog dazu nehmen auch Sie Geld in die Hand, um bestimmte hochwertige Transaktionen herbeizuführen, indem Sie hohe Verkäuferprämien anbieten oder Produkte für den Kunden rabattieren.

Manchmal kann ein Staat unerwünschtes Verhalten nicht durch Gesetze verbieten, weil dies zu einem Aufschrei in der Bevölkerung führen würde oder weil die Strafverfolgung zu aufwendig wäre. In solchen Fällen hat der Staat noch die Möglichkeit, das Verhalten mit hohen Steuern zu bestrafen. So geschieht es zum Beispiel beim Konsum von Tabak und Benzin, deren Verwendung hohe volkswirtschaftliche Kosten zur Folge hat und deshalb eingedämmt werden soll. Analog dazu setzen auch Sie Strafgebühren bei bestimmten Tarifwechseln ein, wenn Sie nicht die Möglichkeit haben, dem Kunden den Wechsel zu verbieten.

Dies sind die mächtigen Stellschrauben eines Staates: Er verbietet, fördert und besteuert. Um die Analogie zu vervollständigen, führen wir hier noch den letzten Maßnahmentyp an. Der Staat appelliert. Auf Plakaten sieht der Bundespräsident zu Ihnen herab und fordert „Es muss ein Ruck durch Deutschland gehen!" Es gibt Kampagnen gegen Drogen, für Integration und ähnliche Aufrufe zu relevanten gesellschaftlichen Themen.

Im Vergleich zu den eben genannten Stellschrauben sind diese Appelle hingegen wirkungslos. Solche Plakate, Ansprachen, Aufrufe scheinen oft nur ein symbolischer Akt zu sein, mit dem man seine Position dokumentiert, ohne aber ernsthaft auf einen Effekt zu hoffen. Ist es nicht bei den Produktempfehlungen, die Sie gegenüber Ihrem Kundenbestand aussprechen, ganz ähnlich? In einem durch intelligente Verkäufer moderierten Kanal, wo das Verhalten durch gut eingestellte Prämien gelenkt wird, sind fromme Ratschläge völlig überflüssig.

Wenn wir nun von einer App oder einer Website, wie beispielsweise Amazon, sprechen, wo keine Verkäufer im Spiel sind, kann die Situation natürlich ganz anders aussehen. Hier kann der Kunde prinzipiell aus Millionen von Artikeln auswählen. Dass ein Artikel überhaupt verfügbar ist, ist hier fast bedeutungslos, außer der Kunde ist auf der Suche nach genau diesem Produkt. Die Empfehlungslogik ist hier das mächtige Werkzeug, das ein Produkt aus der völligen Versenkung ins grelle Scheinwerferlicht rückt.

Aber haben Sie denn Millionen von Produkten? Oder haben Sie eher ein übersichtliches Portfolio, das man komplett auf Ihrer Webseite auflisten könnte, ohne alle Webdesign-Richtlinien zu sprengen? Wenn der Kunde sich ohnehin nur durch eine Handvoll Angebote scrollen muss, wollen Sie dann eine Wissenschaft daraus machen, welches Angebot an den Anfang sortiert oder durch ein visuelles Merkmal in den Fokus gerückt wird? Wäre das für den Kunden überhaupt relevant? Überlegen Sie es sich deswegen gut, ob die Investition in eine Empfehlungslogik überhaupt eine Chance hat, sich zu rentieren.

2.8 Geeignete Kombinationsmöglichkeiten

Nachdem Sie jetzt das grundlegende Arsenal an Steuerungsinstrumenten kennengelernt haben, sollten Sie sich deren Zusammenspiel vor Augen halten. Obwohl das Logikdesign innerhalb dieser Instrumente erst später ausführlich behandelt wird, soll schon jetzt gezeigt werden, dass sich ganz bestimmte Verzahnungen und Abhängigkeiten anbieten.

2.8.1 Restriktionen wirken auf Verhandlungsbudget

Wenn Sie sich für einen Vertrag ein Umsatzziel von 20 EUR setzen, dann verbieten Sie alle Angebote, die dieses Ziel nicht erreichen oder erhöhen den Wert
künstlich durch Strafgebühren. Angebote, die aus eigener Kraft diese Grenze
übertreffen, werden im nächsten Schritt an die Verhandlungsbudgetlogik wei-
tergereicht, welche dann ermittelt, wie stark sie rabattiert werden dürfen. Diese
Rabattlogik muss schon aus Konsistenzgründen das 20-EUR-Umsatzziel berücksichtigen, das auch der Restriktion zugrunde lag. Andernfalls liefe diese Logik
Gefahr, durch Rabattierung den Angebotswert doch wieder unter die Grenze
zu senken. Dies würde ein Verkäufer bizarr finden. Denn wenn ich im ersten
Schritt ein 18-EUR-Produkt verboten habe, kann ich nicht im zweiten Schritt
ein 30-EUR-Premium-Produkt um zwölf Euro rabattieren. Andernfalls wäre die
Botschaft an den Kunden: Ich gebe dir die kleine Leistung nur für großes Geld,
aber die große Leistung gebe ich dir für kleines Geld. Dies klingt so absurd, dass
man kaum glauben will, dass so etwas vorkommen kann. Aber seien Sie versi-
chert, dies kann durchaus so passieren, wenn man nicht bewusst seine Logiken
verzahnt.

Also kann aus Konsistenzgründen der Rabatt nicht größer sein als der Abstand
zur Toleranzgrenze der Restriktionslogik. Aber dieser Bezug sollte darüber hinaus auch verwendet werden, wenn es gilt, sich für eine konkrete Rabatthöhe zu
entscheiden. Wenn Sie kulant bei der Wahl der ursprünglichen Toleranzgrenze
waren, weil der Kunde als kündigungsgefährdet galt, dann sollte dies Sie auch
dazu bewegen, ähnlich entgegenkommend bei der Höhe der Rabatte zu agieren.
Wenn Sie es verkraften, eine Umsatzeinbuße zu erleiden, dann können Sie sicher
auch den Schmerz hinnehmen, Ihr Upsell-Potenzial zu verlieren.

▶ Es ist sinnvoll, das Verhandlungsbudget als eine prozentuale Ausschüttung „freiwilligen" Umsatzes aufzusetzen, also desjenigen Umsatzes,
   der oberhalb der Toleranzgrenze liegt. Wenn es gelingt, das individuell gesetzte Umsatzziel eines Kunden zu übertreffen, darf man dies
   dadurch damit belohnen, dass Premium-Leistungen, deren Preise
   oberhalb dieses Ziels liegen, verbilligt werden.

Beim Kündiger, dem ich eine große Umsatzreduktion von zehn Euro gestatte,
schütte ich dann beim Verhandlungsbudget vielleicht satte 90 % dieser Differenz
aus. Wenn ich diesem Kunden also tatsächlich ein Produkt verkaufen kann, das
den Umsatz auf einem stabilen Niveau hält, dann hat er zehn Euro Distanz zur

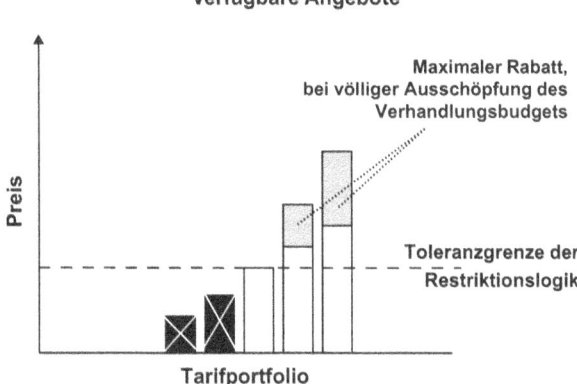

Abb. 2.3 Typische Konstellation von Rabatthöhen, die sich danach bemessen, wie weit der Auftragswert die Toleranzgrenze übersteigt

Toleranzgrenze, von denen ich dann neun Euro als Budget für Rabatte bereitstelle. So kann auch die konkrete Rabatthöhe aus der Restriktionslogik abgeleitet werden.

Abb. 2.3 zeigt einen Kunden, für den drei der fünf Tarife des Portfolios verfügbar sind. Der billigste erreicht die Toleranzgrenze der Restriktionslogik so knapp, dass keine weitere Rabattierung mehr möglich ist. Die teureren Tarifpreise haben einen komfortablen Abstand zur Toleranzgrenze. Der Kunde würde dort also mehr Geld ausgeben, als wir von ihm benötigen. Einen Teil dieser Differenz gewähren wir ihm in Form des Verhandlungsbudgets, in diesem Fall sind es ungefähr 70 %.

2.8.2 Verhandlungsbudget wirkt auf Prämierung

Das Verhandlungsbudget definiert die Leistungsgeschenke an den Kunden (und damit die Vernichtung des Upsell-Potenzials), zu denen Sie im äußersten Fall greifen, um ihn zu halten. Das Budget ist aber kein automatisches Geschenk an den Kunden, sondern ein Mittel, das dem Verkäufer an die Hand gegeben wird. Dieser sollte es nur dann einsetzen, wenn es unbedingt notwendig ist. Diese Ansage allein reicht aber erfahrungsgemäß nicht aus, um den Verkäufer zur Sparsamkeit zu motivieren. Wenn es für ihn keine negativen Konsequenzen hat, dem

Kunden jedes Mal das verfügbare Budget voll auszuschütten, dann wird er das jedes Mal auch tun. Warum sollte er sich durch ein zähes Verkaufsgespräch quälen, wenn er den Kunden mit proaktiven Geschenken schnell zufrieden stellen kann?

Wenn Sie den Verkäufer auf den Pfad der Tugend zurückführen wollen, müssen Sie ihn an seiner empfindlichsten Stelle treffen: seiner Prämie. Diese muss vom eingesetzten Verhandlungsbudget abhängig gemacht werden. Gelingt es dem Verkäufer, den Abschluss zu erreichen, ohne das Budget voll auszuschöpfen, sollte er einen Teil der Differenz als Prämie erhalten. Er bekommt dadurch den Eindruck, dass jedes Geschenk an den Kunden direkt aus seinem eigenen Portemonnaie gezahlt wird. So erreichen Sie, dass er sich ganz dem Ziel widmet, teure Produkte mit möglichst wenig Rabattierung zu verkaufen. Sie erziehen ihn zu einem Geiz, der Ihnen und ihm nützt. Besser kann man Verkäuferziele und Unternehmensziele nicht ausrichten.

2.8.3   Empfehlung wirkt (lieber nicht) auf Prämierung

Auch eine dritte Verzahnung wird mitunter eingesetzt, birgt jedoch Risiken. Wir haben bereits über Empfehlungen gesprochen und darüber, dass sie in einem Kanal, der von einem Verkäufer moderiert wird, einen schweren Stand haben. Denn oft werden Empfehlungen von Verkäufern komplett ignoriert.

Wenn Sie trotzdem von der Qualität und dem Mehrwert Ihrer Empfehlungen überzeugt sind, geraten Sie vielleicht in Versuchung, Verkäufer zum Befolgen dieser Empfehlungen zu nötigen, indem Sie ihnen eine zusätzliche Empfehlungsprämie dafür versprechen. Vergegenwärtigen Sie sich bitte, was dies bedeutet: Sie belohnen nicht mehr eigenständiges, intelligentes, wertorientiertes Handeln, sondern Gehorsam. Damit riskieren Sie, eine gefährliche Dynamik anzustoßen. Wenn Verkäufer auf Ihre Maßnahme ansprechen, dann versuchen sie nur noch, empfohlene Produkte zu verkaufen, selbst wenn der Kunde für andere Produkte viel affiner gewesen wäre. Und Sie werden das nicht einmal merken. Unter normalen Bedingungen, das heißt ohne Empfehlungsprämie, könnten Sie aus den Response Reports recht schnell erkennen, welche Empfehlungen nicht funktionieren. Eine schlechte Empfehlung wird vom Verkäufer verworfen und führt nicht zu Abschlüssen. Aber mit solch einer Prämie behaftet resultieren auch die schlechten Empfehlungen in Abschlüssen, nur sinkt insgesamt die Response-Quote auf ganzer Breite. Man kann also in so einer Situation die Qualität seiner Empfehlungslogik nicht mehr gut tracken und lernt im Betrieb nicht dazu.

Außerdem widerspricht ein Empfehlungsbonus manchmal sogar dem Prinzip der Wirtschaftlichkeit. Wenn der Verkäufer etwas noch Besseres vollbringt, als Sie für möglich gehalten hätten, dann „bestrafen" Sie ihn damit, dass Sie ihm den Bonus vorenthalten, denn Ihre Empfehlung hatte so ein Upselling gar nicht bedacht. So etwas kann nur zu Verwirrung und Empörung beim Vertrieb führen. Wie schon erwähnt, empfindet ein Verkäufer mit gesundem Selbstvertrauen so eine Maßnahme als Bevormundung. Er bekommt schnell das Gefühl, dass seine eigentliche Kernkompetenz von einem intransparenten Algorithmus übernommen und er nun zum bloßen Erfüllungsassistenten der Empfehlungsmaschine degradiert wurde. Nehmen Sie deswegen lieber von der Verzahnung von Empfehlung und Prämie Abstand.

2.8.4 Weitere Kombinationsmöglichkeiten machen wenig Sinn!

Weitere Verzahnungen Ihrer Steuerungsinstrumente sollte es nicht geben. Das heißt aber nicht, dass niemand jemals so etwas vorschlagen könnte. Im Gegenteil, die Welt ist voll von Schnapsideen über Verzahnungen, die auf den ersten Blick nach Effizienzgewinn aussehen, aber eigentlich gar keinen Sinn ergeben. Wenn Sie nicht auf der Hut sind, kommt vielleicht jemand mit einer Empfehlungslogik daher, die „die besten Produkte für einen bestimmten Kunden" identifiziert, und will auf dieser Basis alle Ihre Steuerungsinstrumente füttern. Und natürlich sollen nur diese „besten Produkte" überhaupt verfügbar sein. Dann werden genau diesen Produkten großzügige Rabatte und ebenso hohe Verkäuferprämien zugeordnet, zuletzt alle Strafgebühren entfernt. Am Ende rühmt man sich, mit einer einzigen Logik alle Stellschrauben gleichzeitig abgedeckt zu haben.

Dies ist aber ein extrem unsinniges Unterfangen. Man übersieht dabei, dass Logiken verschiedene Prinzipien abbilden, die nicht in allen Instrumenten angewendet werden dürfen. Affinität bildet ja beispielsweise die Wahrscheinlichkeit ab, dass ein Kunde tatsächlich an dem Produkt interessiert ist. Für Empfehlungslogik ist Affinität absolut unerlässlich. Aber bei Restriktionen, Prämien, Strafgebühren und Rabatten hat sie gar nichts zu suchen. Eine Transaktion, die zwar unwahrscheinlich, aber für das Unternehmen wertvoll ist, braucht man doch nicht zu verbieten!

▶ Verzahnungen von Logiken dürfen niemals einfach aus Effizienzgründen oder allgemeinen Konsolidierungstendenzen heraus geschehen. Sie müssen getrieben sein von dem Verständnis der inhaltlichen Zusammenhänge.

Instrumente der Steuerung

Wenn Sie nach diesem Kapitel auf Ihre Situation und die Ihres Unternehmens blicken, was denken Sie dann? Arbeiten bei Ihnen alle Instrumente im Einklang? Oder können Sie das vielleicht gar nicht beurteilen, weil Ihr Verantwortungshorizont nicht bis in alle Ecken reicht? Was glauben Sie, gibt es in Ihrem Unternehmen überhaupt einen einzigen Menschen, der dies alles überblickt oder sogar synchron steuert? Wenn die Antwort nein lautet, gibt es an dieser Front also noch viel zu tun. Welche Möglichkeiten haben Sie, dabei mitzuwirken?

Literatur

1. Pick, D. 2016. Churn Management. *WiSt – Wirtschaftswissenschaftliches Studium. Zeitschrift für Studium und Forschung*, Februar, 60–64.

Prinzipien der Business Logik

3

Wie der Logik-Dschungel sich auf wenige Grundsätze reduzieren lässt

Zusammenfassung

Business-Logik ist nicht einfach ein riesiger Haufen von Regeln. Es wirken darin immer drei wiederkehrende Prinzipien: Wirtschaftlichkeit, Affinität und Ethik. Ein Großteil der Regeln und Kriterien lässt sich darauf zurückführen, aber leider nicht alle. Um diese Prinzipien herum schwebt immer eine bedrohliche, dunkle Wolke aus politischen Ausnahmeklauseln, historischen Zufällen und vergessenen Fragmenten längst vergangener Strategien. Sie haben daher zu jeder Zeit mit diesen schwer erklärbaren Ausnahmen eine Komplexität am Hals, die Sie nicht auf ein elegantes Prinzip zurückführen oder sonst wie komprimieren können. Sie müssen lernen, mit der Komplexität zu leben und gleichzeitig stets Sorge tragen, dass die drei maßgeblichen Prinzipien scharf von willkürlichen Entscheidungen getrennt gehalten werden.

3.1 Wirtschaftlichkeit

3.1.1 Wirtschaftlichkeit hat viele Gesichter

Dass eine Business-Logik für das Bestandskunden-Marketing – egal ob Restriktions-, Prämien- oder Empfehlungslogik – vor allem Wirtschaftlichkeitskriterien abbilden muss, liegt auf der Hand. Im Gegensatz zur Neukunden-Akquise ist nicht jede Transaktion im Kundenbestand wünschenswert. Manche würden Ihrem Unternehmen so eindeutig schaden, dass Sie sie vermeiden müssen, selbst wenn sie im Interesse des Kunden gewesen wären und seine Unternehmensbindung gefestigt hätten. Und auch im Rahmen der wirtschaftlich akzeptablen Transaktionen gibt es noch große Unterschiede. Manches können Sie nur schwer tolerieren, anderes wollen Sie sogar aktiv herbeiführen. Deswegen müssen Sie es sich

© Springer Fachmedien Wiesbaden GmbH 2017
K. Zimmermann und F. Pensel, *Deep Customer Value*,
DOI 10.1007/978-3-658-17972-4_3

auch im Rahmen der zulässigen Transaktionen gut überlegen, wie viel Mühe und Kosten Sie hinnehmen wollen, um Kunden zu einem Auftragsabschluss zu motivieren. Ein Unternehmen sollte eine einzige bindende Wirtschaftlichkeitskennzahl festlegen. In dieser Währung werden dann alle Wirtschaftlichkeitsziele definiert. Folgerichtig ist es dann, dass Sie nach genau dieser Kennzahl auch Ihre Maßnahmen steuern und ebenso deren Erfolg daran messen. Welche Kennzahl sollte es aber sein? Führen wir hier die „üblichen Verdächtigen" vor.

Monatlicher Rechnungsumsatz
Es ist sehr weit verbreitet, die Wirtschaftlichkeit einer Transaktion einfach anhand des monatlichen Umsatzes zu bemessen, den der Kunde voraussichtlich nach der Transaktion einbringt. Wenn der Kunde also ein Produkt mit einer 40-EUR-Grundgebühr kauft, ist dies natürlich auf eine ganz banale Weise besser, als ihm ein 30-EUR-Produkt zu verkaufen. Somit wird erstere Transaktion in den Wirtschaftlichkeitslogiken der unterschiedlichen Steuerungsinstrumente privilegierter behandelt. Sie ist häufiger gestattet, ermöglicht höhere Rabatte, wird seltener mit Strafgebühren belegt, belohnt den Verkäufer mit höheren Prämien, wird öfter empfohlen, und so weiter.

Dies bedeutet aber auch, dass ein Wechsel in einen 40-EUR-Tarif immer gleich bewertet wird. Egal, ob ein verzweifelter Verkäufer ein dickes Downselling aus einem 70-EUR-Premiumprodukt gestattet, nachdem mit Kündigung gedroht wurde, oder ob ein Zehn-Euro-Kunde zu einer dauerhaften Zusatzinvestition in mehr Leistung überredet wurde. Ersteres war eine Niederlage des Vertriebs, letzteres ein Triumph. Wollen Sie beides gleich bewerten?

Monatliches Umsatzdelta
Aus dieser Überlegung heraus entscheiden sich manche Unternehmen, ihre Maßnahmen nach Umsatzdelta zu steuern. Mit dem Delta ist die Differenz der monatlichen Rechnungsbeträge vor und nach der Transaktion gemeint. Ein Upselling liegt dann vor, wenn das Delta positiv ist. In einem Markt, in dem man sich gegen Preiskampf und Wertverfall des Kundenbestands stemmt, ist dies eine zwingend notwendige Kennzahl. Das Anspruchsdenken des Kunden ist riesig, und er erwartet bei jeder Vertragsverlängerung höhere Rabatte als beim letzten Mal oder verlangt gleich den Wechsel in das brandneue, extrem preisgünstige Portfolio. Sie jedoch wollten mit diesem Portfolio eigentlich nur der Konkurrenz ein paar preisempfindliche Sparfüchse entlocken und Ihre eigenen Sparfüchse mit allen Mitteln aus diesen Tarifen heraushalten. Wie gut es Ihnen gelingt, diesen Balanceakt zu meistern, drückt nur eine Delta-Kennzahl vernünftig aus.

Monatlicher Deckungsbeitrag

Unabhängig davon, ob Sie nur auf die Zukunft schauen oder mit einem Delta den Bezug zur Vergangenheit herstellen, haben solche Umsatz-Kennzahlen natürlich die Schwäche, dass sie keine Kosten abbilden. Normalerweise können Sie für die Bereitstellung einer Leistung nicht nur Einnahmen verbuchen, sondern verursachen auch nennenswerte Kosten bei der Erbringung dieser Leistung. Sie können diese Kosten genau wie den Umsatz auf eine Monatsbasis bringen und aus der Differenz der beiden Größen den monatlichen Deckungsbeitrag errechnen.

Dabei sollten Sie unterscheiden zwischen variablen Kosten, die der Kunde durch sein individuelles Verhalten selbst beeinflussen kann, und festen Kosten, die Ihnen grundsätzlich beim Betrieb Ihres Geschäftsmodells anfallen. Klassische variable Kosten entstehen Ihnen beispielsweise bei einem Telefonie-Geschäftsmodell durch die tatsächliche Nutzung des Kunden. Durch diese können abhängig von der Gesprächsdauer vielleicht Gebühren beim Besitzer der technischen Infrastruktur anfallen. Feste Kosten sind zum Beispiel die Miete Ihrer Büroräume oder, ganz plakativ, das Gehalt des Pförtners. Diese echten Ausgaben können sie aber bestenfalls künstlich zu gleichen Anteilen auf Ihren Kunden verteilen, wenn Sie darauf bestehen, wirklich alle Kostenpunkte im Deckungsbeitrag zu berücksichtigen.

Die einfache Variante des Deckungsbeitrags, die nur kundenindividuelle Kosten berücksichtigt, ist viel weiter verbreitet. Wenn es Ihnen nur darum geht, Kunden anhand ihrer Wertigkeit zu vergleichen und in Wertsegmenten relativ zu ordnen, dann ist diese einfache Variante auch ausreichend, denn die Kosten Ihrer Büroräume würden sich ja bei jedem Kunden gleich auswirken und können deshalb weggekürzt werden. Sie haben dann aber andererseits kein Bild des absoluten Werts des Kunden.

Beispiel

Wenn ein Kunde Ihnen individuell monatlich 20 EUR zahlt, Sie aber auch individuell monatlich 16 EUR kostet, wollen Sie ihn dann behalten? Um das zu entscheiden, müssten Sie noch berücksichtigen, dass Ihr grundsätzlicher Geschäftsbetrieb (inklusive der Büroräume und des Gehalts des Pförtners) jeden Monat 20 Mio. EUR kostet, was Sie dann auf Ihre vier Millionen Kunden verteilten müssten: fünf Euro pro Kopf und pro Monat. Plötzlich sieht es jetzt so aus, als ob der Kunde Ihnen jeden Monat einen Euro Verlust beschert. Schließen Sie nun daraus, dass Sie ihn nach Ablauf der aktuellen Vertragslaufzeit entweder in einen teureren Tarif zwingen oder vor die Tür setzen müssen?

Tatsächlich arbeitet kaum ein Unternehmen so streng nach reiner Wirtschaftlichkeit. Ein großer Kundenbestand mit einem gesunden Wachstum ist in den Augen
der Investoren und Bewertungsinstitutionen so ein hohes Gut, dass man ihm
jederzeit ein wenig (oder manchmal sogar sehr viel) reines Wirtschaftlichkeits-
denken opfern muss. Außerdem hinkt die obige Milchmädchen-Rechnung noch
auf eine andere Weise. Selbst der strengste Wirtschaftlichkeitsideologe dürfte
den Beispielkunden nur dann vor die Tür setzen, wenn er hoffen dürfte, dass sich
seine festen Kosten von 20 Mio. EUR dann auch proportional verringern. Das
tun sie aber nicht. Die Miete ist noch immer gleich hoch, ebenso das Gehalt des
Pförtners, nur die vier Euro, die der Kunde individuell einbrachte, sind dahin.
Man steht also auch rein formal ohne diesen Kunden schlechter da als mit ihm.
Die sinnvollen Anwendungsfälle für einen aufwendigen, vollständigen Deckungsbeitrag sind deswegen tatsächlich sehr rar.

Längerfristiger Kundenwert
Der monatliche Deckungsbeitrag ist schon ein recht faires Maß der Wirtschaftlichkeit, dennoch ist er blind für einige wichtige Aspekte. Das Problem ist die
Reduktion auf eine monatliche Zeitscheibe, die die Abbildung zeitlicher Veränderungen erschwert.

Beispiel

Ihre Umsatzprognose sagt Ihnen, dass der Kunde nach einer Transaktion
monatlich 40 EUR bei Ihnen abliefern wird. Dies mag zunächst stimmen,
aber für wie viele Monate kann man sich darauf verlassen? Hat der Kunde bei
dieser Transaktion auch seinen Vertrag verlängert, sodass er Ihnen nun ganze
24 Monate erhalten bleibt? Oder war es ein reiner Tarifwechsel und das Laufzeitende ist weiterhin nur vier Monate entfernt? Selbst wenn der ausgewählte
Tarif in beiden Fällen eine Grundgebühr von 40 EUR hat, müssen Sie doch
den ersten Auftrag viel wertvoller einstufen als den letzteren. Folglich können
Sie bei ersterem eher auf Strafgebühren verzichten, dickere Rabatte vergeben,
höhere Prämien für den Verkäufer ausschütten, und so weiter.

Wie verdichten Sie die Wertaspekte nun zu einer Kennzahl? Sie könnten im Falle
einer Vertragsverlängerung das gesamte Umsatz-Commitment ausrechnen, indem
Sie die Monatsgebühr mit der Mindestlaufzeit multiplizieren. Durch den Auftrag
können Sie sich also nun auf 40 EUR × 24 Monate = 960 EUR freuen.
   Aber auch diese einfache Rechnung wird schnell kompliziert. Denn das Com-
mitment beläuft sich in diesem Beispielfall nicht auf 24, sondern auf 28 Monate.
Vier Monate Restlaufzeit verbleiben noch aus dem letzten Auftrag, woran die

neue Laufzeit nun angehängt wird. Außerdem können Sie sich nicht sicher sein, dass über die gesamten 28 Monate die 40-EUR-Gebühr konstant bleibt. Denn Sie haben ja eine Policy, dem Kunden immer zehn Monate vor Ablauf seiner Laufzeit die Chance zur Verlängerung zu geben, wobei der Kunde vielleicht zusätzliche Rabatte einfordert oder in ein günstigeres Produkt wechseln kann. Deswegen müssten Sie bei der Bewertung des Auftrags eigentlich jetzt schon Ihre geplante Policy in 18 Monaten antizipieren und berücksichtigen. Das wäre jedoch nicht zuverlässig, denn in vielen Branchen kann man kaum vorhersehen, welche radikalen Kehrtwendungen der chaotische Markt Ihnen bereits im nächsten Monat aufnötigt.

Bleibt denn immerhin in den nächsten 18 Monaten der Wert stabil? Auch nicht unbedingt, wenn im heutigen Auftrag Bestandteile enthalten sind, die kürzere Mindestlaufzeiten als der Gesamtvertrag haben. Im Mobilfunk sind hier derzeit Datenpakete die besten Kandidaten für so etwas. So ein Paket kann bis zu 15 EUR kosten, kann aber meist monatlich abgewählt werden. Also ist der monatliche Wert selbst direkt nach der Transaktion oft nicht sicher. Wer trotzdem auf eine solche längerfristige Kundenwertkennzahl setzt, muss Wege finden, um mit vereinfachten Annahmen zu arbeiten.

Längerfristiger Auftragswert
Selbst wenn die bisher beschriebenen Schwierigkeiten bewältigt wären, müsste man sich noch damit auseinandersetzen, dass der Kunde eigentlich die falsche Entität für eine Wertorientierung ist. Denn am Ende wollen Sie ja nicht Kunden bewerten, sondern Transaktionen, das heißt Aufträge. Wir können nicht Kunden verbieten, wohl aber Aufträge. Sie können Kunden auch nicht rabattieren oder mit Strafgebühren belegen, wohl aber Aufträge. Und Sie können auch keine Kunden empfehlen oder mit Verkäuferprämien belohnen, wohl aber ihre Aufträge. Sie brauchen also am Ende einen Auftragswert, der genau so intelligent wie der eben skizzierte Kundenwert die langfristigen Nachwirkungen einer Transaktion berücksichtigt.

▶ Die Frage darf nicht lauten: wie viel Umsatz wird der Kunde ab jetzt liefern? Die Frage muss lauten: wie viel mehr Umsatz wird der Kunde aufgrund dieses Auftrags ab jetzt liefern?

Aber worauf bezieht sich dieses „mehr"? Mehr verglichen womit? Die Vergleichsbasis ist ein hypothetisches Szenario, in dem der Auftrag nicht abgeschlossen wurde.

Ihre Aufgabe ist es also nicht nur, den längerfristigen Kundenwert nach der Transaktion zu prognostizieren. Sie müssen dies für zwei Szenarien tun: dafür, dass der Auftrag tatsächlich stattgefunden hat. Und dafür, dass der Kunde im entscheidenden Moment einen Rückzieher gemacht hat und den Laden ohne Auftragsabschluss verlassen hat. Was glauben Sie, was der Kunde in diesem Fall tut? Er stand bereits an Ihrem Tresen und hat mit Ihnen verhandelt. Sie haben vielleicht attraktive Angebote gezückt. Trotzdem war er nicht zum Abschluss zu bewegen. Was kommt als nächstes? Wird der Kunde, der gerade Ihre Mühen verschmäht hat, trotzdem bei Ihnen und seinem bisherigen Tarif bleiben? Oder sollte man ihn jetzt als „kündigungsgefährdet" einstufen? Oder sollten Sie sogar darauf hoffen, ihm bei einem späteren Kontakt bessere Angebote machen zu können und damit dann Erfolg zu haben? All dies ist unsicher. Trotzdem müssen Sie Annahmen treffen und eine arbeitsfähige Systematik aufbauen.

In Abb. 3.1 sieht man, wie der längerfristige Auftragswert für einen Beispielauftrag prognostiziert wird. Der Kunde zahlte bisher 20 EUR im Monat. Der Vertrag hat eine Restlaufzeit von sechs Monaten.

Betrachten wir zuerst die Kurve, die wir für den Erfolgsfall prognostizieren, also für den Fall, dass der Auftrag abgeschlossen wird. Dem Kunden würde ein Downselling um zwei Euro gestattet, dafür soll es eine Vertragsverlängerung um zwölf Monate geben. Sie sehen in der Abbildung, dass der Umsatz sofort auf

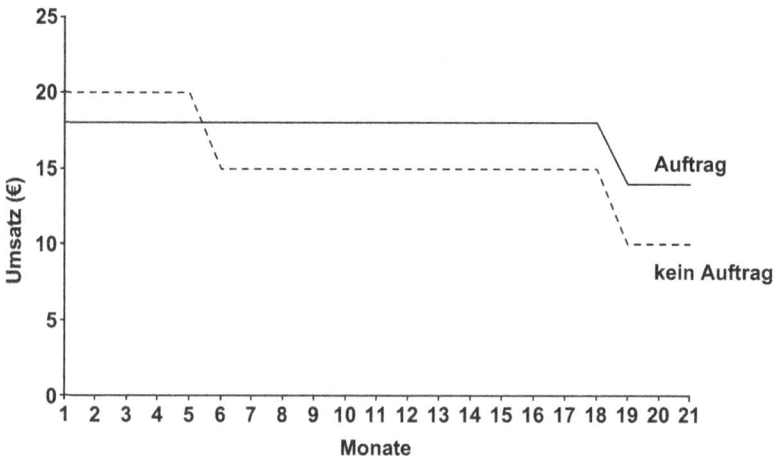

Abb. 3.1 Der längerfristige Auftragswert entsteht aus einem Vergleich der beiden möglichen Ergebnisse des Verkaufsgesprächs

18 EUR reduziert wäre. Gleichzeitig ist in dem Fall die Gefahr gebannt, den Kunden nach sechs Monaten zu verlieren, man kann also auch darüber hinaus monatlich mit 18 EUR rechnen.

Erst nach 18 Monaten hätte der Kunde wieder eine Chance zu kündigen. Um den erwarteten Umsatz in dem dann beginnenden Zeitraum zu modellieren, müssen wir die verschiedenen Pfade, die der Kunde nehmen könnte, zu einer einzigen monatlichen Zahl verdichten. Wenn wir nun nicht von einem einzelnen Kunden sprechen, sondern hundert Kunden vor dieser Situation stehen, was würden diese tun?

Vielleicht kündigen zehn Prozent tatsächlich und zahlen somit fortan nichts mehr. Der Rest aber bleibt und zahlt weiterhin 18 EUR. Verdichtet lässt sich das so ausdrücken, dass die monatliche Prognose um zehn Prozent auf 16,20 EUR sinkt. Natürlich ist damit nicht gemeint, dass irgendein Kunde wirklich 16,20 EUR zahlt. Das ist nur der gewichtete Mittelwert aller Pfade, die der Kunde beschreiten könnte.

In einer realistischen Prognose wird es noch mindestens eine Stufe komplizierter. Die Kunden, die bleiben, werden nicht alle weiterhin die alte Monatsgebühr zahlen. Viele werden nur bleiben, weil sie zu diesem Zeitpunkt ihre Konditionen neu verhandeln konnten. Wir haben also mindestens drei Pfade, die wir in unserer Prognose mitteln müssen: Kündiger, unveränderte Nichtkündiger und Nichtkündiger, die fortan weniger zahlen. In diesem Beispiel sinkt die Prognose also nicht nur auf 16,20 EUR, sondern sogar unter 15 EUR.

Sie merken, all diese Aspekte der Umsatzprognose sind umso spekulativer, je weiter man sich in die Zukunft bewegt. Deshalb gibt es bei dieser Vorgehensweise immer einen Prognosehorizont, an dem man aufhört, Vorhersagen über zukünftig verdientes Geld zu machen. Im Beispiel ist ein Horizont von 21 Monaten gewählt. Dies sind keine technischen Interna, die die Analytikabteilung mit sich selbst ausmachen darf, denn dieser Horizont hat strategische Konsequenzen. In manchen Branchen ist eine Vertragsverlängerung von 24 Monaten üblich. Bei diesem Prognosehorizont würde man also den vollen Nutzen einer Verlängerung gar nicht berücksichtigen können. Das bedeutet, dass Verlängerungen tendenziell gegenüber anderen Geschäftsvorfällen benachteiligt wären. Verkäufer bekämen vielleicht weniger Prämie, als ihnen eigentlich zusteht, man würde eventuell bei der Auswahl der erlaubten Zieltarife zu streng agieren, zu geringe Rabatte anbieten und so weiter. All dies ist problematisch. Andererseits kann man einen Horizont auch nicht beliebig weit aufmachen, denn dann würde man zu große finanzielle Risiken eingehen. Wenn Sie heute einen hohen Rabatt in der Hoffnung vergeben, dass Sie Ihr Geld nach über zwei Jahren zurückerhalten, agieren Sie fahrlässig.

Ferner sehen Sie in Abb. 3.1, dass zum Vergleich eine Prognose darüber ange-
stellt wird, welche Umsätze zu erwarten sind, wenn der Kunde den Laden ohne
Auftrag wieder verlässt. Zunächst genießt man noch sechs Monate die alte, hohe
Grundgebühr von 20 EUR. Aber dann kommt bereits das böse Erwachen, wenn
man annimmt, dass 25 % dieser Kunden den Anbieter wechseln. Immerhin 75 %
verschlafen die Chance zur Kündigung und werden automatisch mit gleichblei-
benden Konditionen verlängert. In der Prognose, die diese verschiedenen Pfade in
einer Zahl konzentriert, dürfen wir also ab dann nur noch mit 75 % des bisherigen
Umsatzes rechnen, also 15 EUR. Nach weiteren zwölf Monaten kann der Kunde
erneut den Vertrag beenden und man sieht dann das gleiche Muster wie im Auf-
tragsszenario.

Um zu ermitteln, was der Auftrag schlussendlich wert ist, muss man den
innerhalb des Prognosehorizonts gemachten Gesamtumsatz vergleichen. Hier
wären es mit Auftrag 366 EUR, ohne Auftrag 325 EUR. Der Auftrag ist also
41 EUR wert. Diese Information können Sie jetzt in Ihre Steuerungslogik einfließen lassen. Vor allem sollten Sie Ihrem Verkäufer möglichst nicht mehr als
41 EUR Prämie für diesen Auftrag zahlen!

Was hier beschrieben wurde, ist zwar ein längerfristiger Auftragswert, aber
man sollte ihn nicht mit dem Buzzword „Customer Lifetime Value" (CLV) ver-
mengen. [1]   Obwohl der CLV ein sehr weit verbreitetes Konzept ist, sieht man
ja an unserem Beispiel, dass er auf zwei Weisen problematisch sein kann. Erstens
ist er ein Kundenwert, kein Auftragswert. Und wir haben bereits nachgewiesen,
dass man im Marketing am Ende immer Geschäftsvorfälle bewerten muss, nicht
Menschen. Zweitens ist der Anspruch, die komplette restliche Lebensdauer eines
Kunden berücksichtigen zu wollen, einfach unseriös. Legen Sie immer einen realistischen Bewertungshorizont oder eine Payback Period fest, in der sich aktuelle
Investitionen in Kunden und Verkäufer rentiert haben müssen.

Intuitionen
Die Reihe von möglichen Wertkennzahlen in diesem Kapitel liest sich bisher wie
die Geschichte eines Evolutionsprozesses. Die Steuerung nach einem langfristigen Auftragswert erscheint dabei wie die Krone der Schöpfung. Die primitive
monatliche Umsatzsteuerung wirkt hingegen wie eine frühzeitliche, überholte
Arbeitsweise, die nur noch für Historiker interessant sein könnte.

In der Realität kommt es aber oft ganz anders. Man klammert sich an die
Steuerung nach monatlichem Umsatz oder Umsatzdelta. Ein langfristiger Auftragswert wird höchstens der Chefetage als Wunderwaffe oder Nachweis der
analytischen Schlagkraft vorgeführt, gilt im täglichen Betrieb aber eher als Kurio-
sum, dem man bei wichtigen Entscheidungen doch nicht traut.

Der Grund dafür ist, dass man sich mit dieser Steuerungsgröße zu weit von der gewohnten Erfahrungswelt der Marketingentscheider entfernt. Diese denken am Ende des Tages in der Sprache ihres Produktportfolios.

Beispiel

Sie haben einen spannenden neuen Tarif Superpremium_XXS eingeführt. Jetzt wollen Sie nur wissen: wie viel Prozent Ihres Kundenbestands sollten dorthin wechseln dürfen?

- „Aha, 73 Prozent. Gut, und wäre das bei diesen Kunden dann im Schnitt eine hochwertige Transaktion?"
- „Nicht wirklich, denn von diesen 73 Prozent wären 48 Prozent ein Downselling, denn der neue Tarif kostet 20 € und der durchschnittliche Kunde zahlt heute monatlich 24,50 €."
- „Oh, das ist ja ungünstig. Was ist denn unsere aktuelle Toleranzgrenze beim Umsatzdelta?"
- „Minus 5 €?"
- „Viel zu kulant, das kann ja nicht funktionieren! Wir machen das etwas strenger, sagen wir minus 2,50 €. Probiert das mal aus, Leute. Ich schätze mal, dann dürfen da vielleicht noch 60 Prozent in den Tarif wechseln, und bei denen sollte es deutlich seltener ein Downselling sein."

Und so geht es weiter.

So fühlt der Entscheider sich noch wohl. Das monatliche Umsatzdelta und die Wechselwirkung mit Potenzialen und Auftragsmengen kann er verstehen. Er hat in seinem Entscheiderkopf die fest zementierten Konzepte „Upselling" und „Downselling", die natürlich über den monatlichen Umsatz definiert sind. Seit 20 Jahren begleiten diese treuen Konzepte seine Karriere und geben ihm Sicherheit. In guten Zeiten waren vielleicht 70 % der Aufträge ein Upselling, jetzt hat man sich auf 50 % eingependelt. Wie auch immer die Zahlen sein mögen, sie bilden jedenfalls die Denkgewohnheiten des Entscheiders. Wenn nun das Upselling auf 38 % fallen würde, kann er dies sofort als Katastrophe identifizieren und in Aktion treten. Mit diesen Erfahrungen und Erwartungen schaut er also jeden Morgen auf seine Reports.

Aber natürlich sind solche Intuitionen gefährlich, denn sie lassen einen sofort im Stich, wenn sich die Umgebungsparameter ändern. 50 % Upsell war vielleicht ein akzeptabler Wert, als alle Transaktionen Vertragsverlängerungen von

24 Monaten mit sich zogen. Was man als Delta erkämpft hatte, war auf lange Sicht gesichert. Aber was geschieht, wenn man ein neues Spiel spielen muss? Wenn Laufzeiten kürzer und variabler werden? Eine Transaktion sichert dann nicht mehr den gleichen langfristigen Wert. Wenn das Upselling bei 50 % bleibt, ist das plötzlich zu wenig. Aber um wie viel? Der Entscheider hat dieses Spiel noch nie gespielt, seine Intuitionen sind wertlos.

Was wäre nun, wenn der Entscheider mit dem langfristigen Auftragswert arbeiten würde? Da diese Kennzahl auch die Laufzeit einschließt, ist sie bestens geeignet, um das alte Spiel mit dem neuen zu vergleichen. Eigentlich ist die Prozedur die gleiche. Die Toleranzgrenze ist nun im langfristigen Auftragswert formuliert. Mindestens 41 EUR muss ein Auftrag über 24 Monate zusätzlich einbringen, sagt die aktuelle Grenze. Man kann dies nun auf 48 EUR erhöhen und dann schauen, was die nächste Simulation ergibt. Die Schwierigkeit ist nun, dass ein Simulationsergebnis nicht mehr intuitiv bewertet werden kann. Als die Simulationen noch ergaben, dass zu 45 % ein Upselling stattfand, konnte der Entscheider damit sofort etwas anfangen. Jetzt ergibt die Simulation, dass man mit den Aufträgen, die im folgenden Monat gemacht werden, über die nächsten 24 Monate hinweg zwölf Millionen Euro zusätzlichen Wert erzeugt.

Tja, und ist das gut genug? Erfüllt das den Business Plan? Ist der Business Plan denn überhaupt so beschaffen, dass man diese langfristige Kennzahl daran messen kann? Sie sehen, die Aufgabe besteht darin, die High-Level-Planung mit der taktischen Steuerung einzelner Maßnahmen nach intelligenteren Kennzahlen zu harmonisieren. Das ist keine triviale Aufgabe und solange dies nicht geschafft ist, klammert man sich an die traditionellen Kennzahlen – trotz ihrer bekannten Defekte.

3.1.2 Umsatzprognose: Es zählt nur die Wirtschaftlichkeit von morgen

Sie haben in den vorangegangenen Diskussionen über Wertdefinitionen bereits gemerkt, dass zwei Prognoseprobleme untrennbar mit dieser Wertlogik verbunden sind: es handelt sich um Umsatzprognose und Kündigungsprognose.

Erstens kann man natürlich über den Wert eines Auftrags erst dann urteilen, wenn ein Modell vorhergesagt hat, wie hoch der zu erwartende monatliche Umsatz in Zukunft sein wird. Zweitens müssen Sie dann aber bewerten, ob Ihnen der geschätzte Umsatz ausreicht. Ist er hoch genug, um die Transaktion zu erlauben? Verdient der Kunde auch noch einen Rabatt und der Verkäufer eine Prämie?

Die Entscheidungen, wie streng Sie dem Kunden und wie geizig Sie dem Verkäufer gegenüber sind, haben fast immer mit einer prognostizierten Kündigungsgefahr zu tun. Wenn Ihre Kunden Sie nicht verlassen könnten, würden Sie keinen Cent Umsatzreduktion erlauben. Rabatte gäbe es nur bei saftigem Upselling. Sie würden ganz anders agieren, wenn es keine Kündigungen geben würde. In der Realität stehen Ihre Kunden aber immer nur ein paar Monate vor der nächsten Möglichkeit, sich wieder der Konkurrenz zuzuwenden, wenn sie sich von Ihnen unverstanden oder benachteiligt fühlen. Ihre ständige Sorge gilt also der Fragestellung, wer im Moment besonders gefährdet ist und mit Rabatten und Privilegien umworben werden muss.

Wie bei jeder Prognoseaufgabe kann man auch hier beliebig viel Aufwand treiben. Sie sollten aber zunächst durchdenken, ob Ihre Produktwelt wirklich so beschaffen ist, dass dieser Aufwand sich auch lohnt. Wenden wir uns im ersten Schritt der Frage der Granularität zu: Lohnt es sich, für jeden Kunden oder jeden Vertrag eine individuelle Prognose auszurechnen? Dies wäre die feinste Granularität, die noch sinnvoll ist. Die gröbste Granularität, die eingesetzt wird, ist eine Prognose rein auf Ebene des Tarifs. Stellen Sie sich eine Produktwelt vor, in der jeder Tarif eine einzige feste Grundgebühr hat. Nehmen wir ferner an, dass dies alles Flatrate-Produkte sind, das heißt, es fallen niemals variable Zusatzgebühren für exzessive Nutzung an. Darüber hinaus gibt es außer den Tarifen gar keine bepreisten Zusatzdienste oder Optionen. Außerdem setzen Sie auch gar keine Rabatte oder Gutschriften ein, die noch individuell den Umsatz beeinflussen könnten. Und zu guter Letzt hat der Kunde auch innerhalb der nächsten zwei Jahre keinerlei Möglichkeit, den Tarif oder die Gebühr noch nachträglich zu ändern.

Nun, in dieser einfachen Welt besteht eine Prognose lediglich darin, die Gebühr des Tarifs im Produktkatalog nachzuschlagen und als Zukunftsvorhersage zu deklarieren. Das ist leicht. Die Prognose ist auch zu 100 % korrekt. Aber leben Sie in so einer Welt? Sicher nicht. Bei Ihnen kann man vermutlich zum einfachen 50-EUR-Tarif noch eine Zusatzoption für sieben Euro hinzubuchen. Vielleicht ist der Kunde tatsächlich sehr lange an den Tarif gebunden, die Option kann er aber oft schon im nächsten Monat verwerfen. Wie bewerten Sie das?

Sind denn Ihre Produkte wirklich alle Flatrates? Wenn der Kunde für exzessive Nutzung eine zusätzliche Gebühr zahlt, dann müssen Sie diese Nutzung prognostizieren. Dies allein ist ein komplexes Problem. Denn Sie können nicht einfach annehmen, dass seine Nutzung so bleibt, wie sie bisher war. Vielleicht hatte der Kunde die ganze Zeit einen versteckten Bedarf, den er unterdrückt hat, weil Zusatznutzung in seinem alten Tarif zu teuer gewesen wäre. Mit dem neuen

Tarif ist dies nun für ihn erschwinglich und seine Nutzung steigert sich schlagartig. Das könnten Sie theoretisch in einem Modell abbilden, aber versteckte Bedarfe sind eben leider versteckt und man kommt ihnen kaum auf die Schliche. Sie können höchstens analysieren, ob ein Kunde in der Vergangenheit immer auffällig eng an seinem Leistungslimit kratzte. Oder andersherum: sie können einen versteckten Bedarf ausschließen, wenn selbst die bisherige Leistung nicht annähernd ausgenutzt wurde. Fazit ist jedenfalls, dass Sie im Falle von nutzungsabhängiger Bepreisung noch ein weiteres „Unter-" Prognosethema abhandeln müssen. Und schließlich wird es auch bei Ihnen einen bunten Strauß an Rabatten und Kulanzgutschriften geben, die dazu führen, dass man den gleichen Tarif zu ganz unterschiedlichen Preisen antreffen kann.

Was machen Sie nun? Schlussfolgern Sie, dass Sie mit Ihrer Umsatzprognose auf die granularste Ebene hinabsteigen müssen? Wollen Sie für jeden Vertrag eine ganz individuelle Prognose erstellen, die nicht nur den ausgewählten Tarif, sondern auch alle Zusatzoptionen, Rabatte und Laufzeiten berücksichtigt? Wenn Sie das hinbekommen, dann nur zu. Aber es ist sehr schwer und wird vermutlich irgendwo scheitern. Selbst wenn Sie es einmalig auf die Beine stellen können, wird es im dauerhaften fachlichen Betrieb wahrscheinlich auseinanderfallen, weil zu viele Parameter ständig empirisch ausgewertet und nachkonfiguriert werden müssen.

Hüten Sie sich auch vor der Pseudogenauigkeit mancher Tarifsimulationsmethoden. Es werden in vielen Unternehmen Tarifsimulations-Tools eingesetzt, die sehr legitime Anwendungsfälle haben, aber hier an ihre Grenzen stoßen. Bei einer Tarifsimulation wird zum Beispiel das Produktportfolio Ihrer Konkurrenz nachgebaut und dann auf alle Ihre Kunden angewendet. Sie erhalten somit für jeden Kunden eine hypothetische „Pseudo-Rechnung", das heißt den monatlichen Betrag, den er bei seiner bisherigen Nutzung gezahlt hätte, wenn er ein Kunde Ihres Kontrahenten gewesen wäre. Dies ist oft ein wertvoller Anstoß für Pricing-Diskussionen, wenn Sie zum Beispiel feststellen, dass große Kundensegmente bei der Konkurrenz die gleiche Leistung viel günstiger bekommen könnten [2].

Man beachte aber, dass für so einen Vergleich mit der Konkurrenz glücklicherweise kein Nutzungsmodell benötigt wird. Die Analyse gelingt wunderbar, weil man nur auf die Vergangenheit schaut und vergleicht, was der Kunden mit seiner tatsächlich gemessenen Nutzung jeweils gezahlt hätte. Tarifsimulationstools erreichen hier eine spektakuläre Präzision, wenn die Pseudo-Rechnung jeden einzelnen Produktbaustein des individuellen Kunden einbezieht.

Probleme stellen sich ein, wenn man versucht, mit dieser Methode den zukünftigen Umsatz nach einem Tarifwechsel innerhalb Ihres eigenen Bestands vorherzusagen. Diese Tools werden Ihnen einen unfassbar präzisen Prognosewert liefern, der aber nur Gültigkeit hat, wenn die zukünftige Nutzung exakt der vergangenen Nutzung entspricht. Außerdem muss man annehmen dürfen, dass keinerlei Produktbausteine innerhalb kurzer Zeit abgeworfen werden. Die Krux bei der Sache ist nun, dass Sie genau diese Annahmen in der Realität Ihres Geschäftsmodells nicht treffen können. Kunden werden aufgrund versteckter Bedarfe ihre Nutzung ändern, ohne dass Sie dies halbwegs gut vorhersehen können. Und Sie werden mitunter Produktbausteine abbestellen, die eine kurze Laufzeit haben. Diese Aspekte erzeugen eine sehr große Unsicherheit in Ihrer Umsatzprognose. Die vertragsindividuelle Berechnung von Umsatz durch ein Tarifsimulationstool verkommt dann zur Pseudo-Genauigkeit. Prüfen Sie sehr gut, ob Sie unter diesen Voraussetzungen einen solchen Aufwand treiben wollen.

Am Ende gilt: Die beste Umsatzprognose ist immer eine vertragsindividuelle. Aber bevor Sie sich dieser technisch sehr anspruchsvollen Aufgabe stellen, prüfen Sie, ob Sie nicht zunächst auch mit einer rein produktbasierten Prognose leben können. Der klassische Typ einer solchen produktbasierten Prognose ist die reine Tarifprognose. Sie ist technisch einfach, da Sie lediglich an irgendeiner Stelle eine Lookup-Tabelle hinterlegen müssen, die für jeden Ihrer Tarife einen einzigen manuell gesetzten Prognosewert enthält. Fachlich können Sie dies aber trotzdem veredeln. Wenn Sie Ihre Analyse-Hausaufgaben sorgfältig erledigen, kann dieser eine Wert je Tarif viele wichtige Facetten der Wertbestimmung abbilden.

Wenn in der Vergangenheit 50 % der Kunden in einem bestimmten Tarif eine Zehn-Euro-Zusatzoption gewählt haben und im Schnitt immerhin über die Hälfte der Tariflaufzeit auch gehalten haben, dann kann ihr Tarifwert einen Aufschlag von 2,50 EUR erhalten, der dieser Erkenntnis Rechnung trägt. Wenn Wechsler in diesen Tarif bisher eine so starke Nutzung erzeugten, dass man noch einmal vier Euro für variable Nutzungsumsätze drauflegen muss, dann können Sie auch diesen Aspekt abbilden.

Ebenso können Sie mit den mittleren Rabattbeträgen der Vergangenheit verfahren, die Kunden in diesem Tarif bisher genossen haben. Bei einer Rabattprognose müssen Sie allerdings differenziert verfahren. Manchmal brauchen Sie zur Steuerung explizit eine Prognose, in die Rabatte noch nicht einfließen. Die Umsatzkennzahl, die zur Steuerung von Verhandlungsbudget benötigt wird, muss beispielsweise immer eine Prognose vor Rabatten sein, denn auf Basis dieser Logik werden die möglichen Rabatte ja erst ermittelt. Man kann ja auch nicht das, was man steuert, bei dieser Steuerung als Annahme einbauen, ohne in einen Zirkelbezug zu geraten.

▷ Grobe Granularität ist nicht gleich Primitivität. Sie können eine technisch einfache Tarifprognose durchaus intelligent gestalten. Gleichzeitig können Sie aber auch eine technisch aufwendige Vertragssimulation durchaus dumm gestalten.

3.1.3   Kündigungsprognose: Die ewige Suche nach der Wunderwaffe

Auf eines können Sie sich im Leben verlassen: Ihr Kündigungsmodell wird schlecht sein, viel schlechter als Sie es sich wünschen. Sie können sich auf den Kopf stellen, das Modell auf Empirie oder Expertenwissen aufbauen, die intelligentesten Lernalgorithmen einsetzen, die detailliertesten Daten anbinden oder sogar einkaufen, das Modell bleibt schlecht. Egal, aus welcher Richtung Sie es abfragen, das Modell liefert meist die falsche Antwort. Die meisten Kunden, die es für gefährdet hält, denken gar nicht ans Kündigen. Gleichzeitig hält es die meisten tatsächlichen Kündiger vorher für ungefährdet. Das ist aber nicht auf die Unfähigkeit der Analysten zurückzuführen. Kündigung ist eine Problemstellung, bei der die meisten Anzeichen Ihrem Unternehmen einfach nicht vorliegen. Sie wissen ja nicht, welche Werbung Ihr Kunde im Fernsehen sieht. Welche Ratschläge er neulich von seinen Tenniskollegen erhielt. Oder dass er schon einen Besuch im Konkurrenzgeschäft hinter sich hat und den Verkäufer sympathisch fand. Eventuell könnten Sie Hinweise in seinem Online-Clickstream finden, bewegen sich dann aber da schon am Rande dessen, was der Datenschutz noch zulässt.

Doch damit nicht genug. Die Kündigungen, die Sie noch am besten vorhersehen, sind jene, die Sie nicht mehr abwenden können. Wenn jemand die Nutzung komplett eingestellt hat, weil er vermutlich bereits parallel das Produkt der Konkurrenz nutzt, dann kann Ihre Analyseabteilung mit erstklassiger Trefferquote eine Kündigung vorhersagen. Aber was nützt Ihnen das, wenn solche Kunden ihren Abschied bereits durch neue Verträge so fest zementiert haben, dass Sie sie auch Rabatten und Zusatzleistungen damit nicht zurückholen könnten?

Am besten ist ein Modell, das nicht erst durch Abschiedsmanöver der Kunden geweckt wird, sondern schon viel früher einen Mismatch zwischen dem Verhalten des Kunden und seinem Produkt diagnostiziert. Hat der Kunde zu viel oder zu wenig Leistung? Zahlt er für Funktionen, die er gar nicht einsetzt? Dann besteht die Chance, den Kunden zu einem Zeitpunkt zu beeinflussen, wo er noch offen für Vorschläge ist.

Glauben Sie nun, dass ein empirisches Modell diese Zusammenhänge gut abbilden kann? Es ist zumindest fraglich, denn man müsste zunächst einmal die viel deutlicheren Kündigungssignale der hoffnungslos verlorenen Kunden entfernen, um diese subtileren Zusammenhänge ans Tageslicht zu fördern. Wie auch im folgenden Kapitel zu Affinitätsmodellen gilt hier, dass man zunächst einmal prüfen sollte, ob diese Zusammenhänge zwischen Produktleistung und Nutzungsprofil einem unternehmenseigenen Produktexperten nicht ohnehin völlig klar sind. Es sind ja Ihre Produkte, die Sie und Ihre Kollegen einst bewusst für eine spezifische Zielgruppe mit ganz bestimmten Bedarfen entworfen haben. Beim Produktdesign und dem Pricing hatten Sie klare Vorstellungen, wer zu Ihrem Produkt passt und wer nicht. Suchen Sie zuerst hier, bevor Sie die Prognostiker in ein Großprojekt stürzen. Einen Mismatch zwischen Produkt und Nutzung kann man viel besser durch Einsatz des menschlichen Produktverständnisses entdecken, als dass man die Künstliche Intelligenz dazu verdammt, die Muster noch einmal neu in der Empirie zu entdecken, die der Kollege am Nebentisch eigentlich schon längst kennt.

▶ Man kann als Marketing Manager nicht einfach bei der Analyseabteilung irgendein Kündigungsprognosemodell bestellen, so wie man einen Anzug von der Stange kauft. Man muss immer gemeinsam die exakte Zielgröße eruieren und die genaue Natur der Problemstellung ermitteln.

Erst dann kann man den Analysten ins Labor zu seinen neuronalen Netzen entlassen, in dem vollen Vertrauen, dass er alle richtigen Knöpfe an der Prognose-Blackbox drückt. Besser noch, lassen Sie den Prognostiker im ersten Schritt ganz in Ruhe und sprechen zuerst mit dem Produktmanagement.

3.2 Affinität: Marketing im Wettlauf gegen die eigene Kreativität

3.2.1 Menschliche schlägt Künstliche Intelligenz

Affinität drückt die Wahrscheinlichkeit aus, dass ein Kunde ein bestimmtes Produkt kaufen wird. Man braucht sie nur für ein einziges unserer Steuerungsinstrumente: Empfehlungen. Für alle anderen Instrumente ist Affinität irrelevant. Wenn etwas geringe Chancen hat, aber für das Unternehmen großen Wert hätte, kann man es ja gern erlauben, von Strafgebühren befreien, mit Rabatten belohnen, es dem Verkäufer durch hohe Prämien nahelegen und so weiter. Nur empfehlen sollte man es nicht, um nicht die Zeit des Kunden zu verschwenden und die Chance zu vergeuden, mit einer besseren Empfehlung einen Abschluss herbeizuführen.

Wenn ein Kunde für ein Produkt affin ist, dann passt die Leistung des Produkts zu seinen Bedürfnissen und auch der Preis übersteigt nicht seine Schmerzgrenze. Wie schon eben beim Thema Kündigungsprognose stellt sich bei

Affinitätsmodellierung die Frage, ob man das Thema empirisch-statistisch lösen sollte oder ob man das Produktverständnis der Experten in handgemachte Regeln gießt.

Wenn Sie als Unternehmen das Angebot an Statistik- und Kampagnenmanagement-Software sichten, finden Sie viele Anbieter, die das Affinitätsproblem mithilfe von raffinierten statistischen Lernalgorithmen lösen wollen. Es werden dort die raffiniertesten und topaktuellsten Prognosemethoden ins Feld geführt, direkt aus den Versuchslaboren der Top-Universitäten. Über die Jahre konnte man hier verschiedensten Methoden begegnen. Logistische Regression, diverse Entscheidungsbaum-Varianten, neuronale Netze, Support Vector Machines und Deep-Learning-Ansätze, um nur einige zu nennen [3].

Viele Unternehmen haben heutzutage Analytik-Abteilungen, deren Mitarbeiter sich mit diesen Methoden gut genug auskennen, um sie im Betrieb korrekt einzusetzen. Durch komfortable Statistik-Pakete ist es ja inzwischen ausreichend, wenn man weiß, wie man dem Lernalgorithmus vernünftige Inputdaten zuführt und dann noch einige Parameter an der statistischen Methode selbst sinnvoll konfigurieren kann. Dies sind keine trivialen Tätigkeiten, aber eine durchschnittliche Analytik-Abteilung kann dies durchaus stemmen. Niemand in dieser Abteilung braucht das Innenleben der unterschiedlichen Lernalgorithmen im Detail zu verstehen. Man kann so arbeiten.

Wenn Sie diesen empirisch-statistischen Kurs beschreiten, werden Sie trotzdem ernste Probleme bekommen. Gestatten Sie ein paar Überschlagsrechnungen, um zu zeigen, wo eine prinzipiell gute Idee an der schieren Größe des Problems zerschellt. Wie viele Produkte verkauft Ihr Unternehmen? Und verkaufen Sie sie immer zum gleichen Preis? Die Produktwelt in der Telekommunikation ist zum Beispiel berüchtigt dafür, dass sich über die Jahre hinweg Hunderte Tarife und genauso viele Zusatzoptionen mit zahlreichen Sonder-Rabatten ansammeln. Natürlich wird zu jedem Zeitpunkt immer nur ein kleiner Teil davon, ein „aktuelles Portfolio", aktiv vermarktet. Aber auch wenn Sie derzeit „nur" etwa 25 Tarife mit zehn Zusatzdiensten und 20 Rabatten im Angebot haben, gibt es meist ein bestimmtes Maß an freier Kombinierbarkeit, was zu mindestens 100 unterschiedlichen Angebotsvarianten führt.

Wollen Sie nun für jedes dieser 100 komplexen Produkte ein Affinitätsmodell erstellen? Das allein ist schon ein potenziell großer Aufwand, aber es wäre vielleicht noch zu schaffen, da die besseren Statistikanbieter effiziente Lösungen für die industrielle Massenanfertigung von Modellen oder Scores bereithalten. Eng wird es aber spätestens bei der Frage, ob Ihre mächtigen Modellierungstools überhaupt ausreichend empirische Daten zur Verfügung haben.

In dem Moment, in dem Ihr neuestes Produkt auf den Markt kommt, haben Sie zunächst einmal gar keine Datenbasis. Wenn Sie ganz auf empirische Modelle setzen, müssen Sie zunächst abwarten, bis sich langsam Verkaufsdaten ansammeln. Wenn Sie in dieser Zeit Empfehlungen aussprechen wollen, müssen Sie notgedrungen auf etwas Anderes als Empirie setzen. Sie kommen dann vielleicht bereits in Versuchung, die mangelnde Empirie durch Ihre eigene Intelligenz und Ihr Produktverständnis zu ersetzen und ein erstes Affinitätsmodell „von Hand" zu bauen. Oder vielleicht haben Sie ja erkannt, dass das neue Produkt einem anderen alten Produkt einigermaßen ähnelt, sodass Sie zunächst dessen Score für das neue Produkt einsetzen können. Die ganze Zeit warten Sie darauf, später ein eigenes Modell für das neue Produkt zu bauen, sobald die Datenbasis es zulässt.

Das ist ein netter Ansatz, aber er wird vermutlich nicht funktionieren. Zunächst einmal ist es für den späteren Einsatz eines empirischen Modells äußerst wichtig, dass die dafür gesammelte Datenbasis nicht durch den Einsatz vorheriger Modelle verfälscht wurde. Um später ein gutes Modell zu erhalten, müssten Sie als Marketingverantwortlicher deshalb durch ein „Tal der Tränen" gehen, während die Analysten Ihren Kunden absichtlich völlig zufällige (und somit oft unsinnige) Empfehlungen machen. Sie müssten den kommerziellen Schaden und das miserable Kundenerlebnis eine Weile erdulden, bis die Analysten endlich mit der Modellierung beginnen können. Sicherlich platzt Ihnen schon lange vorher der Kragen.

Denn wir sprechen nicht von zwei bis drei Tagen, in denen man Unsinn empfiehlt. Vermutlich gehen Sie zu Beginn zu Ihrem Prognose-Experten und fragen ihn, wie lange man diesen Zustand der Unsinn-Empfehlungen erdulden muss. Wie immer erhalten Sie vom Analysten nicht einfach eine knackige Zahl als Antwort, sondern eine Gegenfrage. Er will von Ihnen wissen, wie robust und genau das Modell sein soll und wie groß und wichtig ein Effekt sein muss, damit das Modell ihn gerade noch sicher aufspürt.

Nach einigen nervenaufreibenden Diskussionen wird Ihnen klar, was er sagen will. Er ist gern bereit, Ihnen schon auf Basis von läppischen 100 Beispielfällen, die sich vielleicht schon in drei bis vier Tagen ansammeln würden, ein Modell zu bauen. Das klingt zuerst toll. Dieses Modell wird aber nur dann zuverlässig die Zukunft vorsagen, wenn Sie das unglaubliche Glück haben, dass sich in diesen wenigen Fällen ein riesengroßer, glasklarer statistischer Effekt offenbart.

Wenn Sie ein Affinitätsmodell für das Produkt Superpremium_XXS bauen wollen und dann sehen, dass von den 50 bisherigen Käufern in Ihrem Sample ganze 48 aus Gelsenkirchen stammen, während von den 50 Ablehnern in Ihrem Sample kein einziger von dort kommt, dann haben Sie damit einen so wichtigen und mächtigen Zusammenhang aufgedeckt, dass Sie trotz des winzigen Samples sofort Ihr Modell einsetzen können. Der Fall ist klar. Alle Gelsenkirchener in Ihrem Kundenbestand gelten nun als affin, der Rest der Welt nicht. Also schicken Sie sofort eine Kampagne nach Gelsenkirchen und machen einen Reibach. Nur wird Ihnen niemals so etwas passieren. Reale Affinitätstreiber kommen erst nach – sagen wir – 2000 Fällen ans Tageslicht und auch dann wird Ihr Analyst noch Magenschmerzen haben, das Modell einzusetzen. Robuste statistische Signifikanz, die er vielleicht aus Studium und Forschung gewohnt ist, ist mit diesen Mengen kaum zu erreichen. Denken Sie aber darüber nach, was Sie tun müssen, um auf einer Datenbasis von 2000 Fällen ein Modell bauen zu können. Käufer und Ablehner sollten im Input für Ihren Lernalgorithmus gleichstark vertreten sein, also mit jeweils 1000 Fällen. An Ablehnern ist selten ein Mangel, aber bis Sie 1000 Käufer erreicht haben, wird einige Zeit vergehen. Denn Sie sprechen ja zunächst nur zufällige Empfehlungen aus und werden sicher keine Take Rate oder Response-Quote von mehr als zwei Prozent bekommen. Außer natürlich, wenn Sie ein Produkt verkaufen, das Ihnen jeder aus den Händen reißt. Aber wer kann das schon behaupten?

Für Ihre 1000 Käufer müssten Sie das Produkt also 50.000 Mal empfehlen. Und das dauert. Wenn Sie 1000 Kundenkontakte pro Tag haben, müssten Sie dabei jedes Mal das Produkt empfehlen, um nach sieben Wochen endlich Ihr lang ersehntes Modell bauen zu können. Nach weiteren drei Wochen der Analyse könnten Sie endlich aus dem unerträglichen Modus der zufällig generierten Empfehlungen ausbrechen. Lassen Ihre Zielvorgaben es zu, dass Sie sich so viel Zeit nehmen?

Hiermit wäre auch nur dann das Ausmaß des Problems angemessen beschrieben, wenn Sie nur ein einziges Produkt und nur ein einziges Angebot hätten. Wäre das aber der Fall, bräuchten Sie gar kein Affinitätsmodell. Sie würden dieses eine Angebot jedem Kunden machen. Wir haben aber vorhin angenommen, dass Sie 100 Angebote ins Rennen schicken. Würden alle diese Angebote gleichhäufig gekauft, müssten sie 100 Mal so lange auf Ihr Modell warten, sprich: viele Jahre, was natürlich lächerlich ist.

Nun ist in der Realität die Verteilung der Käufe niemals gleichmäßig: die wenigen Knaller-Angebote werden sehr oft gekauft, die meisten Durchschnittsangebote nur selten bis nie. Sie würden also vermutlich innerhalb einiger Monate brauchbare Modelle für die zehn erfolgreichsten Angebote bekommen, für die erfolglosen 70 bis 80 erhalten Sie aber niemals ein Modell. Und auch für die attraktiven Angebote sind einige Monate noch viel zu lang, denn die Welt dreht sich oft so schnell, dass ein Angebot nur eine Lebensdauer von ein paar Wochen hat. Wenn der Analyst also endlich freudestrahlend aus dem Labor emporsteigt und sein Modell präsentiert, brauchen Sie es schon lange nicht mehr.

Die Alternative besteht darin, das tiefe Verständnis von einem Produkt und seiner Zielgruppe in ein handgemachtes Modell zu gießen. Wie dies aussehen kann, wird weiter unten anhand des Beispiels Telekommunikation erläutert. Aber es ist naheliegend. Wer soll denn das Wissen um die Affinitätszusammenhänge Ihrer Produkte besitzen, wenn nicht die Mitarbeiter Ihres Unternehmens? Diese Produkte haben Sie doch erst auf den Markt gebracht, nachdem Ihre Marktforscher, Produktmanager und Pricing-Experten erarbeitet hatten, dass es für diese Produkte eine genügend große Zielgruppe gibt und der Bedarf und die Zahlungsbereitschaft groß genug sind, um diese Leistung profitabel bereitstellen zu können. Ist es nicht absurd, dieses Wissen jetzt wegzuwerfen und gewissermaßen ein Reverse Engineering aus der Empirie zu betreiben? Sicher, man hatte bisher nur Annahmen über Zielgruppen und Bedarfe getroffen. Besser wäre es, diese jetzt einer empirischen Überprüfung zu unterziehen. Wenn das aber so schwierig und langwierig ist, wie eben beschrieben, sollte man dann nicht lieber sofort mit einem Modell starten, das die teuer eingekaufte Intelligenz des eigenen Produktentwicklungsprozesses abbildet, anstatt sich monatelang zu bemühen?

3.2.2 Welchen Bedarf hat Ihr Kunde?

Schauen wir zur Mobilfunk-Branche, um ein Beispiel durchzuspielen. Versuchen wir, ein Affinitätsmodell von Hand zu bauen. Wann ist jemand affin für Superpremium_XXS? Grundsätzlich sind einige wenige Kriterien zu erfüllen, die sich um Preis und Leistung drehen.

▶ **Leistung pro Euro** Die Leistung, die der Kunde pro gezahltem Euro erhält, muss beim neuen Produkt höher als beim bisherigen sein. In einer einfachen Situation, bei der die einzige relevante Leistung das Datenvolumen ist, wäre das Kriterium also erfüllt, wenn ein Kunde, der bisher fünf Gigabyte Datenvolumen für zehn Euro erhielt, beim neuen Produkt drei Gigabyte für fünf Euro bekommt.

▶ **Absoluter Bedarf** Die Leistung des neuen Produkts muss den Bedarf des Kunden erfüllen. Nehmen wir das oben genannte Beispiel. Das neue Produkt hat zwar ein besseres Preis-Leistungs-Verhältnis, aber was nützt das schon, wenn der Kunde jeden Monat für fünf Gigabyte surfen will und eine Einschränkung des Datenvolumens als Sabotage seines Lebensstils empfindet.

▶ **Absolutes Budget** Der Preis des neuen Produkts darf nicht das Budget des Kunden sprengen. Falls Sie ein Produkt vertreiben, das dem Kunden ein ganzes Terabyte an Datenvolumen für schlappe 120 EUR bietet, so wäre das Preis-Leistungs-Verhältnis sensationell, was jedoch nichts nützen wird, wenn der Kunde so knapp bei Kasse ist, dass er monatlich einfach nicht mehr als 25 EUR für Mobilfunk-Gebühren ausgeben kann.

Wenn Sie diese drei Kriterien realisieren wollen, ist es Ihre erste Aufgabe, den Bedarf des Kunden zu ermitteln. Aber nicht nur, um den absoluten Bedarf als Untergrenze zu verwenden, sondern auch um die Leistung pro Euro sinnvoll umzusetzen. Denn die „Leistung", die dort in Bezug zum Preis gesetzt wird, muss immer die subjektive Leistung aus Sicht des Kunden sein. Wenn jemand derzeit ein Fünf-Gigabyte-Paket zahlt, davon aber Monat für Monat nie mehr als ein Hundertstel nutzt, dann stellt ein Upgrade auf ein Zehn-Gigabyte-Paket für ihn gar keine zusätzliche Leistung dar. Die eigentliche Leistung, die der Kunde wahrnimmt, sind die wenigen Megabyte, die er verbraucht, wenn er drei Mal im Monat außerhalb seines WLANs das Bedürfnis verspürt, den Wetterbericht zu checken. Wenn sein Bedarf also nur bei 30 MB liegt, dann hat jedes Produkt für ihn maximal eine subjektive Leistung von 30 MB und alles Größere ist reine Theorie. Für ihn wird das Preis-Leistungs-Verhältnis nur besser, wenn der Preis sinkt.

Nun kann man aber auch nicht einfach sagen, dass der Bedarf eines Kunden seiner bisherigen Nutzung entspricht. Vielleicht hat er ja einen versteckten Bedarf, der sich bisher nicht in Nutzung niedergeschlagen hat, weil das beim bisherigen Produkt sein Budget überschritten hätte oder schlicht nicht möglich war. Wie verhält sich jemand, der eigentlich sein Produkt noch intensiver nutzen will? Seine Nutzung dürfte sehr eng an der Obergrenze liegen, die sein Produkt bietet. Bei Datenvolumen ist es derzeit so, dass man nach Erreichen seiner Obergrenze stark gedrosselt wird und mit dieser Geschwindigkeit realistisch keine weiteren Gigabyte verbrauchen kann.

Ein einfaches manuelles Bedarfsmodell für Datenvolumen würde also beispielsweise festlegen, dass jeder, der sein verfügbares Volumen im Schnitt nur zu 70 % oder weniger nutzt, keinen versteckten Bedarf hat. In Abb. 3.2 und 3.3 sieht man hier nur eine einfache diagonale Linie. Die bisherige Nutzung entsprach dem tatsächlichen Bedarf des Kunden. Jemand, der hingegen ständig seine Obergrenze ausreizt, hat einen Bedarf an höherer Leistung. Für die drei Beispielprodukte in Abb. 3.2 sieht man, dass wir dem Kunden einen versteckten höheren Bedarf unterstellen, wenn sich seine tatsächliche Nutzung der Leistungsgrenze nähert. Die Kurven biegen sich also am Ende nach oben.

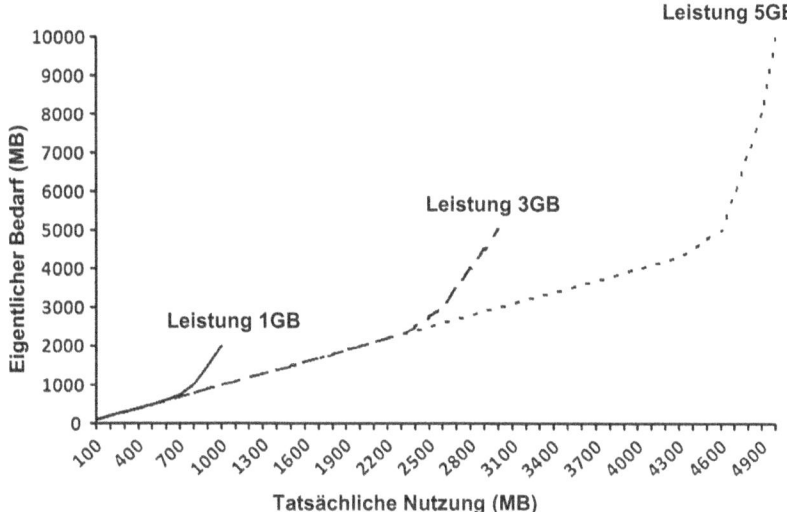

Abb. 3.2 Nutzung, die Leistungsgrenzen ausreizt, lässt auf versteckte Bedarfe schließen

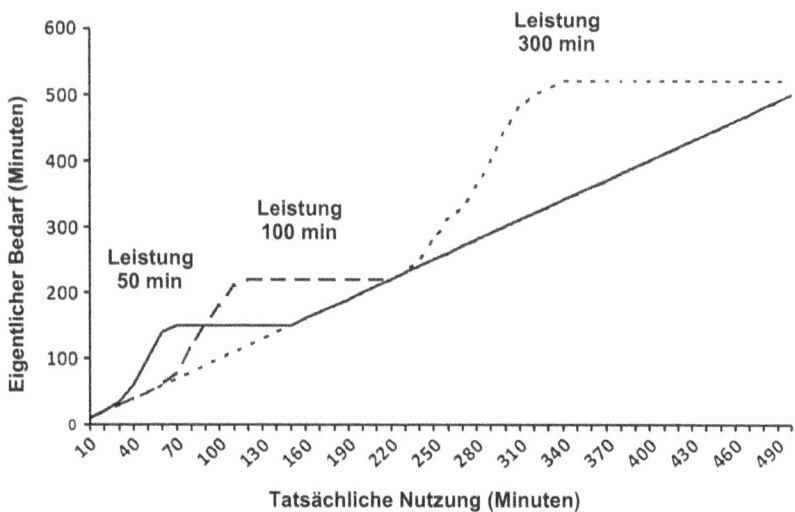

Abb. 3.3 Wem es gleichgültig ist, dass Zusatzkosten für das Überschreiten der Leistungsgrenze anfallen, der hat auch keinen versteckten Bedarf

Aber wie groß ist der versteckte Bedarf? Ob jemand, der jeden Monat seine Obergrenze von drei Gigabyte fast erreicht, nun eigentlich fünf Gigabyte oder sogar zehn Gigabyte benötigt, sieht man daraus noch nicht. Beobachtet man jedoch, dass ein Nutzer seine monatliche Obergrenze manchmal schon nach fünf Tagen erreicht, so kann man daraus schließen, dass sein versteckter Bedarf wohl sehr hoch ist.

Etwas anders sieht ein solches Modell bei Produkten aus, wo eine Überschreitung der Obergrenze keine Drosselung zur Folge hat, aber zusätzliche Kosten anfallen, wie etwa bei Telefonie-Produkten älteren Jahrgangs oder besonders günstigen Verträgen. Auch hier gilt, dass jemand mit niedriger Nutzung wohl keinen versteckten Bedarf hat, aber es gibt ein zusätzliches Segment von Kunden, die ihre Obergrenze gewohnheitsmäßig stark überschreiten. Auch ihnen muss man unterstellen, dass sie keinen versteckten Bedarf haben. Da ihnen die Zusatzkosten offensichtlich gleichgültig sind, kann man nicht erklären, was sie davon abhält, einen vermeintlich versteckten Bedarf voll auszuleben. Da auch diese Kunden also keinen versteckten Bedarf haben, kehrt jede Kurve nach Überschreiten der Inklusiv-Leistung zur Diagonalen zurück, wie man in Abb. 3.3 sieht. Nur dem, der sich auffällig nahe an dieser Grenze aufhält, unterstellen wir, dass er heimlich von Zusatzleistungen träumt.

Das absolute Budget des Kunden ist beim Mobilfunk selten das Problem. Wenn alle Anbieter im Markt für das einfachste Mobilfunk-Produkt 70 EUR im Monat verlangen würden, würden die meisten Kunden auch diesen Betrag aufbringen, da Mobilfunk inzwischen zu einem so grundlegenden Bedürfnis geworden ist. Das absolute Budget der meisten Kunden wäre damit noch nicht gesprengt, aber in der Realität hat der Wettbewerb zu viel niedrigeren Preiserwartungen geführt, sodass die absolute finanzielle Leistungsfähigkeit des Kunden keine Rolle mehr spielt. Aber wenn es eines solchen Modells bedarf, kann man auch hier aus der vergangenen Nutzung einige Schlüsse ziehen: Reizt jemand über längere Zeit sein maximales Datenvolumen jeden Monat aus, dann wird zwar seine eigentlich gewünschte Leistung immer unklarer, dafür wird jedoch immer eindeutiger, dass der Kunde sich schon am Rande seines Budgets bewegt und deutlich teurere Produkte für ihn eher uninteressant sein dürften.

Wir wollen diese Diskussionen hier nicht viel weiter vertiefen. Man erkennt, dass man mit einem klugen, von Hand gebauten Modell ziemlich weit kommen kann. Mit den aufgeführten drei Kriterien haben Sie bereits ein gutes Modell und können es sofort einsetzen, ohne monatelang im Unklaren zu bleiben. Besser noch, Sie brauchen nur ein einziges solches Meta-Modell, um alle Ihre Angebote abzudecken. Wenn man für jedes Ihrer 100 Angebote die faktische Leistung und den Preis einsetzt, folgt daraus komfortabel für jeden Kunden die Affinität hinsichtlich einzelner Produkte.

Ihre Modelle werden in der Praxis etwas komplizierter sein, da Ihre Produkte sich nicht nur durch eine einzige Leistungsart beschreiben lassen. Im Mobilfunk hat man derzeit neben Datenvolumen noch Telefonie-Minuten und die langsam aussterbende SMS. Außerdem ist neben dem reinen Volumen noch die Geschwindigkeit, Qualität oder Netzabdeckung von Interesse. Am Ende bekommt ihr Kunde für einen einzigen Preis eine Kombination von mehreren Leistungen. Für den absoluten Bedarf und das absolute Budget ist das jedoch nicht schlimm, denn der absolute Bedarf muss hinsichtlich jeder Leistungsart abgedeckt werden und an der Budget-Thematik ändert sich nichts.

Die Berechnung des Leistung-pro-Euro-Kriteriums wird aber interessanter, denn nun muss man die einzelnen Leistungen gewichten und überlegen, inwieweit eine Top-Leistung hinsichtlich Volumen eine schlechte Leistung hinsichtlich Geschwindigkeit kompensieren kann. Manche Leistungen muss man ganz aus dieser Berechnung herausnehmen, weil sie so weit verbreitet sind, dass sie als selbstverständlich wahrgenommen werden, wie zum Beispiel eine Telefonie-Flatrate innerhalb des eigenen Netzes.

3.2.3 Handelt Ihr Kunde rational?

Sie sollten infrage stellen, ob Sie Ihrem Kunden eine perfekte Rationalität bei der Verfolgung seiner eigenen Interessen unterstellen dürfen. In der Volkswirtschaftslehre sind Ansätze, bei denen ein Homo Oeconomicus stets fehlerfrei seinen eigenen Nutzen optimiert, in vielen Bereichen durch realistischere Modelle der Verhaltensökonomie ersetzt worden. Letztere berufen sich auf psychologische Forschung der typischen menschlichen Denkfehler oder Biases, bilden diese nach und können damit deutlich besser das wirklich beobachtete menschliche Verhalten erklären. Eingeläutet wurde diese Ära durch die Arbeit von Daniel Kahnemann und Amos Tversky [4]. Vor ihnen war es niemandem zufriedenstellend gelungen, die großen volkswirtschaftlichen Fragestellungen auf einfache, im Labor durchführbare Versuchsanordnungen herunter zu brechen. Das bedeutete, dass Ökonomie nie wie eine richtige empirische Wissenschaft betrieben werden konnte, da man nicht mit ganzen Gesellschaften experimentieren kann. Man war also gezwungen, Annahmen über die Beschaffenheit von wirtschaftlichen Akteuren zu treffen und dann formal-mathematisch die Konsequenzen zu berechnen. Eine solche Annahme war lange Zeit die perfekte Rationalität des Entscheiders. Erst Kahnemann und Tversky konnten nachvollziehbar darlegen, dass Menschen oft nicht nur irrational handeln, sondern dass diese Irrationalität einem System folgt, das man beschreiben und voraussehen kann. Im Marketing kann man dieses System auch zu seinem Vorteil nutzen – wenn man moralisch dazu bereit ist.

Den Psychologen aus Ihrer Marktforschungsabteilung werden solche Phäno-
menen sicher bekannt vorkommen. So berichteten Heidenreich, Huber und Vogel
zum Beispiel schon 2008 von einem Flatrate-Bias im Mobilfunk, denn Kunden
zahlen mehr für das sorgenfreie Gefühl einer grenzenlosen Nutzung, als eigentlich wirtschaftlich angemessen wäre [5].

Der springende Punkt all dieser Facetten eines manuellen Affinitätsmodells
ist, dass die notwendigen Experten und Informanten in Ihrem Unternehmen sitzen
und bereits viel Aufwand in die Erarbeitung dieses Fachwissens gesteckt haben.
Nutzen Sie dieses Wissen, denn bezahlt haben Sie es ohnehin bereits!

3.2.4 Arbitrierung: Die Dramaturgie der Empfehlungslogik

Haben Sie Affinität abgebildet, geht es zunächst darum, sie auch korrekt einzusetzen. Zugegeben, einige Verwendungsmöglichkeiten von statistischen Scores
stehen nicht oder nur eingeschränkt zur Verfügung, wenn man auf manuelle
Methoden zurückgreift. Es geht ja bei einer Empfehlungslogik nicht nur darum,
harte Kriterien aufzustellen, und alle Empfehlungen, die diese nicht erfüllen, zu
verwerfen. Man muss auch nach Affinität sortieren können. Die Sortierung von
Empfehlungen bezeichnet man als Arbitrierung. Von den 100 Angeboten, die
Sie auf den Markt gebracht haben, erfüllen vielleicht 13 alle Kriterien. In dem
Moment, wenn der Kunde am Telefon ist oder im Laden steht, hat der Verkäufer
aber keine Chance, alle 13 Produkte auszuprobieren. Man muss sich deswegen
zum Beispiel auf die drei besten Angebote beschränken.

Ferner hat jede Empfehlungssituation eine bestimmte Dramaturgie. Die einfachste ist es, das beste Angebot zuerst auszusprechen, bei Misserfolg zum
zweitbesten überzugehen und zum Schluss das drittbeste zu versuchen – all dies
natürlich eingebettet in ein angenehmes und überzeugendes Verkaufsgespräch.
Genau das können die empirischen Prognosemodelle wunderbar erzeugen: einen
numerischen Score für jedes Angebot, nach dem man einerseits sortieren, den
man aber andererseits auch direkt als eine Annahmewahrscheinlichkeit interpretieren kann. Denn wenn ich weiß, dass der Kunde ein bestimmtes Angebot mit
zweiprozentiger Wahrscheinlichkeit annehmen wird und es ihn 25 EUR kosten
würde, so ist mein zu erwartender Umsatz bei diesem Angebot etwa 0,50 EUR.
Da das Marketing natürlich die Aufgabe hat, den Umsatz zu maximieren, sollte
vom Verkäufer immer verlangt werden, zuerst das Angebot mit dem höchsten zu
erwartenden Umsatz auszusprechen, dann zum zweithöchsten überzugehen und
so weiter.

Wenn es so laufen muss, haben Sie mit einem manuellen Modell ein Problem. Zwar können Sie auch manuell einen numerischen Score erzeugen, nach dem Sie sortieren können. Je deutlicher dabei ein Kriterium bestanden wurde, desto mehr „Punkte" bekäme eine Empfehlung. Am Ende summiert man diese Punkte und hat einen manuellen Score, der beim besten Angebot am höchsten ist. Dieser Score ist aber leider keine Wahrscheinlichkeit und man kann ihn nicht mit dem Preis multiplizieren, um den erwarteten Umsatz zu errechnen.

Tatsächlich ist diese einfache Dramaturgie ohnehin nicht immer eine gute Idee. Wenn Sie dem Verkäufer die drei Angebote mit dem höchsten erwarteten Umsatz übergeben, kann es ja sein, dass diese sehr ähnlich sind und ungefähr gleich viel kosten. Wenn der Verkäufer mit dem ersten Angebot gescheitert ist, hat er dann keine echte Alternative mehr. Sie brauchen eine Dramaturgie, die den Verkäufer nicht beim ersten Hindernis im Stich lässt. Diese könnte so aussehen:

Beispiel

- Angebot 1: Das teuerste Angebot, das gerade noch alle Affinitätskriterien erfüllt
- Angebot 2: Das Angebot mit der höchsten Affinitäts-Punktzahl
- Angebot 3: Das billigste Angebot, das alle Affinitätskriterien gerade noch erfüllt (und natürlich auch die Wirtschaftlichkeitskriterien nicht verletzen darf)

Somit verhalten Sie sich zunächst maximal „dreist" und versuchen, dem Kunden so viel Umsatz wie möglich zu entlocken. Erst wenn dies misslingt, ziehen Sie das Angebot, das die besten Chancen auf Erfolg hat, damit Sie möglichst selten den Notnagel an dritter Stelle ziehen müssen. Nur wenn dies auch noch misslingt, holen Sie als letzten Trumpf ein Angebot aus dem Ärmel, bei dem der Kunde viel Geld spart.

Da Sie die Interessenlage des Kunden lediglich schätzen, liegen Sie zwangsläufig oft falsch. Sie sollten dann mit ihren Angeboten alle Richtungen, die das Verkaufsgespräch nehmen kann, bestmöglich abdecken. Erstens ist das eine viel erfolg versprechendere Dramaturgie, zweitens hat es auch den Vorteil, dass man keinen empirischen Wahrscheinlichkeitswert braucht. Wenn Sie aus Ihrem manuellen Modell immerhin ein Punktesystem zur Sortierung ableiten können, was ja möglich ist, sind Sie wieder im Rennen.

Schließlich bedeutet die Entscheidung für ein manuelles Modell nicht, dass Sie sich für immer vor empirischem Wissen verschließen. Sie haben lediglich einen zeitlichen Vorsprung vor reiner Empirie und laden auch weniger Last auf deren Schultern. Wenn Ihre Angebote ein paar Wochen lang auf die Kunden losgelassen wurden, können Sie beginnen, die Empfehlungslogik empirisch zu kalibrieren. Vielleicht ist das gewagteste Angebot einfach zu hoch und wird niemals angenommen. Dann müssen Sie die konkreten Grenzwerte Ihrer Kriterien etwas verschärfen und abwarten, ob sich dadurch die Quote bessert, ohne den mittleren Umsatz der erfolgreichen Käufe zu stark zu verringern. Bedenken Sie auch, dass Sie hierbei nicht jedes Angebot einzeln kalibrieren müssen, denn ein einziger angepasster Grenzwert wirkt sich auf alle 100 Angebote aus. Dadurch kann Ihre Datenbasis schnell die kritische Größe erreichen, die notwendig ist, um robuste Erkenntnisse zu gewinnen.

Am Ende ist der wichtigste Erfolgsfaktor für den Einsatz eines Prognosemodells überraschender Weise nicht die Qualität des Modells oder des Scores, sondern die Fähigkeit, dieses analytische Instrument vor unsinniger politischer Übersteuerung zu bewahren, wie wir im späteren Kapitel „Unternehmenspolitik und sonstige Verunreinigungen" sehen werden.

3.3   Ethik: Auch im Detail noch Chefsache

Sicherlich sind Sie in einem grundanständigen Geschäftsfeld unterwegs. Ihr Unternehmen vertreibt Produkte, die dem Kunden einen realen Mehrwert bieten, wofür Sie eine legitime und angemessene Gebühr verlangen. Ihr Geschäftsmodell basiert also nicht auf Betrug, Bauernfängerei oder der Ausnutzung von Naivität und Aberglauben. Sie sind ein sauberes Beispiel funktionierender Marktwirtschaft.

Und trotzdem gibt es auch für Sie verschiedene Dilemmas. Einerseits ein praktisches, anderseits aber auch ein ethisches. Denn die Interessen eines Unternehmens und seiner Kunden sind auch in anständigen Geschäftsfeldern nie deckungsgleich, egal wie oft Ihr Top-Management dies gegenüber der externen und internen Öffentlichkeit behauptet.

Herkömmliche CRM-Literatur weigert sich regelmäßig, das zuzugeben. Jürgen Brunner beginnt seinen Artikel über wertorientierte Unternehmensführung direkt mit dem Glaubenssatz „Die Schaffung von nachhaltigem Kundennutzen ist Voraussetzung für die Wertsteigerung eines Unternehmens." [8] Natürlich kann man ohne Kundennutzen gar nicht anfangen, unternehmerisch tätig zu sein. Das ist eine Binsenweisheit. Aber wenn Brunner von wertorientierter Unternehmensführung spricht, meint er eben den Wert, den der Kunde für das Unternehmen darstellt, nicht umgekehrt. Nicht der Kundennutzen ist zu maximieren, sondern der Nutzen, den das Unternehmen hat. Der Kundennutzen ist nur eine Nebengröße, die im Auge behalten werden muss, damit sie nicht in einen kritischen Bereich sinkt, wo sie die Wertmaximierung des Unternehmens stört.

Folgt man dem amerikanischen Linguisten und Systemkritiker Noam Chomsky, so ist es die eigentliche Funktion von Werbung und Marketing, Märkte durch Verwirrung so zu unterwandern, dass ein Kundennutzen möglichst weit sinken kann, ohne die Wertmaximierung zu behindern [6]. In einer idealen Marktwirtschaft würde sich immer das beste Produkt durchsetzen, der einzige Weg zum Erfolg wäre Qualität. Werbung und Marketing bewirken hingegen, dass der Konsument die Orientierung verliert. Wo ein Kunde nicht mehr rational seine Interessen erkennen oder gar verfolgen kann, gewinnt nicht mehr das beste Produkt, sondern das beste Marketing. Ob dies einem gefällt oder nicht, es ist eine recht zutreffende Beschreibung der Welt. Deshalb sind auch die meisten Branchen in einem wahnwitzigen Marketing-Wettrüsten gefangen, dem Sie vermutlich Ihren Job verdanken.

Es ist an der Zeit, sich das einzugestehen. Egal, was für ein Produkt Sie vertreiben, der Kunde hätte es gern so billig wie möglich, Sie hingegen würden dem Kunden gern so viel wie möglich dafür berechnen. Praktische Erwägungen setzen der Fragestellung an beiden Enden offensichtliche Grenzen: Sie können das Produkt nicht so billig verkaufen, dass Sie dauerhaft Verluste machen. Sie können aber auch nicht so teuer verkaufen, dass der Kunde postwendend zur Konkurrenz geht. So viel ist klar. Innerhalb dieser Grenzen ist aber noch genügend Raum für moralisches oder unmoralisches Handeln.

Beispiel

Betrachten wir einen Mobilfunk-Kunden, der nur die gute alte Telefonie nutzt, aber keine SMS verschickt und auch keine Daten nutzt. Er hat eine Telefonie-Flatrate, aber kleine, begrenzte Kontingente an SMS, etwa 100 Stück, und ein kleines Datenpaket von 200 MB. Diese kleinen Kontingente nutzt er aber wie gesagt noch nicht einmal aus. Offensichtlich hat er keinen versteckten Bedarf in dieser Richtung. Er zahlt für alles zusammen 20 EUR.

Ihr Unternehmen bietet nun für 30 EUR ein Paket aus 200 Telefonie-Minuten, 200 SMS und zehn Gigabyte Datenvolumen.

Die Situation ist in Tab. 3.1 zusammengefasst.

Ganz offensichtlich ist der Kunde für dieses Angebot eigentlich nicht geeignet, denn für ihn würde subjektiv die Leistung sinken. Er braucht ja nur die Telefonie, wovon er bei diesem Angebot weniger erhält. Die Datenleistung nützt ihm nichts. Ein Kunde, der seinen eigenen Nutzen perfekt begreift und maximiert, wird nicht anbeißen. Er wäre also ohnehin nicht affin, sodass sich gar nicht erst ein ethisches Dilemma auftut. Nun wissen wir aber, dass Kunden keine perfekt rationalen Nutzenoptimierer sind. Spätestens wenn man sie mit aufwendigem Marketing „verwirrt", lassen sie sich mitunter von imposanten Flatrates blenden, selbst wenn sie

Tab. 3.1 Ein Beispielkunde, dem unnötige Leistungen angeboten werden

	Telefonie	SMS	Datenvolumen	Preis
Nutzung	300 min	0	0 MB	
Bisherige Leistung	Flat	100	200 MB	20 EUR
Angebotene Leistung	200 min	200	10 GB	30 EUR

Der Kunde nutzt nur die Telefonie und lässt bereits die kleine Datenleistung, die er hat, verfallen. Ein Produkt mit hoher Datenleistung wäre für andere vielleicht ein guter Deal, für
diesen Kunden ist es uninteressant. Er bekommt für mehr Geld weniger von der einzigen
Leistungsart, die für ihn relevant ist, denn seine Telefonie-Leistung sinkt von einer Flatrate
auf 200 min. Ist es unethisch oder nur unklug, so eine Empfehlung zu versuchen?

diese nicht brauchen. Wir haben im Kapitel über Affinität schon darüber gesprochen, dass der Flatrate-Bias   ein robustes Ergebnis der Marktforschung ist. Der
Kunde ist also vielleicht doch für das Angebot affin, obwohl er es eigentlich nicht
braucht.

Und hier ist Ihr ethisches Dilemma. Man könnte dem Kunden dieses Produkt
eventuell verkaufen und dabei zehn Euro Umsatz dazugewinnen, beim Kunden
kommt dafür aber weniger subjektive Leistung an. Sind Sie bereit, so ein Angebot als Empfehlung auszusprechen? In einem Kontaktkanal, wo ein raffinierter
Verkäufer das Angebot unterbreitet, könnten Sie es wagen. Wenn der Kunde Ihr
Angebot empört zurückweist, können Sie immer noch elegant auf eine Alternative zurückfallen, von der der Kunde einen echten Nutzen hat oder sogar weniger
zahlt und kommen vielleicht damit durch. Aber können Sie das vertreten? Noch
brisanter als die Entscheidung, eine solche proaktive Empfehlung auszusprechen,
ist die Frage, wie hoch man Verkäufer für einen solchen Verkauf prämiert. Es
wird immer überzeugende Mitarbeiter geben, die solche für den Kunden schädlichen Transaktionen herbeiführen können, wenn Sie den Verkauf nur hoch genug
prämieren. Wollen Sie den Vertrieb so steuern?

Zugegeben, im Mobilfunk-Bereich ist die Dramatik etwas geringer als bei den
ethischen Fragen, die entstehen, wenn man Zigaretten oder Panzer verkauft. Und
trotzdem sind diese Fragen auch hier wichtig genug, um durch das Management
entschieden und als allgemeingültige Prinzipien etabliert zu werden. Ethik sollte
Chefsache sein.

Was geschieht aber in der Realität? Das Management gibt abstrakte Guidelines zur empfohlenen Fairness bei der Behandlung von Kunden vor. Dies wird
öffentlichkeitswirksam verkündet und in der Werbung auf vielerlei Art illustriert.
Man kann wirklich nicht behaupten, dass die Chef-Etagen von der Belegschaft
nicht nachdrücklich eine faire Behandlung des geschätzten Kunden verlangen

würden. So weit, so gut. Gleichzeitig werden aber auch sportliche Verkaufsziele gesetzt, den Anteilseignern versprochen und dann bei der Belegschaft noch viel nachdrücklicher eingefordert. Dies geschieht nicht durch inspirierende Vorträge, sondern durch knallharte persönliche und bonusrelevante Zielvorgaben, die sich durch die Hierarchie von oben nach unten durchziehen. Das Management löst das Dilemma also nicht für die Befehlsempfänger auf, es verstärkt lediglich den Druck auf die Ziele, die aber nach wie vor im Konflikt stehen.

Wer löst das Dilemma am Ende auf? Wenn man Pech hat, geschieht dies erst auf der ganz untersten Arbeitsebene, beispielsweise zwischen einem Marketing-Werkstudenten und einem Junior-Berater des IT-Dienstleisters. Dort, wo man die konkreten Regeln oder Ausschlusskriterien einer Marketing-Kampagne oder die Einzelheiten des Prämien-Modells festlegt, wird man die oben beschriebenen fragwürdigen Angebote entweder erlauben und hoch prämieren oder eben nicht.

Und wenn diese Entscheidung so getroffen wurde, gilt sie auch nur für diese Kampagne. Bei der nächsten Kampagne zeigt sich das Dilemma erneut und andere Praktikanten oder Auszubildende entscheiden vielleicht im gleichen Sinne, vielleicht aber auch genau anders herum. Zu keinem Zeitpunkt wird ein allgemeingültiges Prinzip aufgestellt, wie zu verfahren ist. Das Unternehmen entscheidet nie grundsätzlich, wie viel vorsätzliche Irreführung des Kunden es moralisch aushalten will.

Es geht an dieser Stelle nicht darum, unmoralisches Verhalten anzuprangern. Hier soll nur bemängelt werden, dass viele Unternehmen ihre eigenen ethischen Positionen nicht gezielt steuern und kontrollieren. Am Ende hat unethisches Verhalten ja nicht nur den Nachteil, dass es unter Umständen Schuldgefühle hervorrufen kann. Es rächt sich auch auf einer ganz handfesten Ebene, wenn nämlich die unethische Praktik in einschlägigen Verbraucherforen und den Sozialen Medien angeprangert und verbreitet wird. Die Angst davor, einen „Shitstorm" auszulösen, führt vielleicht so manchen Entscheider auf den Pfad der Tugend zurück. Deswegen sollte er unter Kontrolle haben, was ganz unten im „Maschinenraum" der konkreten Logiken geschieht.

Benötigt wird also ein Regelwerk, um ethische Grundsätze abzubilden. Wir verwenden den Begriff Hygieneregeln in Anlehnung an die bekannten Hygienefaktoren aus der Motivationspsychologie von Frederick Herzberg [7]. Das Konzept beschreibt jene Faktoren, die einen Menschen noch nicht glücklich machen, wenn sie erfüllt sind, ihn jedoch sehr unglücklich machen, wenn sie es nicht sind. Abwesenheit von Schmerz, Hunger, Durst und Angst sind solche Hygienefaktoren. Ähnlich verhält es sich mit Hygieneregeln im Marketing. Man muss sie erfüllen, um Skandale zu vermeiden, aber sie reichen nicht aus, um eine erfolgreiche Angebotsstrategie zu basteln. Dafür braucht es mindestens noch Wirtschaftlichkeit und Affinität.

Man beachte, dass wir über Hygieneregeln nur im Zusammenhang mit proaktiven Empfehlungen und Prämierung von Mitarbeitern sprechen müssen – Restriktionslogik braucht nämlich keine Hygiene. Weniger Leistung für mehr Geld muss man nicht verbieten. Es ist zwar verwerflich, den Kunden absichtlich ins Unglück zu treiben. Wenn er es aber selbst einfordert und auch die fairste Beratung ihn nicht umstimmt, dann tun Sie ihm halt den Gefallen und nehmen Sie sein Geld.

Wie kann man jetzt eine solche Hygienelogik formulieren? Man sollte nicht versuchen, die Regeln in der Sprache einzelner konkreter Produkte auszudrücken. Das scheitert entweder sofort oder aber beim Versuch, so eine Logik über einen längeren Zeitraum sauber zu halten, denn es wird schnell komplex: Aus dem Tarif Ultraclassic_Deluxe darf man nicht in den Tarif Superpremium_XXS wechseln, außer man wählt noch Datenpaket Monstersurf_100 dazu, solange man vorher nicht schon Paket Megadata_2001, Supercall_International oder MyPhone_0815 hatte ...

Man merkt sehr schnell, dass so etwas zu einem undurchdringlichen Dschungel werden kann. Sie müssen daher ein abstrahiertes Prinzip definieren, von dem Sie sich leiten lassen wollen. Die Regel heißt dann zum Beispiel: „Bei einer Produktänderung darf die Leistung nur abnehmen, wenn der Preis abnimmt. Und der Preis darf nur steigen, wenn auch die Leistung steigt." Um dies auf der gleichen Abstraktionsebene umzusetzen, brauchen Sie also eine allgemein gültige, produktübergreifende Definition von Preis und Leistung. Diese haben Sie bereits, denn Sie brauchten sie für die Affinitätsmodellierung im vorangegangenen Kapitel.

▶   Die Ausgestaltung dieser ethischen Prinzipien ist eine Aufgabe, die
    man ruhig einer hochrangigen Führungskraft zumuten darf. Wie viel
    Fairness können Sie ertragen? Legen Sie es bitte einmal fest.

Die Leistungsvielfalt, die eben auch schon Ihre Affinitätsdefinition erschwert hat, sucht Sie leider auch bei der Hygienelogik heim. Ein reales Produkt hat selten nur eine einzige Leistungsdimension. Im Mobilfunk haben Sie nicht nur Telefonie, SMS und Datenvolumen (sowie ein ganzes Portfolio an nebensächlichen Extra-Diensten), sondern diese Leistungen unterscheiden sich teils auch noch nach Volumen, Geschwindigkeit und Verkehrsrichtung. So gibt es zum Beispiel Festnetz, eigenes Mobilnetz, fremdes Mobilnetz, Gespräche ins Ausland, aus dem Ausland und so weiter. Sehr schnell kommen Sie auf zehn bis 20 Leistungsarten.

Das ganze Leistungspaket bekommt Ihr Kunde aber für einen Gesamtpreis. Nun müssen Sie also die Leistungen zu einer einzigen Gesamtleistung verdichten, um sie dem Preis gegenüberzustellen. Denn nur das Verhältnis von einem Preis zu einer Leistung sagt etwas über die Attraktivität eines Angebots aus. Doch auch hierbei haben Sie leider wieder viele graduelle Unterschiede. Vielleicht ist in der Kundenwahrnehmung eine Leistungsdimension viel wichtiger als eine andere. Dann müssen sie die Terme in Ihrer Leistungsfunktion entsprechend gewichten.

Oder sind Sie ein knallharter Fundamentalist und wollen eine Leistungsreduktion von jeder einzelnen Leistungsdimension verbieten? Denken Sie, dass große Leistungsgeschenke im Datenvolumen eine unbedeutende Einbuße anderswo nicht kompensieren können? Wird der Kunde sich so sehr über die Erhöhung der Minutengebühr bei Anrufen von Mazedonien nach Liechtenstein ärgern, dass auch zehn Gigabyte geschenktes Datenvolumen ihn nicht trösten können? Das ist natürlich Unsinn. Sie müssen eine Kompensations-Systematik bauen, die ein realistisches Bild der Nutzenempfindungen des Kunden zeichnet. Dann erst können Sie darauf Ihre ethischen Prinzipien errichten. Es ist schwer, aber wenn Sie es nicht tun, tut es möglicherweise diese Woche ein Werkstudent und nächste Woche ein Praktikant.

3.4 Unternehmenspolitik und sonstige Verunreinigungen

Die reine Lehre verlangt eigentlich, dass es keine Regeln gibt, die nicht auf exakt eines der eben genannten Prinzipien zurückzuführen sind. Die reine Lehre existiert aber bestenfalls im akademischen Laborkontext. Die Realität im Unternehmen ist dadurch geprägt, dass neben Grundsätzen wie Wirtschaftlichkeit und Affinität immer auch eine Unmenge von Sonderregeln existiert.

Oft sind diese Ausnahmen politischer Natur. Vielleicht wäre es wirtschaftlich durchaus zu begrüßen, wenn ein Kunde von Tarif C2H5OH_Classic zu Tarif Malve_5000 wechselt, weil er dann 7,50 EUR mehr Grundgebühr zahlen würde. Nun gehören aber diese beiden Tarife zu unterschiedlichen Marken innerhalb des gleichen Unternehmens. Die jeweiligen Markenverantwortlichen haben sich darauf geeinigt, die beiden Kundenbestände voneinander abzuschotten, damit sie sich nicht kannibalisieren. Man will keinen teuren Werbeaufwand vergeuden, der nur dazu führt, dass Kunden von der rechten in die linke Tasche wechseln. Im Zeitalter von vertragsindividueller, fein justierter Wechsellogik gibt es eigentlich keine Rechtfertigung mehr für derartige Pauschalverbote. Es kostet ja gar keinen Aufwand, etwas zu erlauben. Aufwand entsteht nur durch proaktive Empfehlungen, für die man einen Kunden erst einmal mühsam kontaktieren muss. Es würde ja völlig reichen, den Wechsel zwischen den Marken nicht zu empfehlen, anstatt

ihn gleich ganz zu verbieten. So könnte man beispielsweise jene Wechsel durch-
lassen, bei denen der Kunde gewilligt ist, mehr zu bezahlen. Aber trotzdem kommen solche Pauschalverbote ständig vor. Hat ein Unternehmen mehrere Marken
oder Produktkategorien in seinem Bestand, so werden diese meist als völlig separate Inseln gehalten, zwischen denen niemand wechseln kann.

Weitere Gründe für Sonderregeln haben vielleicht mit der Portfoliostrategie
zu tun. Manche Alttarife will man mit der Zeit ganz abstoßen, weil sie nur noch
wenige Kunden enthalten, jedoch einen hohen administrativen Aufwand bedeuten. Wenn man in seinem Kundenbestand über die Jahre Hunderte oder Tausende
von Tarifen angesammelt hat, zieht diese große Menge stets Mehraufwand nach
sich. Wann immer man Zusatzprodukte, Dienste oder Optionen neu einrichten
will, muss man entscheiden, mit welchen Alttarifen sie kombinierbar sein sollen.
Sie befinden sich eigentlich dauerhaft in einem Zustand, in dem Sie Ihr Portfolio
entschlacken müssen, weil obskure Alttarife Geld und Nerven kosten, selbst wenn
sich nur noch ein einziger Kunde darin befindet. Als erster Schritt in Richtung
Abschaffung bietet es sich an, keine neuen Kunden mehr in diese todgeweihten
Tarife wechseln zu lassen. Und wenn Sie es ernst meinen, dann gestatten Sie es
auch dann nicht, wenn Sie im Einzelfall mehr Geld verdient hätten.

Es ist auch denkbar, dass Sie Tarifwechsel verbieten wollen, deren bloße Verfügbarkeit den Kunden zu peinlichen Rückfragen veranlasst. Vielleicht haben Sie
in Ihrem Portfolio eine private Pricing-Systematik eingebaut und bieten das exakt
gleiche Produkt zu unterschiedlichen Preisen an. Kommt jetzt ein Kunde in den
Laden geschlendert, der eine recht teure Variante des Produkts bezieht, so sollten
Sie sich gut überlegen, ob Sie ihm die Möglichkeit eines Wechsels in eine güns-
tigere Variante gestatten wollen. Selbst wenn es gute Gründe gibt, ihm kulant zu
begegnen, könnte das Konsequenzen nach sich ziehen. Am Ende ist die Frage,
wie sehr Sie sich auf das kommunikative Geschick Ihrer Verkäufer verlassen können. Eine plötzliche Verbilligung eines Produkts kann man vielleicht als einen
Kulanzrabatt und seltenes Privileg verkaufen. Erfährt der Kunde allerdings, dass
Millionen anderer Kunden dieses Produkt schon immer für so wenig Geld beziehen, fühlt er sich verständlicherweise betrogen.

Marketing Manager wollen dem Kunden auf keinen Fall das Gefühl vermitteln, dass er seit Jahren aus Naivität in einem unnötig teuren Tarif sitzt, während
der Anbieter seinen gewitzteren Kunden die gleiche Leistung für weniger Geld
bietet. Deshalb sind Wechsel innerhalb von Private-Pricing-Varianten immer
streng verboten. Wenn man dem Kunden deswegen den Gefallen tun muss und
ihm einen Wechsel in eine niedrigere Grundgebühr gestattet, so nimmt man ihm
am besten auch etwas Leistung weg. Und zwar nicht, weil man das aus Gründen

der Wirtschaftlichkeit unbedingt müsste, sondern weil es für den Kunden nachvollziehbar ist. Er wird die bisher gezahlte Zusatzgebühr nicht als Betrug empfinden, sondern lediglich als den Preis der Leistung, auf die er nun verzichtet, weil er sie nicht braucht.

Nun waren dies ein paar Beispiele für Sonderregeln, die noch sinnvoll sind. Noch öfter haben aber Sonderregeln gar keine Berechtigung mehr. Sie hatten vielleicht vor sieben Jahren einen Zweck und wurden als Teil einer in sich schlüssigen Systematik entworfen. Als dann vor sechs Jahren diese Systematik in Ungnade fiel, wurde sie wieder verworfen. Dies geschah aber nicht ganz sauber und einige Regelfragmente blieben bestehen., was jedoch nicht auffiel, weil die externen Berater, die diese Regelkomponenten einst im Projektmodus gestalteten, bereits über alle Berge waren. Später traute sich niemand mehr, die überlebenden Fragmente aus den Logiken zu tilgen, da man nicht sicher sein konnte, ob sie nicht einen unbekannten Zweck erfüllen. So sammelt sich langsam, aber sicher ein Berg von unnützen Sonderregeln am Fuße Ihrer wohlüberlegten Grundsätze.

Wenn all dies im Titel als Verunreinigung bezeichnet wird, so ist das nicht polemisch gemeint. Die scharfe Trennung zwischen den Prinzipien, auf denen die reine Business-Logik errichtet wurde, und der instabilen Welt der Sonderregeln sollten Sie nämlich zu einem zentralen Gestaltungsgrundsatz erheben.

▶ Verhindern können Sie Sonderregeln nicht, sorgen Sie aber bitte dafür, dass sie den Blick für die Leitprinzipien nicht vernebeln.

Absolute Vorsicht ist geboten, wenn man von Ihnen verlangt, ganz bewusst diese saubere Trennung zwischen Ordnung und Chaos zu untergraben. Man wird vielleicht Ausnahmen wünschen, die direkt in Ihren durchdacht gestalteten Wirtschaftlichkeits-Mechanismus eingreifen. Das Marketing denkt wie bereits erwähnt in der Sprache der Produkte, nicht in der Sprache der Prinzipien. Man einigt sich mit Ihnen eventuell darauf, für ein bestimmtes Kundensegment die Toleranzgrenze bei minus zwei Euro zu setzen. Eine Simulation ergibt nun, dass ein wichtiges Produkt diesen Kunden dadurch nur in 37 % der Fälle zur Verfügung steht. Ansonsten werden alle Simulationsergebnisse aber wohlwollend aufgenommen. Was wird nun also verlangt? Die Grenze bleibt bei minus zwei Euro, nur bei besagtem Produkt soll zusätzliche Kulanz walten. Man vereinbart, dass dort eine zusätzliche Wertreduktion von minus 4,50 EUR gestattet werden soll. Jetzt haben Sie ein Problem. Die Komplexität greift um sich und dringt in Ihre Steuerungsprinzipien ein. Ihnen bleibt nur noch eine erneute Kapselung, in der produktspezifische Toleranzkoeffizienten wiederum in einem eigenen Reiter getrennt von der produktübergreifenden Kernlogik gehalten werden.

Dieses Bild soll Ihnen vermitteln, dass Sie bei der Gestaltung einer prinzipienbasierten Logik einen andauernden Krieg gegen oft fragwürdige Ausnahmeregelungen führen. Das müssen Sie akzeptieren und stets bemüht sein, Ihre
Kernprinzipien immer wieder zu säubern.

Die explizite Herleitung von Logikteilen aus diesen Kernprinzipien erlaubt es
überhaupt erst, effizient mit Business-Regeln zu arbeiten. So können Sie beurteilen, welche Teile man in Ihrem Verantwortungsbereich ignorieren darf und was
zur Übersichtlichkeit und Lösbarkeit Ihrer Aufgabenstellung beiträgt. Tab. 3.2
zeigt eine Übersicht dieser Zusammenhänge. Sie wissen, welche Regeln Sie nicht
von Ihrem Vorgesetzen genehmigen lassen müssen und welche er am besten mit
seinem Blut unterschreiben sollte. Denken Sie an den VW-Skandal um Emissi-
onswerte. Wenn man rechtliche und ethische Parameter als solche erkennen kann,
wird man es nicht einem Techniker überlassen, die Werte festzulegen, die dieser
auch nicht festsetzen will. Business-Logik sauber zu klassifizieren, ist deswegen überlebenswichtig für einzelne Karrieren wie auch für ganze Unternehmen.
Lassen Sie sich hier nie durch vermeintliche Pragmatiker von einer klaren Linie
abbringen!

Grundprinzipien der Business-Logik

Wenn Sie sich einem Wirtschaftsunternehmen arbeiten, das seinen Mitarbeitern jede Woche kühne Ziele und Deadlines setzt, erscheint es auf den ersten Blick wie zwanghaftes Schubladendenken, Marketingmaßnahmen und

Tab. 3.2 Die Steuerungsprinzipien sind nicht für alle Instrumente relevant

	Restriktion	Rabatte und Verhandlungs-budget	Strafgebühren	Empfehlungen	Prämie-rung
Wirtschaftlich-keit	+	+	+	+	+
Affinität	–	–	–	+	–
Ethik und Hygiene	–	–	–	+	+
Unternehmens-politische Ver-unreinigungen	+	+	+	+	+

Abgesehen von politischen Ausnahmeregeln benötigen die meisten Instrumente nur eine
Steuerung nach Wirtschaftlichkeit. Lediglich Empfehlung und Prämierung haben eine ethische Dimension

Business-Regeln nach hochtrabenden Prinzipien zu ordnen. Ist es nicht viel wichtiger, die Umsetzungsressourcen und Freigaben aufzutreiben, um die Maßnahme überhaupt realisieren zu können, anstatt eitle philosophische Betrachtungen über ihre ontologische Einordnung zu führen? Wenn Sie sich aber bewusst werden, dass in Ihrem Regelportfolio Hunderte bis Tausende einzelner Kriterien, Grenzwerte und Regeln vorliegen, man aber gleichzeitig von Ihnen erwartet, in Echtzeit belastbare Aussagen zu deren Abhängigkeiten und Konsequenzen zu machen, dann werden Sie sich früher oder später mit aller Kraft an strukturierende Prinzipien klammern. Sie benötigen sie in jeder Phase Ihres Tagesablaufs, denn daraus ergibt sich, wen Sie zu Terminen einladen müssen, welche Genehmigungsgremien ein Thema abnicken müssen und so weiter. Lassen Sie diese Chance ungenutzt, müssen Sie als Ordnungsprinzip auf die etablierte Organisationsstruktur zurückgreifen. Ob die hilfreich ist, ist aber Glückssache. Sie sollten sich Ihrer Organisationsstruktur nicht leichtfertig ausliefern.

Literatur

1. Bejou, D., T. Keningham, und L. Aksoy. 2006. *Customer lifetime value: Reshaping the way we manage to maximize profits.* London: Routledge.
2. Phillips, R. 2005. *Pricing and revenue optimization.* Redwood City: Stanford University Press.
3. Larose, D. 2006. *Data mining methods and models.* Hoboken: Wiley.
4. Kahneman, D., P. Slovic, und A. Tversky. 1982. *Judgment under uncertainty: Heuristics and biases.* Cambridge: Cambridge University Press.
5. Heidenreich, S., F. Huber, und J. Vogel. 2008. *Flatrates und die Faszination grenzenlosen Konsums. Eine empirische Studie in der Mobilfunkbranche.* Wiesbaden: Gabler.
6. Chomsky, N. 2012. *Making the future: Occupations, interventions, empire and resistance.* San Francisco: City Lights Books.
7. Herzberg, F. 1966. *Work and the nature of man.* Boston: Ty Crowell Co.
8. Brunner, J. 2003. CRM als Bestandteil einer wertorientierten Unternehmensführung. In *Customer Relationship Management: 12 CRM-Best Practice-Fallstudien zu Prozessen, Organisation, Mitarbeiterführung und Technologie,* Hrsg. M. Stadelmann, S. Wolter, T. Tomczak, und S. Reinecke, 81–96. Zürich: Verlag Industrielle Organisation.

Daten: Von Goldgräberstimmung mit wenig Gold

Warum Daten das neue Gold sein sollen

Zusammenfassung

Mit der Durchdringung aller Lebensbereiche durch das Internet ist die Datensammlung rasant angestiegen. Das „Bezahlen mit Daten" ist ein Geschäftsmodell geworden, das sich oft haarscharf an den Grenzen des Datenschutzes bewegt. Ziel dieser rasanten Entwicklung ist es, die Wünsche, Bedürfnisse und Gründe für die Aktivitäten meiner Kunden frühzeitig zu erkennen und daraus die richtigen Schlüsse zu ziehen. Es ist nicht immer klar, ob der Aufwand, der hier hineingesteckt wird, auch die entsprechende Wertsteigerung erzielt. Sich überlagernde Einmaleffekte aus dem Einsatz bestimmter Daten in Ihren Aktivitäten und externe Einflüsse verwischen die Zusammenhänge. Für die Wertsteuerungsinstrumente ist es aber unerlässlich, mit einer sehr hohen Sorgfalt die richtigen Daten für Ihre Regelwerke auszuwählen und Aufwand in ein qualitativ hochwertiges Datenmanagement zu stecken.

4.1 Wie Sie die Goldgräberstimmung überleben

Daten und Datensammlungen sind in aller Munde. Durch die neuen Möglichkeiten des Internets und des mobilen Datenzugriffs, sind immer mehr Menschen online. Potenzielle Neukunden und Ihre Bestandskunden tummeln sich dauerhaft im Internet und hinterlassen allerhand Spuren und damit auch Daten. Und zwar viele Daten, zum Beispiel indem sie sich Dinge anschauen, recherchieren oder auswählen. Es ist eine allumfassende Diskussion geworden, ob die großen Datensammler wie Google, Microsoft, Amazon & Co. das, was sie da machen, auch wirklich dürfen. Nutzern wird es immer wichtiger, diese ausgeprägte Sammelleidenschaft irgendwie einzudämmen und mehr Privatsphäre im Internet zu haben. Auf der anderen Seite der Medaille entstehen wirklich interessante Services,

© Springer Fachmedien Wiesbaden GmbH 2017
K. Zimmermann und F. Pensel, *Deep Customer Value*,
DOI 10.1007/978-3-658-17972-4_4

die auf diesen Daten basieren und mit deren Hilfe die Anbieter oft einen echten Mehrwert schaffen.

Hat der Kunde die Sicherheit, dass seine Daten nicht missbraucht werden, ist das die Basis für wirklich gute Kundenbeziehungen und ein echter Mehrwert (vgl. [1]). Die Balance zwischen Mehrwert und Missbrauch wird unsere Gesellschaft sicher noch eine Weile beschäftigen. In der Diskussion um Daten für die Wertsteuerungsinstrumente soll es jedoch weniger um die so heiß diskutierte Werbung und die daraus resultierenden Conversion Rates bei Neukunden und Bestellern gehen. Im Mittelpunkt steht die Steuerungslogik und die dafür benötigten oder interessanten Daten.

Sie sollten sich unbedingt damit auseinandersetzen, welche Themen bei der Datenauswahl zu beachten sind. Sie werden sehr schnell merken, dass das Auffinden der richtigen Daten für die richtigen Zusammenhänge einen gehörigen Anteil Ihrer konzeptionellen Arbeit ausmachen wird. Ein weites Feld beim Umgang mit Daten ist die Datenqualität. Geschwindigkeit bei der Implementierung von neuen Services ist dabei oft der größte Feind – ein Problem, was in operativen Prozessen sicher hier und da verschmerzbar ist. Ihre Logik wird hier sicher nicht so großzügig sein, wenn Sie sich nicht auf Datenqualitätsprobleme vorbereiten. In Summe wird also auch das Datenmanagement einen guten Teil Ihrer Aufmerksamkeit benötigen.

Der Vergleich mit den Goldgräbern ist gar nicht so weit hergeholt. Nicht alle, die sich aufgemacht haben, mit Gold das große Geld zu machen, sind auch damit nach Hause gekommen. Denn sie wussten oft nicht so genau, was man dazu tun muss, um es zu finden. Ebenso ist es bei den Daten!

4.2   Datenquellen – Viel hilft nur manchmal viel!

Für Ihr Deep Customer Value Verständnis spielen Daten heute schon eine große Rolle! Was wären Ihre Instrumente der Wertsteuerung ohne die Daten, die sie für deren Handhabung benötigen? Ihre Wertsteuerung sollte auf einem tiefen Verständnis Ihrer eigenen Produkte, der verschiedenen Verkaufssituationen, der handelnden Akteure, der Affinitäten Ihrer Kunden sowie der in diesem Zusammenhang involvierten Daten basieren. Für eine einwandfreie Funktion dieser Steuerung benötigen Sie zu jeder Zeit aktuelle, vollständige und relevante Daten. Dabei gilt: Je mehr Daten sie verwenden, umso mehr Komplexität müssen sie bewältigen. Es lohnt sich also, besonders sorgfältig zu sein. Sie müssen sich immer wieder die fachliche Frage stellen, ob sie wirklich die richtigen und relevanten Daten für Ihre Ziele nutzen. Das wird eine Daueraufgabe werden. Natürlich ist es unerlässlich dafür, zunächst Ihre eigenen Ziele möglichst genau zu kennen.

Die Diskussion um die richtigen Daten beginnt erfahrungsgemäß sehr früh bei der Beschäftigung mit der Wertsteuerung. Meist ist diese Diskussion unstrukturiert, unprofessionell und von allerhand Wunschdenken geprägt. Jeder hat sofort Ideen, welche Daten für eine Wertsteuerung unbedingt notwendig, zumindest aber äußerst interessant sind. Eine wirklich stichhaltige Begründung kann oft nicht geliefert werden, auch wenn sie überaus hilfreich wäre. Darauf müssen Sie sich vorbereiten.

Mit dem Fortschreiten der Digitalisierung wächst die Menge und Art an verfügbaren Daten ständig und extrem schnell. Dabei kann man zunächst mit vielen dieser Daten in unserem Sinne relativ wenig anfangen. Das liegt oft daran, dass eine große Zahl dieser gesammelten Daten hochgradig flüchtig ist, nur punktuelle Zusammenhänge zeigt und aus diesem Grunde eventuell nicht genügend Relevanz hat. Versuchen Sie deswegen den Umgang mit Daten möglichst früh zu strukturieren. So stellen Sie sicher, dass die Diskussion nicht dem Zufall oder der Überzeugungskraft einzelner überlassen wird.

Stellen Sie sich möglichst viele Fragen:

- Welche Daten kommen überhaupt infrage und warum?
- Wer besitzt diese Daten?
- Können interessante Daten vollständig und aktuell bereitgestellt werden?
- Dürfen Sie diese Daten in rechtlicher Hinsicht verarbeiten?
- Für welche Instrumente der Steuerung eignen sich diese Daten?
- Welchen inneren Zusammenhang mit der Steuerung vermuten Sie?
- Wie und nach welchen Aspekten können Sie diese Daten kategorisieren?

An der Menge unterschiedlicher Daten wird es also nicht mangeln. Die zuverlässigsten Daten können Sie aus den eigenen operativen Prozessen bereitstellen. Ein Grund dafür ist, dass Sie diese Daten mit Sicherheit Ihren Kunden exakt zuordnen können und selbst die erzeugende Quelle sind. Aber auch bei diesen Daten werden Sie nicht frei von Zweifeln sein, ob Vollständigkeit und Qualität gut genug sind. Schnell wird auch der Wunsch geäußert, zusätzliche Daten zu integrieren, um eine genauere, erfolgreichere Wertsteuerung zu erreichen.

Fassen wir die wichtigste Fragestellung als eine Art Ableitung aus Ihren Steuerungszielen zusammen:

▶   Welche Daten sollen und können in welchem Instrument der Wertsteuerung welche Rolle spielen und warum?

Wiederholen Sie diese Fragestellung im Prozess immer wieder. Als Ergebnis Ihres Fragekatalogs sollten Sie eine Kandidatenliste der Daten erstellen können, deren Rolle in der Wertsteuerung möglichst genau spezifiziert sind und für die Sie das „Warum" umfangreich analysiert haben.

Im Rahmen der fünf Instrumente der Wertsteuerung eignen sich Daten manchmal nur für ein Instrument, manchmal aber auch gleich für mehrere Zwecke. Sie können also in mehreren Logiken eine Rolle spielen und müssen eine Reihe von fachlichen und technischen Fragestellungen beantworten. Hierzu werden Sie eventuell Analysen durchführen müssen, wenn Ihnen die Antworten fehlen. Wenn Sie unsicher sind, könnten auch regelmäßige, wiederkehrende Überprüfungen sinnvoll sein, um sich immer wieder zu vergewissern, dass ein bestimmter Zusammenhang unterstellt werden kann. Für spezifische Themen lohnt es sich zudem, aus einer analytischen Aktivität neue, zusammengefasste Daten – sogenannte Scores oder Kennziffern – zu konzipieren. Ziel dieser Scores ist es, die analytische Komplexität zu kapseln. Das macht durchaus Sinn, da Sie im Zusammenhang mit den Daten jede Menge Komplexität bewältigen müssen. Normalerweise gibt es in größeren Unternehmen bereits einige Scores oder Kennziffern, die für Einzelsteuerungen oder in bestimmten Prozessen, Reportings oder Dashboards bereits verwendet werden. Aber Achtung, auch hier sollten Sie eine gehörige Portion Misstrauen an den Tag legen. Es ist nicht unbedingt gesagt, dass die Erzeugung eines Scores oder seine Benutzung in Prozessen wirklich etwas mit Wertsteuerung im neueren Sinne zu tun hat. Außerdem könnte es sein, dass die Aspekte der analytischen Herleitung nicht konsistent sind, weil unterschiedliche Bereiche diese unabhängig voneinander entwickelt haben. Scores, Kennziffern, Aggregationen, Durchschnitte und Trendwerte können gute Kandidaten für Ihre Instrumente sein. Mit welchen Daten Sie Ihre Logik aufbauen, wird eine Reihe von wichtigen Entscheidungen notwendig machen.

Darüber hinaus sollten Sie sich schon früh die Frage stellen, ob diese Arbeit einmalig ist oder ob Sie sich grundsätzlich darauf vorbereiten sollten, einen organisatorischen Prozess zu entwerfen, um Daten laufend neu zu identifizieren, zu bewerten und zu integrieren. Es lohnt sich, eine fortlaufende Aktivität zu etablieren.

▶ Definieren Sie einen Prozess der Datenidentifikation für die Wertsteuerung und verbessern Sie diesen Prozess immer wieder durch konsequente Benutzung!

Wie auch immer Sie die Wertsteuerung angehen – als Projekt, Programm oder aus der Linie heraus –, das Datenthema wird Sie nicht loslassen. Regelmäßig werden neue Datenattribute geschaffen, Sie haben die Möglichkeit, neue Datenattribute zu erhalten (z. B. durch externen Zukauf) oder auf diese sogar remote zuzugreifen. Je schneller Sie die Relevanz nach vorgegebenen Kriterien prüfen können, umso besser können Sie entscheiden. Denn auch die Integration von Daten bedeutet einen Aufwand, der effizient überlegt sein sollte.

Verknüpfen Sie die Datenidentifikation mit den Aufgabenstellungen zum Datenmanagement, also dem regelmäßigen Umgang mit Ihren Daten. Idealerweise sind Sie in der Lage, zu jedem Zeitpunkt eine Aussage zur Vollständigkeit, Aktualität und Qualität aller benutzten Daten zu machen. Dank Ihren Reportings und Analysen werden Sie in die Lage versetzt, die prognostizierte Relevanz Ihrer Daten mit beeindruckenden Ergebnissen unter Beweis zu stellen oder zu widerlegen. Beides wäre Zeugnis eines fortwährenden Lernprozesses. Aber bis dahin ist es noch ein weiter Weg.

Nennen wir die Summe aller Aktivitäten zur Datenauswahl, zum Dateneinsatz und zur Qualitätssicherung zusammenfassend Datenmanagement. Organisatorisch sollten diese Themen einen definierten Raum in Ihrer Projektorganisation und in der Linie haben. Etablieren Sie deswegen frühzeitig Datenmanagement als ein wichtiges Thema.

4.3 Datenidentifikation

Mit einem strukturierten, organisatorischen Prozess, an den sich jeder, der Daten in die Instrumente der Wertsteuerung einbringen möchte, halten muss, kanalisieren Sie die Datenidentifikation. Die Datenauswahl wird auf den Fachabteilungen (Vertrieb oder Marketing), in der IT und erst recht in den Projekten massiv unterschätzt.

In Abb. 4.1 sehen Sie drei grundsätzliche Gebiete, in denen Sie nach relevanten Daten fahnden können:

a. Eigene Daten, die bereits im Unternehmen direkt prozessual verfügbar sind; Daten zu Kunden aus allen Prozessen, die Ihr Unternehmen selbst betreibt oder auf die Sie vollen Zugriff haben.
b. Eigene analytische Daten, die meist im Zusammenhang mit Controlling- und Reportingaufgaben vorhanden sind und die manchmal auch bereits operativ genutzt werden.

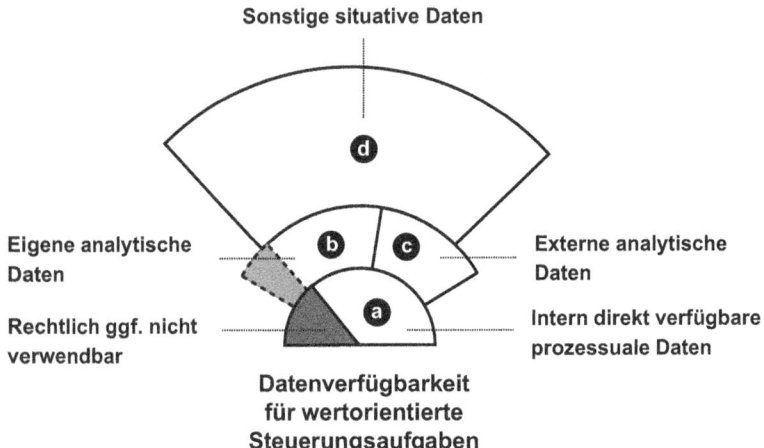

Abb. 4.1 Gebiete der Datenidentifikation

c. Externe Daten von Anbietern, die die Erhebung und den Vertrieb von Daten als Geschäftsmodell bieten.

d. Sonstige situative Daten aus der Cloud oder aber eine durch Sie selbst initiierte Neuerhebung von Daten durch Erweiterung Ihrer digitalen Systeme bis hin zur Integration der Datenerhebung in der Produktgestaltung.

Selbst bei Ihren eigenen Daten (a) werden Sie nur unvollständig und verteilt auf konkretes Wissen zur Aussagekraft und Verfügbarkeit stoßen. Das liegt meist daran, dass der Entwurf eines Attributs sowie die Entstehung der Software oft weit zurückliegen. Ein Anforderer, der die Hintergründe noch genau kennt, ist vielleicht nicht mehr identifizierbar. Daten sind einfach da. Wenn Sie Glück haben, gibt es noch eine sachliche Beschreibung ohne Hintergrund und Zielstellung. Eine Begründung für die Nutzung innerhalb der Wertsteuerung ist dies natürlich noch lange nicht.

Relativ häufig werden Sie den Fall antreffen, dass externe Daten (b) glorifiziert werden. Das kann zum Beispiel durch den externen Anbieter selbst erfolgen, der Ihnen das „Blaue vom Himmel" über seine vermeintlich neuen Daten und deren Mehrwert erzählt. Oder aber Kollegen aus dem eigenen Hause haben die Idee, externe Daten mit sagenumwobenen Wirkungen in die Wertsteuerung zu integrieren. Selbstverständlich gibt es qualitativ hochwertige und extrem nützliche externe Daten. Eben das macht die Trennung von Spreu und Weizen relativ schwer. Berücksichtigen Sie, dass der Einkauf von Daten Geld kostet und sich natürlich rechnen sollte. Typischerweise müssten Sie einen Business Case mit Ergebnissen aus Ihrer Steuerung und den damit langfristig verbesserten Values gegen die Kosten der Daten rechnen. Solange Sie noch keine funktionierende Wertsteuerung haben, könnte das schwierig sein.

▶ Bei teuren externen Daten kann es hilfreich sein, mit dem Anbieter einen Trial Run zu vereinbaren, der zumindest eine Idee des Business Cases erzeugen könnte.

Relativ neu ist das Konzept einer eigenen Datensammlung (c) im Zusammenhang mit der Produktgestaltung selbst. Freigiebigen Kunden oder Interessenten könnten Sie Rabatte oder Incentives anbieten, damit sie Ihnen Daten überlassen, die Sie gerne hätten (Stichwort: „Bezahlen mit Daten"). Das ist eine neue Art der Datenakquise, die mit zunehmender Digitalisierung immer mehr um sich greift und noch mehr Potenzial beinhaltet. Mit entsprechender Datenschutztransparenz ist gegen diese Art der Datensammlung auch grundsätzlich nichts einzuwenden. Die Fragen nach der Relevanz bleiben aber auch hierbei gleich und unterscheiden sich nicht.

Alle drei Gruppen von Daten haben eins gemein: Solange Sie in Ihren eigenen Steuerungen eine wirkliche Wirkung nicht nachgewiesen haben, können Sie weder sagen, wie wertvoll diese Daten für Ihre Steuerung sind, noch ob sie einen Wert haben.

Bietet Ihnen ein externer Anbieter verlockende Wirkungen seiner Daten an oder verspricht ein Produktdesigner vollmundig eine Wirkung neuer noch nicht bekannter Daten (z. B. durch den zeitgleichen Launch einer entsprechenden App zur Datenerhebung), so können Sie ruhig skeptisch sein.

Wenn Sie in Ihren Steuerungsinstrumenten oder den Analysen keinen wirklichen Bedarf identifiziert haben, so ist es schwer, eine konkrete Sammlung von Daten zu beauftragen. Oft entstehen derartige Aktivitäten aus wackligen Aussagen, basieren auf der Überzeugungskraft eines einzelnen Managers oder werden einfach nur als Forschungsaufgabe aufgesetzt – auch wenn es so nicht genannt werden darf. Der echte Nachweis eines Steuerungserfolgs unterliegt häufiger dem Zufall, als man denkt. Dies ist nicht verwunderlich, weil mehrere Änderungen an Ihrer Steuerung sich überlagern werden und Ursache-Wirkungs-Relationen nur schwer zu isolieren sind. Häufig endet dies in einem „Erfolg", durch den eben nur kein Schaden erzeugt wurde, der aber ergebnislos Kosten verursacht hat.

Integrieren Sie kein Datenattribut, ohne den Einsatz je Instrument zur Wertsteuerung begründen zu können. Zwingen Sie alle Beteiligten, diese Begründung so genau und umfangreich wie möglich zu formulieren. Wogegen sollten Sie sonst den Erfolg messen?

Beispiel

Die monatliche Grundgebühr des aktuellen Vertrags ist ein sehr gutes Beispiel für ein Datum, das Sie mit Sicherheit innerhalb Ihrer Logik verwenden wollen. Dieses Attribut eignet sich für Zusammenhänge in Bezug auf Restriktionen (geringere Grundgebühr), Verhandlungsbudgets oder aber für die Berechnung von Strafgebühren. Für Empfehlungen könnte es eine indirekte Rolle spielen. Bei der Prämierungslogik ist es eher uninteressant, da es ja hier vorrangig auf die Situation nach einer Veränderung ankommt.

Sie merken, es ist nicht leicht, sich aus dem Stand heraus eine Begründung zu überlegen, warum ein Datenattribut für die Wertsteuerung relevant sein sollte. Prüfen Sie die Rechtslage und Aspekte des Datenschutzes, die den Einsatz bestimmter Attribute einschränkt oder ganz verhindern könnten. Neben der Relevanz benötigen Sie Aussagen zur Verfügbarkeit der in Betracht gezogenen Datenattribute. Hierbei sollten Sie analysieren, ob dieses Attribut für die Kundengruppe, die Sie damit steuern möchten, wirklich vollständig und aktuell vorliegt. Technische Fragestellungen ergeben sich aus den Aspekten Ausfallsicherheit und Performance. Je nach Erzeugungs- und Zugriffsort der Datenattribute für die Regelwerke können diese Kriterien erfolgskritisch werden und maßgeblichen Einfluss auf die technische Architektur (siehe Kap. 9) und den Betrieb (siehe Kap. 10) haben.

Die folgenden wichtigen Dateneigenschaften werden Sie je „Datenkandidat" in Erfahrung bringen müssen. Diese Eigenschaften sollten Sie mit entsprechenden Kriterien im Zusammenhang mit Ihrer Systemlandschaft, Ihren technischen Steuerungskomponenten und Ihrer fachlichen Steuerungsplanung selbst überprüfen oder prüfen lassen.

- Relevanz/Einsetzbarkeit
- Verfügbarkeit/Performance
- Aktualität
- Vollständigkeit
- Struktur
- Qualität/Korrektheit

4.3.1 Relevanz/Einsetzbarkeit

Unter Relevanz ist die Begründung eines Einsatzes zur Wertsteuerung zu verstehen. Hier sammeln und konzeptionieren Sie die Begründung für jedes Datenelement, warum es für ein oder mehrere Instrumente der Wertsteuerung „relevant" ist. Unter Einsetzbarkeit sind Einschränkungen bezüglich der rechtlichen Verwendung oder aber auch Einschränkungen des Einsatzzwecks zu verstehen. Daten können nur für bestimmte Kundengruppen (Privat- oder Geschäftskunden) oder -arten, Produkte oder Zusammenhänge relevant sein. Recherchieren Sie rechtliche Aspekte zu personenbezogenen Daten oder zu dem Datenschutz in den jeweiligen Branchen.

4.3.2 Verfügbarkeit/Performance

Die Verfügbarkeit zu verarbeitender Daten hängt stark von der Menge, der Aktualisierungshäufigkeit und der benötigten Performance in Ihren Steuerungskomponenten (Regelwerken) ab. Das kommt wiederum darauf an, wo die Daten entstehen, gegebenenfalls veredelt werden und aktuell zur Verfügung stehen. Es kann sein, dass Sie umfangreiche Datenbereitstellungsprozesse konzipieren und entwickeln müssen, um eine problemlose Verarbeitung in Ihren Regelwerkssystemen zu ermöglichen. Es könnte sogar sein, dass Sie umfangreiche Systemarchitekturanpassungen vornehmen müssen, um eine schnelle Verarbeitung zu gewährleisten. Verfügbarkeit- und Performanceplanung ist eine größere Aufgabe der Infrastruktur- und Integrationsplanung. Die Performance- und Kapazitätsplanung sollte frühzeitig zusammen mit der IT-Organisation erfolgen, wenn Sie hier keine Überraschungen erleben wollen.

4.3.3 Aktualität

Es ist normal, wenn Sie sich über die Aktualität Ihrer Daten wenig Gedanken machen wollen und einfach mit der höchsten Aktualität planen. Doch das ist nicht immer eine gute Wahl. Da das Verhalten Ihrer Regelwerke massiv von den Inhalten Ihrer Daten abhängt, sollten Sie hier etwas genauer hinsehen. Nehmen Sie einen bestimmten Wert, der im Laufe eines Tages schwankt. In diesem Fall ist das ein extrem aktueller Wert, aber für eine Steuerung mit einem halbwegs planbaren Verhalten ungeeignet. Sie brauchen einen Wert, dessen Aktualität bezogen auf eine bestimmte fachliche Steuerungsaufgabe in Hinsicht auf eine prozessuale

Situation relevant ist. Hierfür kommen oft nur Aggregationen infrage, die auf einer zeitlichen Aktualität wie Woche oder Monat basieren. Es ist also nicht immer gesagt, dass Sie den aktuellsten Wert zur Steuerung nutzen sollten. In jedem Falle müssen Sie die Aktualität des Werts transparent machen und dieses Wissen bewusst berücksichtigen, sonst sind Ihre fachlichen Aussagen schlicht falsch oder verfehlen ihr Ziel.

Ein weiterer wichtiger Aspekt ist das Intervall der Aktualisierung eines Werts und die damit verbundenen Aktualisierungsprozesse. Dies trifft insbesondere bei Score-Werten zu. Bei einer großen Datenmenge benötigt allein der Aktualisierungsprozess eine gewisse Zeit und während dieser Aktualisierungen kann die Antwort Ihrer Regelwerke schwanken, unerwartete Ergebnisse erzeugen oder unverständlich sein. Die Analyse derartiger Anomalien ist eine trostlose Aufgabe, der Sie entgehen können, wenn Sie die Aktualisierungsprozesse kennen.

▷   Planen Sie genau, welche Daten in Echtzeit, mit täglicher, wöchent-
    licher oder monatlicher Aktualität zur Verfügung stehen sollen und
    können! Denken Sie zusammen mit der IT daran, die Aktualisierungs-
    prozesse qualitativ sicher zu planen.

4.3.4   Vollständigkeit

Vollständigkeit sollten Sie ebenfalls als ein Qualitätsmerkmal eines Datenattributs verstehen. Die Relevanz hilft Ihnen, den Steuerungszusammenhang zu benennen. Sind Ihre Daten jedoch nicht vollständig im Hinblick auf die Situation, in der Sie sie benötigen oder schwankt die Vollständigkeit durch andere Ursachen, werden Sie neue Probleme zu lösen haben.

Verwenden Sie ein Datenattribut in der Logik für eine definierte Auswahl an Kunden mit speziellen Eigenschaften (zum Beispiel Privatkunden mit einem bestimmten Produkt), beschränken Sie die Verwendung fachlich. Das ist auch korrekt, weil evtl. die benutzten Daten immer nur in diesem fachlichen Zusammenhang einen Sinn ergeben oder nur dafür korrekt vorliegen.

Normalerweise würde es nun ausreichen, dass derartige Attribute wirklich nur bei diesen definierten Kunden mit den entsprechenden Produkten, wie im Beispiel, vorhanden sind. Für eine große Logikmenge wird es eine sehr schwierige Aufgabe sein, die Notwendigkeit des Vorliegens bestimmter Datenattribute für die jeweils eingeschränkte Menge an relevanten Kunden auf einem sehr feingranularen Niveau zu formulieren und kontinuierlich zu überprüfen.

Auf der anderen Seite ist es etwas zu grob, wenn Sie die Vollständigkeit der Datenattribute immer auf die gesamte Kundenbasis beziehen. Es könnte sein, dass sie eine zu allgemeine und damit nicht korrekte Aussage erhalten. Sie laufen Gefahr, Vollständigkeiten von Datenattributen hinterherzujagen, die Sie gar nicht benötigen. Aber warum ist eine Aussage zur Vollständigkeit überhaupt so wichtig? Ihre Logik soll eine zuverlässige Steuerung übernehmen. Sie formulieren Zusammenhänge in einem Regelwerk. Dieses Regelwerk benötigt Daten, um die darin enthaltenen Entscheidungen treffen zu können. Fehlen diese Daten zum Zeitpunkt der Regelwerksausführung, so haben Sie nur zwei Möglichkeiten:

▶ 1. Sie planen in der Logik von vornherein ein, was zu tun ist, wenn ein Dateninhalt fehlt.

2. Sie stellen zu jedem Zeitpunkt sicher, dass alle Daten vollständig vorhanden sind.

Sie sind gut beraten, wenn Sie beide Möglichkeiten kombinieren. Vollständige Daten steuern Sie wie geplant. Alle anderen sind Fallbacks oder Fehlervermeidungsstrategien. Eine perfekte Wertsteuerung können Sie mit Fallbacks natürlich nicht erwarten. Durch Vollständigkeitsprüfungen in den Daten werden Sie zudem rechtzeitig auf das Fehlen von Daten – und das wird es geben – aufmerksam. Ist die fehlende Menge sehr klein (zum Beispiel kleiner als ein Prozent), dann ist eine Fehlsteuerung kalkulier- und verschmerzbar. Sinkt die Verfügbarkeit von Daten, müssen Sie sich klarmachen, was die Konsequenzen in Ihrer Steuerung sein werden und die Ursachen schnellstmöglich identifizieren.

4.3.5 Struktur

Die Datenstrukturen von zu benutzenden Daten können große Auswirkungen auf die Systemarchitektur haben und Sie sollten sehr zeitig wissen, ob Sie strukturierte Daten oder aber auch unstrukturierte Daten verarbeiten wollen oder sogar müssen.

Der Umgang mit unstrukturierten Daten kann technisch und fachlich schwieriger und damit aufwendiger sein, muss es aber nicht. In den letzten Jahren sind Big-Data-Technologien auf den Markt gekommen, die sehr gut mit unstrukturierten Daten umgehen können, weswegen deren Nutzung wächst. Der Mehrwert bei der Verarbeitung von unstrukturierten Daten kann zunehmen, wenn die Erkenntnisgewinnung aus dieser Arbeit selbst wiederum genutzt werden kann. Der Erfolg hängt von der Aufgabe ab, die mithilfe solcher Daten gelöst werden soll und das sollten Sie sich vorher überlegen, wenn nicht sogar ausprobieren. Ohne hier eine

Abhandlung über Big Data zu integrieren, ist die Nutzung von unstrukturierten Daten im Zusammenhang mit Steuerungsinstrumenten, die auf Logik basieren, schwierig. An den grundsätzlichen Aussagen bezüglich des Nutzens von Daten und in diesem Fall den Erkenntnissen aus Big-Data-Analysen für eine Wertsteuerung ändert sich dadurch nichts.

Auch hier sollte von der Idee bis zum Nachweis des Steuerungserfolges sauber gearbeitet werden. Da die Erstinvestitionen in Big Data grundsätzlich hoch ausfallen, müssten Sie schon eine Menge an Ideen mit großem Potenzial bündeln, um solche Technologien im Ersteinsatz zu rechtfertigen. In jedem Falle müssten Sie aber eine Trennschicht zwischen der Verarbeitung von unstrukturierten Daten, den daraus resultierenden Erkenntnissen (Ergebnis) und der Nutzung in den Regelwerken ziehen.

4.3.6   Qualität/Korrektheit

Leider kommt es nicht selten vor, dass Inhalte von Datenattributen nicht korrekt sind. Ursachen dafür gibt es reichlich: von Softwarefehlern bis zur missbräuchlichen Verwendung eines Attributs als Workaround. Je größer das Unternehmen, umso häufiger kommt so etwas vor. Scheuen Sie sich nicht, die Korrektheit der Ausprägungen eines Attributs zu analysieren, auch wenn der eine oder andere Kollege davon nicht begeistert ist. Sie werden sich wundern, wie Dokumentation und echte Daten auseinanderdriften können.

Warum ist eine Aussage zur Korrektheit so wichtig? Ihre Logik kann nur so gut sein wie die Vorbereitung der Instrumente auf die Dateninhalte. Eine Logik, die nur für vier Ausprägungen eines Werts konzeptioniert ist, wird mit anderen Werten kaum zurechtkommen. Die Schuld auf schlechte Daten zu schieben, wird Ihren Steuerungsmisserfolg auch nicht besser machen.

Bezüglich der Korrektheit von Daten haben Sie wiederum nur zwei Möglichkeiten:

▶ 1. Sie planen in der Logik von vornherein ein, was zu tun ist, wenn unvorbereitete Dateninhalte auf die Logik treffen.
   2. Sie stellen zu jedem Zeitpunkt sicher, dass alle Daten korrekt sind.

Auch hier sind Sie gut beraten, wenn Sie beide Möglichkeiten genau wie beim Thema Vollständigkeit (Abschn. 4.3.4) kombinieren und ähnlich vorgehen. Entstehen dann während des Betriebs neue Ausprägungen von Dateninhalten, so liegen entweder Softwarefehler vor oder es wurde eine Änderung umgesetzt, von der Sie nichts erfahren haben.

4.4 Datenmanagement und Datenfunktionen

Die Grundeigenschaften Ihrer Daten sichern das korrekte Funktionieren Ihrer Instrumente der Wertsteuerung in den Regelwerken. Zusätzlich werden Sie bestimmte Funktionalitäten für Ihre Daten benötigen, damit Sie zu jedem Zeitpunkt in der Lage sind, umfassend zu reagieren. Daten haben den Nachteil, dass sie in operativen Systemen leicht flüchtig sein können und es einen gewissen Aufwand bedeutet, einen Datenstand von vor ein paar Tagen zu recherchieren, falls Historienattribute technisch vorgehalten werden. Auch der Umstand der Komplexitätskapselung in Form von Aggregationen und Scorewerten könnte sich nachteilig bemerkbar machen, wenn Sie einen alten Wert recherchieren müssen. Für die Summe aller Ihrer Datenattribute geschieht das mit unterschiedlichen Perioden gleichzeitig.

Beispiel

Nehmen Sie an, auf Ihrem Schreibtisch liegt ein Fall, in dem behauptet wird, dass ein Kunde zu Unrecht vor fünf Tagen ein viel zu stark subventioniertes Produkt erhalten habe. Niemals könnte dies durch die Daten (aktuelle Daten des Kunden anbei) zu rechtfertigen sein. Ihr Regelwerk wäre falsch und müsste schnellstens korrigiert werden. Nun müssten Sie die fünf Tage alten Daten- und Regelwerkskonstellation (alle Daten, die Ihre Regelwerke für diese Art von Kunden verarbeiten) analysieren. Eventuell ist aber gerade der dritte Arbeitstag eines neuen Monats und am Ersten des Monats wurden die Regelwerke geändert. Gleichzeitig wurden zum Monatswechsel alle monatlichen Werte aktualisiert. Der Wochenwechsel ist vier Tage her und die Aktualisierung der wöchentlich aggregierten Werte demzufolge ebenfalls. Es kann viel Zeit in Anspruch nehmen, bis sie die richtige Konstellation aller Daten von vor fünf Tagen recherchiert haben.

Ein erstes Problem entsteht dadurch, dass zwischen Meldung und Erstanalyse eine gewisse Zeit vergeht. Ein zweites Problem könnte sein, dass der Kollege, der die Erstanalyse durchführt, nun aktuelle Daten mit dem zurückliegenden Fall vor einiger Zeit vergleicht. Das ist nicht korrekt, weil nicht die aktuellen Daten das Regelwerk steuerten, sondern die Daten zum Zeitpunkt der Regelausführung. Ohne tiefes Verständnis wird aber genau dieser Zeitdifferenzfehler bei der Analyse passieren.

Die Konzeption zusätzlicher Datenfunktionen ist meist für Recherchezwecke, aber auch für die Nachvollziehbarkeit der Arbeitsweise der Regelwerke sehr hilfreich bis unablässig. Es gibt viele Möglichkeiten, eine derartige Funktion zu etablieren. Sie sollten sich frühzeitig zusammen mit der IT über die Abdeckung derartiger Requirements Gedanken machen. Ein nachträglicher Einbau oder eine Erweiterung können problematisch und sehr teuer werden. An folgende Anforderungen zu Datenfunktionen sollten Sie denken:

- Fehlertoleranzfunktionen und geplante Fallback-Funktionen, falls Daten punktuell oder zeitweise nicht verfügbar sind
- Schnelle Datenreproduzierbarkeit für (Fehler-)Analysen (Protokollierung)
- Datentransparenzfunktionen, gegebenenfalls auch mit Sichtbarkeit am Frontend, um alle Akteure bei der Erstanalyse zu unterstützen.
- Datenqualitätsreporting und -monitoring

4.4.1   Fehlertoleranzfunktionen

Das wichtigste Ziel der Fehlertoleranzfunktionen ist die Sicherstellung der Arbeitsweise der Regelwerke, falls entsprechende Daten für eine Entscheidung fehlen. Typischerweise werden diese Funktionen direkt in die Regelwerke integriert. Die Art und Weise der Fehlertoleranzfunktionen sollte strukturell einheitlich sein. Das erhöht die Möglichkeit zur Wiederverwendung. Ein zusätzliches Requirement in diesem Zusammenhang ist die Protokollierung dieser Fallback-Situationen. Nur wenn Sie auswerten können, wie oft die Fehlertoleranzfunktionen in welcher Logiksituation zum Einsatz kommen, können Sie mit Sicherheit sagen, wie hoch der Impact auf die Steuerungsfunktionen ist.

4.4.2   Datenreproduzierbarkeit /Datenprotokollierung

Die in den Regelwerken verwendeten Daten können sich nach der Benutzung in der Logik ändern. Auch wenn alle derartige Daten eine separate Historienfunktion hätten, würde es sicher nicht so leicht sein, für eine nachträgliche Analyseaufgabe die richtigen Daten an einem vergangenen Zeitpunkt zusammenzusuchen. Es ist also eine lohnenswerte Funktion, wenn Sie im Regelwerk selbst oder in der Regelwerks-Interface-Schicht eine Datenprotokollfunktion integrieren, die die benutzten Dateninhalte mit einem Regelwerks-Request verknüpft und protokolliert. Gemeint sind ausnahmslos alle konsumierten Daten, aber auch temporär in den Regelwerken errechnete Zwischenergebnisse. Letztere sind sogar manchmal noch wichtiger, weil Sie das Ergebnis einer Logikroutine unweigerlich transparent machen werden. Technisch kann das in Logfiles oder direkt in einer Datenbank erfolgen. Das kann eine Unmenge an Daten produzieren, hilft aber überproportional bei der Fehleranalyse. Zusammen mit einer Visualisierungsfunktion, mit der Sie suchen und filtern können, werden Sie die eingesparte Recherchezeit schnell schätzen lernen.

Die Aufbewahrungsfristen für derartige Protokolle oder Datenbankinhalte sind nicht besonders lang. Meist können Sie die so protokollierten Inhalte regelmäßig nach höchstens drei Monaten wieder löschen. Sie sparen Platz und müssen sich über rechtliche Aufbewahrungszeiten keine weiteren Gedanken machen. Es sollte selten notwendig sein, auf Einzel-Request-Niveau länger als drei Monate zurück zu recherchieren.

Mit dieser schon sehr essenziellen Datenfunktion haben Sie aber die einmalige Gelegenheit, sich ein sehr wertvolles „Abfallprodukt" zu erschaffen. In der fachlichen Simulation (siehe Abschn. 7.3) im Zusammenhang mit der Kalibrierung erhalten Sie durch die Datenprotokollierung die Möglichkeit, alle Requests eines Zeitraums (zum Beispiel ein Monat) zu speichern. Mit ein paar wenigen Zusatzhandgriffen haben Sie also die Chance, die Außenbeziehung Ihrer Regelwerke bei einer Änderung nachträglich in einer Simulationsumgebung zu testen.

4.4.3 Daten- und Entscheidungstransparenz

Es ist nachvollziehbar, dass die in Ihren Regelwerken verwendeten Daten eine besondere Bedeutung für die Steuerung haben. Diese Daten sind zusammen mit Ihren Logiken dafür verantwortlich, wie sich die Steuerung verhält. In allen agentengeführten Kanälen werden Sie sich bemühen müssen, dass sowohl die Ziele als auch die Ergebnisse des Einsatzes der Regelwerke zumindest auf Ebene der Zielrichtung verstanden werden. Das ist oft nicht so leicht. Sie könnten Schulungen abhalten oder allen Mitarbeitern die Inhalte Ihrer Regelwerke im Detail erklären. Letzteres wird Ihnen wegen des damit verbundenen hohen Aufwandes wohl nicht gestattet sein. Sie sollten sich also frühzeitig Gedanken machen, wie Sie einige essenzielle Inhalte der Steuerung transparent machen können. Ein Teil der verarbeiteten Daten wird ohnehin bereits an den Frontends einsehbar sein. Deswegen ist es hilfreich, dass Sie weitere Daten oder Regelwerkszwischenergebnisse am Frontend anzeigen lassen, um die Nachvollziehbarkeit und das Verständnis zu erhöhen.

Für die Daten- oder Entscheidungstransparenz haben Sie zwei grundlegende Möglichkeiten:

- Anzeige entscheidungsrelevanter Daten und Zwischenergebnisse der Logik
- Anzeige generierter Entscheidungsaussagen, die den Abarbeitungszweigen Ihrer Logik entsprechen

Grundsätzlich ist gegen beide Varianten auch in Kombination nichts einzuwenden. Oft erscheinen die verbal produzierten Entscheidungsaussagen etwas künstlich, insbesondere wenn Sie nur wenige Logikverzweigungen haben und deswegen kaum Variationen existieren. Es gibt genügend Beispiele für Frontends, auf denen für den Bearbeiter relevante Informationen verstreut zu finden sind. Das ist sicher schlecht im Hinblick auf die Usability. Aber im Zusammenhang mit regelwerksgesteuerter Logik ist es ein wirklich inakzeptabler Zustand, wenn der User zur Erklärung seines Verhandlungsbudgets erst drei verschiedene Reiter bemühen muss, um nachvollziehen, warum diese so festgelegt sind.

4.4.4   Datenqualitätsreporting und -monitoring

Ohne ein Datenqualitätsreporting und -monitoring sollten Sie den produktiven Betrieb nicht aufnehmen. Wie im Abschn. 4.3 zur Datenidentifikation bereits beschrieben, sollten Sie für alle in Ihrer Logik zu verarbeitenden Daten die Verfügbarkeit, Vollständigkeit, Aktualität und vielleicht sogar die Korrektheit kontinuierlich überwachen. Idealerweise lassen Sie sich regelmäßig Reportings erstellen, die Ihnen einige grundlegende Aussagen zur Datenqualität erlauben. Damit Sie nicht zu viel Zeit mit der Auswertung der Reports verbringen, können Sie auch Automatisierungen vornehmen. Eine gute Idee ist die Umsetzung von Alerts bei Über- oder Unterschreitung von Warnschwellen im Rahmen eines aufzusetzenden Monitorings. So können Sie signifikante Veränderungen bei der Vollständigkeit oder fehlende Aktualisierungen von Scorewerten schnell identifizieren.

Als Erweiterung dieses Reportings könnten Sie einen Abgleich mit den Protokollen der Fehlertoleranz durchführen und haben dadurch vermutlich einen extrem guten Überblick über die Datenqualität und deren Auswirkung auf die Steuerungsfunktionen Ihrer Regelwerke.

Die Krux mit den Daten

Daten sind das Gold der Digitalisierung. Aber Vorsicht! Im Zusammenhang mit den Wertsteuerungsinstrumenten erweisen sich nicht alle Daten als relevant oder benutzbar. Auf Basis eines kontinuierlichen Datenidentifizierungsprozesses sollten Sie schon bei der Auswahl Sorgfalt walten lassen in Bezug auf eine Vielzahl von Auswahlkriterien. Für einen reibungslosen, produktiven Start benötigen Sie ein ausgewogenes, aber umfassendes Datenmanagement mit einigen wichtigen Datenfunktionen. Der sorgfältige Umgang mit den Daten, der Datenqualität und ein aktiver Ansatz zur Datentransparenz werden Ihnen die Steuerungsarbeit erleichtern.

Literatur

1. Bitcom Research GmbH und KPMG. 2015. Mit Daten Werte schaffen. Report 2015.

Wo wirkt die Steuerung: Dialog und Dramaturgie im Verkaufsprozess

Wie Steuerung als Hilfe und nicht als Schikane empfunden wird

Zusammenfassung

Bisher haben wir Steuerungsinstrumente besprochen, die Prinzipien folgen – zum Beispiel eine Restriktion aus Gründen der Wirtschaftlichkeit. Dies bleibt aber noch recht abstrakt, solange man sich nicht die konkrete Stelle im Verkaufsprozess ausmalt, an der diese Restriktion wirkt. Die Realität im Kundenmanagement besteht aus Menschen, die auf einem Bildschirm eine Eingabemaske und diverse Informationsanzeigen sehen und dabei gleichzeitig einen kurz angebundenen Kunden im Nacken sitzen haben. Sie versuchen, eine freundliche Interaktion in Gang zu halten, während sie gleichzeitig ein CRM-Frontend bedienen. In diese ohnehin schon höchst anspruchsvolle Situation mischen Sie sich nun mit Ihren Steuerungsabsichten ein. Wenn Sie dabei unklug agieren, machen Sie sich schnell Ihren eigenen Vertriebskanal zum Feind. Dass es dazu aber nicht kommen muss, soll dieses Kapitel zeigen.

5.1 Gibt es eigentlich einen Verkäufer?

Sie sollten Kontaktkanäle zu allererst danach unterscheiden, ob in ihnen ein menschlicher Verkäufer und Moderator waltet oder nicht. Ist ein solcher im Spiel, dreht sich die ganze Problematik des Dialogdesigns darum, diesem Verkäufer eine möglichst umfangreiche Spielwiese aus möglichen Angeboten zur Verfügung zu stellen, innerhalb derer Sie ihm dann bestimmte Angebote besonders hervorheben und Anreize für deren Verkauf in Aussicht stellen. Sie setzen den Verkäufer also in eine Sandbox und lassen ihm dort viel Freiheit zum kreativen Spielen. Sie vertrauen grundsätzlich auf seine Intelligenz und sein Verhandlungsgeschick und schubsen ihn dann nur noch sanft in die eine oder andere Richtung. Vielleicht

© Springer Fachmedien Wiesbaden GmbH 2017
K. Zimmermann und F. Pensel, *Deep Customer Value*,
DOI 10.1007/978-3-658-17972-4_5

sperren Sie einige Regionen der Sandbox aus Wertgründen ab, aber der Verkäufer hat Bewegungsfreiraum und kann noch viele eigene Entscheidungen treffen. In einem digitalen Kanal fehlt meist der intelligente Moderator. Sie denken nicht im Traum daran, dem Kunden die gleiche Sandbox anzubieten, in die Sie den Verkäufer setzen. Sie setzen dem Kunden eine kleine Anzahl von liebevoll drapierten Angebots-Bundles zu einem festen Preis vor. Diese Bundles müssen zwei zentrale Dinge leisten: Sie müssen einen Mehrwert für das Unternehmen bringen, aber auch für den Kunden interessant sein.

Auch im moderierten Kanal empfiehlt man dem Verkäufer einige Produkte, die besonders gut auf den Kunden passen könnten. Neben dem elitären Zirkel dieser Empfehlungen gibt es aber noch eine ganze Reihe von weiteren Angeboten, die zwar die Restriktionslogik passiert, es jedoch nicht ins grelle Scheinwerferlicht der Empfehlungen geschafft haben. Im digitalen Kanal gibt es hingegen gar keinen Unterschied zwischen Restriktionen und Empfehlungen. Was nicht empfohlen wird, existiert hier gar nicht.

Wir wollen die Dramaturgie des Verkaufsprozesses im durch den Verkäufer moderierten Kanal betrachten. Was Sie brauchen, ist ein Dialogdesign, das diese Dramaturgie abbildet und unterstützt. Ihre Steuerungslogiken müssen also an genau den richtigen Stellen wirken und es dem Verkäufer ermöglichen, das Gespräch zum Erfolg zu lenken. Dabei sind einige wichtige Designprinzipien zu berücksichtigen.

5.2   Keine Sackgassen und Fallen

Restriktionen müssen immer von vornherein sichtbar sein. Sie dürfen den Verkäufer keine Fallstricke legen, bei denen er dem Kunden ein gewisses Angebot erst schmackhaft macht, das sich dann in einem sehr späten Schritt während des Buchungsprozesses als nicht verfügbar entpuppt. Nichts ist peinlicher, als zwischenzeitlich Versprechungen oder Zusicherungen zu machen, die man später kleinlaut zurücknehmen muss. Stellen Sie sich vor, dem Kunden wurde ein bestimmter Tarif angeboten. Im Kopf rechnet der Kundenberater aus, dass dieses 30-EUR-Produkt mit dem beliebten Fünf-Euro-Jubiläumsrabatt auf 25 EUR gesenkt werden kann. Dies würde das Konkurrenzangebot unterbieten, mit dem der Kunde die ganze Zeit wedelt. Die gute Nachricht wird überbracht, der Kunde ist angetan. Ein paar Clicks später löst sich das Ganze aber wieder in Luft auf, als der Verkäufer dank der sperrigen Buchungsmaske erst drei Schritte nach der Tarifauswahl feststellt, dass dieser Rabatt nicht mit dem Tarif kombinierbar ist. So etwas gilt es unbedingt zu vermeiden.

Auch die Prämie, mit der der Mitarbeiter motiviert werden soll, muss immer früh in Aussicht gestellt werden, sodass der Verkäufer von Anfang an dem Lockruf der hochwertigen Produkte folgen kann. Es wäre sehr unpraktisch, wenn der Berater mühsam ein komplettes Angebot aus Tarifen und Rabatten zusammenstellen und durch drei Buchungsmasken hindurchführen muss, bevor am Ende für ihn erkennbar wird, wie sehr er selbst von der Transaktion profitiert.

Dies heißt aber auch, dass jede Information, die Prämien und Restriktionen beeinflussen soll, rechtzeitig im Workflow abgefragt werden muss. Ist denn eigentlich in der frühen Phase des Gesprächs schon klar, um was für einen grundsätzlichen Geschäftsvorfall es sich handelt? Geht es um den Abschluss eines Zusatzvertrags, eine Vertragsverlängerung, eine Erweiterung der Produktleistungen oder die Behandlung eines technischen Problems, einer Beschwerde oder gar einer Kündigung? Eine Verlängerung ist generell viel mehr wert als eine bloße Produktänderung und sollte zu kulanterer Restriktionslogik und großzügigeren Prämien führen. Diese wichtige Information darf also nicht der allerletzte Schritt im Warenkorb sein, sondern muss von Anfang an die Strategie hinter der Steuerungslogik bilden. Zudem muss man den Verkäufer aber auch dazu verpflichten, diese Rahmensituation zu einem frühen Zeitpunkt technisch bekannt zu geben.

Wir erinnern uns: einen Wechsel in einen Billigtarif wird die Restriktionslogik tendenziell ablehnen, außer der Kunde lässt sich im Gegenzug auf eine längere Laufzeit ein. Wenn Sie diese Abfrage erst am Ende des Buchungsprozesses ein, könnte dessen Betätigung also in letzter Sekunde noch mögliche Angebote aus dem Rennen werfen oder zum Leben erwecken. Das stört den Verhandlungsablauf erheblich.

Die Logiken müssen grundsätzlich alle in Echtzeit anwendbar sein. In dem Moment, wo sich etwas Relevantes im Verkaufsprozess tut, muss die Logik sofort die Konsequenz anzeigen. So kann es sein, dass zusätzliche Tarife und Produkte verfügbar sind, Verhandlungsbudgets steigen, die Mitarbeiterprämie sich senkt. Für diejenigen, die so etwas technisch umsetzen müssen, ist das eine echte Herausforderung. Es reicht nicht, die Logiken für alle Verträge in nächtlichen Batch-Prozessen durchzurechnen. Man braucht ein Regelwerk, das während der aktuellen Kontaktsituation kalkuliert und dafür nur Sekundenbruchteile benötigt. Viele Anbieter rühmen sich damit, Realtime Decisioning oder Realtime Recommendations zu beherrschen. Wenn Sie sich in dieser Richtung umsehen, prüfen Sie bitte sorgfältig, ob es sich nicht tatsächlich nur um eine Empfehlungsmaschine handelt. Denn wie schon mehrfach gesagt, sind Ihre wichtigsten Steuerungen die Prämien und Restriktionen, nicht die Empfehlungen.

Das Gebot, keine unnötigen Fallen und Sackgassen in den Workflow einzubauen, gilt aber nicht nur für Restriktionen und Prämien. Es ist gleichermaßen unpraktisch, wenn man den Werteffekt eines Bausteins (zum Beispiel die Höhe eines Rabattes) erst dann erkennen kann, nachdem man ihn ausgewählt hat. Dies führt zu ineffizientem Trial-and-Error-Verhalten.

Der Verkäufer hat beispielsweise noch 100 EUR Verhandlungsbudget übrig, erkennt in der Liste der Rabattaktionen eine, die er dem Kunden besonders schmackhaft machen könnte. Bevor er aber beginnen kann, rhetorisch alle Register zu ziehen, muss er auf den Rabatt klicken, um sicherzustellen, dass er das vorhandene Budget damit nicht überschreitet. Das lenkt ab und führt zu Verzögerungen.

Komfortabler wäre es sicher, wenn die Rabatte, die man sich mit dem gegenwärtigen Budget nicht mehr leisten kann, von vornherein ausgeblendet werden. Andererseits irritieren temporär unsichtbare Produkte oft die User. Der Verkäufer sollte schließlich im Hinterkopf behalten, dass bei einem Wechsel in ein Premiumprodukt ein verstecktes Portfolio an zusätzlichen Rabatten und Extra-Features freigeschaltet wird, die dem Kunden sonst nicht zur Verfügung stehen. Mit der Aussicht auf diese Features soll der Verkäufer ihn motivieren, sich den teureren Produkten zu nähern. Dies fällt schwer, wenn die hoch attraktiven Rabatte dem Verkäufer vorübergehend nicht angezeigt werden.

Die cleverste Lösung ist wohl, diejenigen Rabatte, die zwar existieren, jedoch das momentane Budget übersteigen, zwar sichtbar zu machen, aber zu markieren oder auszugrauen. Dies gibt dem Nutzer jederzeit die notwendige Information über die Möglichkeiten, die sich noch eröffnen würden, wenn er die teureren Produkte auswählt.

5.3   Spielen Sie noch oder buchen Sie schon?

Stellen Sie sich vor, Sie müssen eine Verkaufssituation mit einer Dialogmaske unterstützen, die eigentlich dafür gänzlich ungeeignet ist, da sie ursprünglich für einen reinen Backoffice-Anwendungsfall entworfen wurde. Im Backoffice ist es das höchste Gebot, alle technisch denkbaren Möglichkeiten zu haben, um einen verzwackten Problemfall irgendwie noch zu retten. An einen eleganten Arbeitsfluss, der parallel ein gut strukturiertes Kundengespräch ermöglicht, wird dabei nicht gedacht. Im Backoffice ist der Kunde weit entfernt. Der User kann tüfteln und herumprobieren.

Eine Backoffice-Maske strotzt deswegen oft vor ärgerlichen kleinen Schikanen, sodass Produkte beispielsweise nicht einfach per Drop-Down-Menü auszuwählen sind. Stattdessen muss der Anwender einen Produktcode von Hand eingeben, was höchst fehleranfällig und außerdem langsam ist. Damit will man sich sicher nicht herumschlagen, wenn ein launischer Kunde im Laden steht.

Buchungsmasken sind voll von technischer Komplexität, die das Verkaufsgespräch hemmt. Ein Lösungsansatz besteht deshalb darin, neben den Buchungsprozess eine Art „Spielprozess" zu stellen, der nicht mit konkreten Produkten arbeitet, sondern mit vereinfachten Abstraktionen. Man jongliert dann in dieser übersichtlichen Spielwelt mit einem einfachen Tarif „Medium" und einem Schalter „Studentenrabatt". Dabei ist irrelevant, welcher der 37 historisch angehäuften Rabattcodes für Studenten gemeint ist oder ob der Medium-Tarif von 2009 oder 2017 gilt.

In dieser Welt ist leicht ein Angebot zusammengestellt und es lassen sich auch viele echte Produktregeln sinnvoll nachempfinden. Wenn für den Tarif Medium kein Studentenrabatt zugelassen ist, kann man das erkennen. Auch vertragsindividuelle Regeln können in dieser Spielmaske antizipiert werden, beispielsweise wenn der Rabatt nur für jene Kunden zugelassen ist, die bisher maximal 17 EUR bezahlen.

Dieses Verfahren ist schnell und bequem, kann also gut der Untermalung eines Verkaufsgesprächs dienen. Der Nachteil ist natürlich, dass der Verkäufer am Ende eines erfolgreichen Gesprächs nicht einfach einen Button drücken kann, um den Auftrag ins Fulfillment zu schicken. Man hat bisher nur „gespielt", mit dem Kunden über Preise und Leistungen verhandelt, aber noch nicht das exakte technische Produkt festgelegt. Es gibt also noch nichts zu buchen.

Das bedeutet, man muss im Nachgang den beschwerlichen Weg durch die Buchungsmaske antreten und aus einer unhandlichen, langen Liste den passenden Rabatt-Code heraussuchen, der im jeweiligen Produktmodell für den gewünschten Tarif freigegeben ist. Heutzutage muss dies der Verkäufer gar nicht immer selbst tun: Während er schon wieder den nächsten Kunden umgarnt, hat er aus der Spielmaske heraus eine Auftragsbeschreibung generiert, die von einem kostengünstigeren Backoffice-Mitarbeiter auf einem fernen Kontinent in eine konkrete Buchung umgesetzt wird.

Das erscheint schon fast effizient, solange die Logik der Spielwiese dem Kunden nur Dinge verspricht, die die Logik der Buchungsmaske halten kann. Vollkommene Konsistenz von zwei Systemen, deren Entitäten auf ganz unterschiedlichen Abstraktionsebenen existieren, ist nicht einfach zu gewährleisten. Im schlimmsten Fall endet das darin, dass der Verkäufer eine Abmachung aus einem Kundengespräch hinterher wieder zurücknehmen muss. Deswegen ist es riskant, sich nur auf die Spielwiese zu verlassen und nicht gleichzeitig auch die technische Buchung durchzuführen. Besser ist es, die Buchungsmaske von vornherein so komfortabel zu machen, dass sie auch das „Spielen" und Ausprobieren unterstützt.

Wenn Sie dieses Kunststück versuchen und sich anschicken, Ihre technische Buchungsmaske in die dynamische Kundenverhandlung zu schicken, dann
begegnen Ihnen sofort gewisse Probleme dabei, in so eine Buchungsmaske auch
noch Steuerungslogik und Restriktionen einzubauen. Stellen Sie sich also vor,
die bürokratische Backoffice-Maske ist bereits auf eine Weise strapaziert wird,
die nie vorgesehen war. Anfänger im Callcenter laufen schnell Gefahr, in die
beschriebenen Fallen und Sackgassen zu tappen. Mit der Zeit lernen sie zwar,
die tückischen Stolperfallen zu umgehen und sich mit der Situation einzurich-
ten. Da der Beruf des Callcenter Agents jedoch eine notorisch hohe Fluktuation
hat, erscheinen leider immer wieder neue Mitarbeiter auf der Bildfläche, die man
aufwendig einarbeiten muss und oft schon während der Lernphase wieder verliert. Die „alten Hasen" sind hingegen Änderung ihrer Arbeitsweise gegenüber
feindselig eingestellt, denn sie befürchten zu Recht neue Fallstricke und Hürden
und damit peinliche Gesprächssituationen, schlechtere Zielerfüllung und weniger Einkommen. Ein Betriebsrat fungiert in einer solchen Situation hauptsächlich
als Bewahrer des Status Quo. Man erwartet von ihm, dass er alles abwendet, was
möglich ist, denn Neuerungen sind erfahrungsgemäß schlecht.

Sie hingegen spüren in Ihren Kennzahlen, dass diese Verkäufer unwirtschaftliche Aufträge erzeugen. Das kann man ihnen nicht verübeln, denn sie sitzen
vor einer Backoffice-Buchungsmaske, die immer alles erlaubt ist, was technisch
möglich ist. Man kann ohne jegliche Einschränkungen Kundenwert verbrennen, indem man dem Kunden genau die Deals gibt, die er verlangt. Das ist ein
beständiges Risiko, gegen das Sie nun vorgehen wollen. Sie wollen wirtschaftliche Restriktionen in dieses System einbauen, die es dem User schlicht unmöglich
machen sollen, übermäßig schädliche Aufträge zu erzeugen.

Wenn Sie das falsch angehen, werden der Betriebsrat sowie das Callcenter
Management oder gleich die Vertriebsleitung sich Ihnen in den Weg stellen. Man
bedenke: Nach langen, qualvollen Jahren haben die unverwüstlichen Agents endlich die nötige Erfahrung gesammelt, um das Ergebnis einer ganzen Clickfolge
vorherzusehen und somit Sackgassen während der Gesprächsführung zu vermeiden. Sie wissen inzwischen, welche Tarife zu welchen Rabatten passen und
machen keine leeren Versprechungen mehr. Und nun wollen Sie diese erlernbaren
Zusammenhänge durch eine intransparente Restriktionslogik verkomplizieren,
die auch noch vertragsindividuell ist. Einem vermeintlich kündigungsgefährdeten
Kunden können Sie einen Deal aus Tarif X und Rabatt Y bieten, weil die hochin-
telligente Logik entschieden hat, dass man hier kulant agieren muss. Dem nächsten Kunden verweigert diese Logik aber den gleichen Deal, weil ein anonymes
Gefährdungsmodell in der Logik beschließt, dass dieser Kunde nicht sonderlich
gefährdet und deswegen keine übertriebene Kulanz vonnöten ist.

Der Workflow, den Sie vorschlagen, gibt aber nirgends einen Einblick in die Interna der Logik oder die daraus resultierende Einstufung des Kunden. Sie haben ein System geschaffen, in dem das Verhalten der Maske für den Verkäufer prinzipiell unvorhersehbar ist. Agents müssten nun lernen, ihre Gesprächsführung noch defensiver zu gestalten und sich mit Versprechungen so lange zurückzuhalten, bis sie alle Clicks ausgeführt haben, um zu sehen, ob sie in einer Sackgasse gelandet sind. Wenn aber rein theoretisch jeder Tarif ein solcher Fallstrick sein kann, dann versucht der Agent vielleicht fünf verschiedene Pfade, bis er den bestmöglichen Weg gefunden hat und das passende Angebot aussprechen kann. Den Kunden so lange bei Laune zu halten, ohne ihm ein konkretes Angebot zu machen, ist schwer bis unmöglich. Wenn Sie in einem Callcenter für einen solchen Ansatz werben, werden Sie wahrscheinlich wenig Erfolg haben. Es gibt jetzt drei Auswege aus dieser Misere:

Erstens, Sie bauen die eben beschriebene separate Spielmaske. Die Wirtschaftlichkeitsregeln integrieren Sie nur in diese Maske. Da Sie diese Maske neu bauen, haben Sie es in der Hand, sie so zu gestalten, dass zum Beispiel Restriktionen nicht zu Sackgassen führen. Sie müssen dazu aber wissen, wer im Backoffice das Ergebnis des „Spiels" in die konkrete Buchungsmaske überführt und was seine Motivation ist. Hier gibt es ein Fraud-Potenzial: Jemand könnte bei der Übertragung etwas Anderes buchen als das Ergebnis der Spielmaske. Auch wenn in der Spielmaske also unwirtschaftliche Transaktionen erfolgreich unterdrückt werden, könnten sie in der Buchungsmaske doch noch auftreten.

Wenn die Buchung hingegen von genau den Agents ausgeführt wird, die auch den Kundenkontakt begleiteten, muss man sich über ihre Zielvorgaben und Motivationen im Klaren sein. Tragen sie in der Buchungsmaske auch genau das ein, was sie eben in der Kontaktmaske angegeben und vorerst konsequenzlos gespeichert haben? Mittels einem Reporting kann man kontrollieren, dass dabei kein Fraud um sich greift. Aus rechtlichen Gründen können Sie durch ein Reporting keine individuellen Übeltäter überführen, aber sie können den Callcenter-Dienstleister anmahnen, wenn die Protokolle der Kundenmaske zu häufig nicht mit der Buchungsmaske übereinstimmen. Wird die Buchung jedoch von einem speziellen Backoffice-Team durchgeführt, das nur nach Menge bezahlt wird und deswegen keine Motivation zum Betrug hat, entfällt eine dermaßen enge Kontrolle.

Der zweite Ansatz besteht darin, Restriktionen in die tatsächliche Buchungsmaske einzubauen. Aber das führt dazu, dass Sie sich erstens bei der Gestaltung der Logik zügeln und zweitens Zwischenergebnisse in der Maske sichtbar werden lassen, um das Verhalten doch transparent und vorhersehbar zu machen. Zunächst einmal halten Sie die Logik also einfach genug, damit die Nutzer sie verstehen. Komplizierte Scorings sind ohnehin überbewertet, deswegen lassen Sie so etwas in diesem Fall weg und verwenden nur Regeln, die Sie problemlos erklären können. Machen Sie zudem die Zwischenergebnisse Ihrer Logik im Frontend sichtbar. Wenn zum Bespiel alles von der Risikobewertung des Kunden abhängt, dann zeigen Sie dem Agenten diese Risikoklassen an – und zwar ganz am Anfang des Workflows. Damit versetzen Sie den Nutzer in die Lage, das Verhalten des Systems wieder besser vorhersehen zu können.

Der dritte Ansatz ist der schwierigste, führt aber zu den besten Resultaten. Mit noch etwas mehr Aufwand und Intelligenz können Sie den User ganz davon entbinden, etwas vorhersehen zu müssen. In unserem Beispiel scheiterte das Verkaufsgespräch, als ein Agent einem Tarif eine Rabattierungsfähigkeit unterstellte, die dieser nicht hatte. Sie könnten aber beispielsweise in die Maske eine Funktionalität einbauen, die von vornherein zu jedem Tarif den maximal rabattierten Preis anzeigt unter Berücksichtigung aller möglichen Rabatte, ihrer hart codierten Abhängigkeiten zu Tarifen, der aktuellen Risikoklasse des Kunden sowie der daraus resultierenden Kulanz. Sie geben so immer eine Vorschau über die (aus Ihrer Sicht) höchste Rabattierung einer Produktkonfiguration, ohne dass sich der Verkäufer diese Information erst erarbeiten muss.

Das ist technisch und logisch eine Herausforderung, aber das Resultat ist ein Triumph im Callcenter. Sie bringen den leidgeprüften Agents eine echte Erleichterung, die sie verstehen und zu schätzen wissen. Durch die automatische Berechnung der maximalen Rabattierung braucht der User keine Vorhersagen mehr zu machen und kann seine kognitiven Ressourcen voll in die Argumentation gegenüber dem Kunden stecken. Das Callcenter ist weniger abhängig von den Erfahrungen alter Hasen und kann auch Neulinge sofort profitabel einsetzen. Der Betriebsrat wie auch die Vertriebsleitung sind begeistert. Und gleichzeitig haben Sie es vollbracht, die wirtschaftliche Restriktion, mit der Sie ja Geld verdienen wollen, in einem Kanalsystem unterzubringen.

5.4   Keine falschen Versprechungen bei der Prämierung!

Wenn Sie Prämierung nach einer bestimmten Logik steuern wollen, müssen Sie diese Logik nicht nur zur tatsächlichen Ausschüttung des Prämienbetrags verwenden, sondern auch bereits bei einer Echtzeit-Prämienanzeige während des Verkaufsgesprächs einsetzen. Steuerung funktioniert nur, wenn etwas in Aussicht gestellt wird. Das führt zu der Frage, ob diese Anzeige verbindlich sein kann. Wie schlimm wäre ein Fehler oder eine systematische Inkonsistenz? Kommt es zu Eskalation oder zumindest Widerstand, wenn die tatsächlich ausgezahlte Prämie von der vorher angezeigten abweicht?

Prämierung ist ein Teil der Entlohnung von Mitarbeitern und wird daher besonders genau von Kontrollinstanzen wie Betriebsräten und Wirtschaftsprüfern beäugt. Die anderen Logiken haben zwar kommerzielle, aber keine so dramatischen rechtlichen und politischen Konsequenzen. Schlechte Restriktionslogik kann ein Unternehmen ruinieren, ist aber rechtlich meist unbedenklich. Schließlich ist man nicht verpflichtet, dem Kunden ein bestimmtes Produkt zu verkaufen – zumindest solange man es einem Bestandskunden in seinen bisherigen Verträgen nicht zugesichert hat, den Wechsel innerhalb eines bestimmten Portfolios jederzeit zu ermöglichen. Prämierung ist da brisanter.

▶ Wer sich traut, innerhalb eines Verkaufs-Workflows den Mitarbeiter anzuspornen, indem er ihm eine Prämie verspricht, der muss dieses Versprechen auch unbedingt halten.

Wenn Sie sich den oben beschriebenen Spielprozess gönnen, der die historischen Komplexitäten Ihrer Produktwelt abstrahiert, dann müssen Sie beim Einbau einer Prämienvorschau besonders vorsichtig sein. Der Nutzer kann beim Betrachten dieser Prämie noch nicht einmal sicher sein, dass es ihm gelingt, das vereinbarte Produkt mit allen seinen Facetten tatsächlich so in der Buchungsmaske umzusetzen. Verbindlichkeit von Prämienanzeigen ist daher kaum zu erreichen. Sie müssen prüfen, ob diese Unsicherheit für die Nutzer in den Vertriebskanälen akzeptabel ist. Vielleicht wird man Ihnen zustimmen, dass eine ungenaue Vorschau immer noch besser ist als gar keine Vorschau in der Spielmaske. Und dass es besser ist, eine solche Spielmaske zu haben, statt in Echtzeit die Buchungsmaske bedienen zu müssen. Ein Konsens ist möglich, aber Sie müssen ihn vor dem ersten Einsatz der Maske herstellen.

5.5 Dramaturgie des Angebots

Die Art und Weise, wie sich die erlaubte Kombinatorik von wertrelevanten Angebotsbestandteilen im Frontend bemerkbar macht, muss der Dramaturgie der Gesprächsführung entsprechen. Zum Beispiel gibt es einerseits bepreiste Leistungsbestandteile, wie Tarife und Optionen, Dienste und Datenpakete. Anderseits gibt es aufwendig kommunizierte Rabattaktionen mit schillernden Namen, die beim Kunden hängen bleiben. Ein Zehn-Euro-Rabatt ist nicht nur eine einfache Preisreduktion, sondern wird als Jubiläumsaktion, Treuebonus, Seniorenrabatt und so weiter vermarktet. Der Kreativität sind da keine Grenzen gesetzt. Manche Rabatte sind an einen festen Zeitraum gebunden, andere an bestimmte Kundengruppen wie Studenten, Rentner, Behinderte, Schüler, ADAC-Mitglieder und viele mehr.

Wissen Sie, was im Kopf Ihres Kunden vorrangig ist? Es kann sein, dass er gar nicht bei einem Tarif beginnt. Vielleicht fragt er ganz zu Anfang gezielt nach einem Studentenrabatt und will erst im zweiten Schritt wissen, welche Tarife es innerhalb dieser Rabattaktion gibt. Oder denken Sie, dass der Kunde eher auf den attraktiven Tarif mit dem großen Datenpaket aus ist, das endlich all seine Streaming-Bedürfnisse erfüllt und erst im zweiten Schritt denkt er über etwaige Rabattaktionen nach, für die er vielleicht infrage kommt?

Als Designer einer Verkaufsmaske muss man eine Annahme über die Dramaturgie des Gesprächs treffen und dann die optische Anordnung, aber auch die technischen Hintergrundprozesse entsprechend gestalten. Nehmen wir an, es besteht eine bestimmte Abhängigkeit zwischen Rabatten und Tarifen: Es lassen sich nur jene Kombinationen bilden, die in einer Whitelist explizit verzeichnet sind. Diese Abhängigkeit kann sich nun je nach Dramaturgie unterschiedlich bemerkbar machen. Entweder man führt den Nutzer zunächst zu einer Rabattauswahl, evaluiert anschließend, welche Tarife auch nach Abzug des Rabatts noch für diesen Kunden wirtschaftlich sind und zeigt nur diese an. Oder aber, man führt ihn zuerst zu einer Tarifauswahl und sortiert daraufhin all jene Rabattaktionen aus, die bei diesem Tarif zu einem unzulässig niedrigen Umsatzdelta führen würden.

Das kann nicht zufällig entschieden werden, indem man neue Steuerungselemente einfach dorthin setzt, wo Platz auf der Maske ist. Sie müssen die Verkaufsmaske basierend auf einem tiefen Verständnis der Grundhaltung Ihres Kunden gestalten.

Wo wirkt die Steuerung?

Wie so oft stehen Sie auch hier wieder vor einem Dilemma. Sie haben Steuerungsziele, die Sie einem Vertriebskanal aufzwingen müssen. Die Kunst, einen Kunden zum Abschluss zu überreden, ist jedoch sehr leicht gestört, wenn man von außen in erprobte Situationen eingreift. Wie soll der Verkäufer weiter erfolgreich sein, wenn der realitätsferne Marketingtheoretiker ihm ständig die besten Angebote vom Regal nimmt und dies auch noch bei jedem Kunden auf neue, unvorhersehbare Weise geschieht? Üblicherweise hat niemand im Betrieb Verständnis für einen solchen Ansatz. Setzen Sie Ihr vollstes diplomatisches Geschick ein, um die Verantwortlichen aus diesem Bereich rechtzeitig von Ihrem Vorhaben zu überzeugen. Wenn der Aufschrei aus dem Callcenter oder dem Handel ertönt, wird es zu spät sein.

Zusammenfassung

In den vorangegangenen Kapiteln konnten Sie die elementaren Steuerungsmechanismen sowie die Prinzipien und Zielstellungen, nach denen sich diese Steuerung jeweils ausrichtet, kennenlernen. Sie bilden den Rahmen und die Orientierung, es bleibt noch die Aufgabe, die jeweiligen Logiken so zu gestalten, dass sie allen praktischen Anforderungen des kommerziellen Betriebs genügen. Was nützt Ihnen eine Logik, die so kompliziert ist, dass kein Mitarbeiter sie verstehen kann? Wenn Sie sich aber auf Vereinfachungen einlassen, sollten Sie dabei nicht die Fähigkeit verlieren, jeden Kunden individuell zu behandeln. Wenn Sie sich an gewisse Designprinzipien halten, können Sie ziemlich viele fachliche Ansprüche gleichzeitig befriedigen, ohne durch eine Komplexitätsexplosion Potenziale zu übersehen, dramatische Fehler zu begehen oder ganz den Überblick zu verlieren.

6.1 Komplexität ist nicht gleich Kompliziertheit

Dieses Thema lässt in einen Meta-Diskurs über Komplexität und Kompliziertheit einordnen, der bekannter Weise von Gerhard Wohland und Matthias Wiemeyer behandelt wurde [3]. Mit Blick auf das Thema Business-Logik-Design lässt sich folgende Unterscheidung formulieren:

▶ An Komplexität ist die Realität schuld, an Kompliziertheit schlechte Designentscheidungen.

© Springer Fachmedien Wiesbaden GmbH 2017
K. Zimmermann und F. Pensel, *Deep Customer Value*,
DOI 10.1007/978-3-658-17972-4_6

Reden wir zuerst über Komplexität. Sie ergibt sich von allein aus der Aufgabe, die Sie sich gestellt haben. Sie müssen mehrere Produkte mit vielen Leistungskomponenten an Kunden mit unterschiedlichen Eigenschaften, Bedürfnissen und Befindlichkeiten verkaufen. Dabei müssen Sie einen Markt mit zahlreichen Wettbewerbern, Partnern und Zulieferern im Auge behalten, den technischen Fortschritt antizipieren, rechtliche Rahmenbedingungen berücksichtigen und vieles mehr. Wenig davon können Sie vermeiden. Sie könnten Ihre Produktvielfalt reduzieren, aber das schadet Ihnen sicher mehr als Komplexität. Damit schöpfen Sie Kundenpotenziale nicht aus und gefährden Ihren Marktanteil, was selten eine gute Idee ist. Der Ruf nach echter Komplexitätsreduktion ist sehr leichtsinnig, wenn man ihn ernst meint.

Komplexität darf man auch nicht mit Menge verwechseln. Sie haben vielleicht viele Millionen von Kunden. Wenn Sie alle gleichbehandeln, haben Sie trotzdem keine Komplexität. Selbst wenn Sie beginnen, die Kunden differenzierter zu behandeln, sie beispielsweise in fünf Segmente unterteilen und mit je fünf Maßnahmen und Programmen ansprechen, ist das noch nicht komplex. Möglicherweise behandeln Sie einige Kunden dabei völlig falsch, aber damit können Sie leben, solange Ihre Maßnahme sich insgesamt rechnet. Wenn Physiker das Verhalten eines Gases beschreiben wollen, brauchen sie auch nicht die Bewegung der einzelnen Moleküle zu messen oder zu verstehen: Deren zufällige Kollisionen gleichen sich tendenziell aus und man kann das globale Verhalten rein stochastisch beschreiben. Gleiches gilt für Ihre Kunden: Sie können oft auch mit ihnen rein stochastisch arbeiten, denn solange wir „nur" von Wirtschaftlichkeit und kommerziellen Zielen sprechen, kann ein einziger Kunde Ihnen niemals ernsthaft schaden, selbst wenn er einen zu günstigen Tarif wählt oder sogar kündigt. Er ist ja nur einer von Millionen. Hier muss keine Komplexität entstehen.

Etwas vorsichtiger sollte man über Ethik und Hygiene urteilen. Stellen Sie sich vor, Sie haben 0,1 % Ihres Kundenbestands unethisch behandelt und diese Kunden getäuscht, zwar nicht in böser Absicht, sondern weil Sie es versäumten, Hygieneprinzipien fest in den Prozessen Ihres Tagesgeschäfts zu verankern. Wenn Sie fünf Millionen Kunden haben, beläuft sich das auf 5000 sehr verärgerte Konsumenten. Darunter sind möglicherweise Hunderte von Anwälten, Bloggern und pensionierten Lehrern mit ausgeprägtem Gerechtigkeitssinn, von denen einige eine Protestkampagne starten, auf die die Medien aufmerksam werden. Wenn es um Ethik geht, können wenige Kunden Ihnen eben doch sehr schaden. Das wollen Sie auf jeden Fall vermeiden. Das ist eine große Herausforderung, denn um auszurechnen, welche Maßnahme bei welchem Kunden unethisch wäre, müssen Sie oft die Einzelheiten seines bisherigen Produkts bedenken. Welche Leistung bezieht er heute und was zahlt er dafür? Inwiefern würde er sich verschlechtern oder verbessern?

Und das bringt uns zur eigentlichen Ursache der Komplexität. Sie entsteht nicht aus Ihren Millionen von Kunden, sondern aus Ihren Hunderten oder Tausenden von Produkten. Über die Jahre hinweg verlangten der Markt und der Wettbewerb von Ihnen, ständig neue Features, Leistungen, Preismodelle und Vertragskonstrukte zu entwickeln. Kunden schlossen zu jeder Zeit Verträge über Produkte ab, viele reagierten später auf Ihre Marketingmaßnahmen und wechselten zu aktuelleren Angeboten, andere bleiben aber bis heute in ihren ursprünglichen Tarifen. Jeder Tarif, den Sie jemals angeboten haben, verfolgt Sie also bis heute. Einige können Sie wirtschaftlich vernachlässigen, nicht aber, wenn es um ethische Grundsätze geht – und vor allem nicht bei rechtlichen Themen.

Selbst wenn es nicht um Ethik-Fragen geht, können Sie mit Ihren historisch angesammelten Produkten niemals stochastisch agieren. Ein einziger Kunde kann Sie nicht wirtschaftlich ruinieren, ein einziges Produkt schon. Wenn Sie ein einzelnes Produkt in einem Vertriebskanal hinsichtlich einer spezifischen Leistungseigenschaft falsch konfigurieren, kann Sie das teuer zu stehen kommen. Denn vielleicht ist es eben das wichtigste Produkt, das Sie im relevantesten Vertriebskanal gestört haben. Möglicherweise funktioniert es nun gar nicht mehr, wird falsch abgerechnet oder von Verkäufern in großen Mengen an die falschen Bestandskunden verkauft. Dies ist die Komplexität, mit der Sie umgehen müssen.

Komplexität an sich ist also schon herausfordernd genug. Aber oft kommt auch noch Kompliziertheit dazu. Sie ist die Folge schlechter Entscheidungen. Aufgrund einer langen Geschichte von mangelnden Abstimmungen, hektischen Workarounds und fehlenden architektonischen Guidelines erhält man eine Logik, die sich kaum noch auf wenige elegante Prinzipien zurückführen lässt. Daran kann man in Bezug auf die Steuerung nur scheitern. Der Ruf nach Komplexitätsreduktion muss also eigentlich ein Ruf nach Kompliziertheitsreduktion sein.

In Ihrem Unternehmen finden Sie garantiert beides vor. In Anlehnung an Reinhold Niebuhrs Gelassenheitsgebet brauchen Sie:

▶ Die Gelassenheit, die Komplexität hinzunehmen, die Sie nicht ändern können.
Den Mut, die Kompliziertheit zu ändern, die Sie ändern können.
Und die Weisheit das eine vom anderen zu unterscheiden.

6.2   Die Sprache der Logik ist fachlich

Ein Fachspezialist aus dem Marketing, Vertrieb oder Produktmanagement muss die Logiken lesen und verstehen können. Er muss den Zusammenhang zwischen der konkreten Einstellung der Logikparameter und den jeweiligen Absichten und Zielen verstehen, sodass er sich eine Meinung bilden kann und bei den fachlich Verantwortlichen ein direktes Gestaltungsbedürfnis entsteht. Idealerweise streiten die Stakeholder direkt in der Sprache der Logik. Man feilscht über Grenzwerte, will Stellschrauben in unterschiedliche Richtungen drehen und Trade-offs nach unterschiedlichen Prioritäten auflösen. Die Darstellung der Logik und ihre Struktur dürfen also nicht schon so weit in Richtung technische Umsetzung vorgerückt sein, dass die Fachabteilungen sie als eine Sache der Umsetzer abtun und ihre konstruktiven Konflikte nur über spontan improvisierte E-Mails austragen. Vermeiden Sie bitte unbedingt den häufigen, aber ineffizienten Zustand, in dem Führungskräfte nichts als kryptische, einzeilige E-Mails durch die Gegend schicken und ihre Mitarbeiter diese enträtseln müssen. Logik muss zum Austragungsort von Interessenkonflikten gemacht werden, aber auch zur Sprache, in der man einmal getroffene Entscheidungen hinterher verlustfrei transportiert.

Die Sprache der Logik muss auch die Sprache der Fachabteilungen sein, die Sprache des Marketings, des CRMs, des Produktmanagements, des Controllings oder der Betriebswirtschaft allgemein, aber nicht die Sprache der IT. Alle Werke zum Thema Business-Regeln klammern sich an diese Annahme. Daniel Appleton pochte schon 1984 darauf, dass die Voraussetzung für jegliche sinnvolle Umsetzungsarbeit an diesem Thema ist, dass es eine kompetente Fachseite mit einer klaren und weithin akzeptierten Terminologie aus fachlichen Begriffen gibt [1]. Business-Regeln müssen existieren, lange bevor jemand sie technisch manifestiert hat. In seiner weitaus jüngeren Sichtung der Literatur zu Business-Regeln stellt Andreas Noack fest, dass diese zentrale Annahme mit der Zeit eher noch an Wichtigkeit gewonnen hat [2].

Die Objekte dieser Sprache sind die Dinge, die in der realen Welt vorkommen, nicht etwa deren Entsprechungen in IT-Systemen. Es sind Kunden, Verkäufer und Vertriebskanäle, Produkte, Preise, Leistungen und Aktivitäten wie Vertragsabschlüsse, Käufe, Tarifwechsel, Nutzung, Kündigungen und Kampagnen. In diesen Beschreibungen haben technische Systeme, Attribute, Tabellen und Views, Datenbanken, Services und ihre Parameter, Software-Anbieter oder IT-architektonische Standards und Methoden nichts zu suchen.

Dies zu erreichen ist oft unheimlich schwer, denn eine Marketingabteilung pflegt in der Realität nie eine eigene, gut abgegrenzte fachliche Sprache.

Wann immer eine Marketingabteilung mit der IT spricht, läuft sie Gefahr, deren technische Sprache zu übernehmen, weil sie ihr nichts Eigenes entgegensetzen kann. Dies ist dann doppelt schädlich. Denn erstens wagt sich die Marketingabteilung damit auf ein Terrain, dass sie nicht gut genug kennt, und zweitens lassen sich in dieser Sprache die so wichtigen fachlichen Hintergründe nicht ausdrücken. Leicht verliert man dann den Überblick über das, was man eigentlich erreichen will.

Wenn man also nicht aufpasst, sehen „fachliche" Anforderungen auf einmal so aus:

Beispiel 1
Wir brauchen ein Kündiger-Flag in der XUP55-Profiltabelle, das vom KRYPTON3000-Webservice bereitgestellt werden kann.

Wenn wir über Logik reden, begegnet uns vielleicht auch so etwas:

Beispiel 2
Bitte die Obergrenze von OFFER.DELTA_ARPU_3M des Kundensegments P500 von 7,00 EUR auf 5,50 EUR senken.

So kann es aussehen, wenn jemand aus dem Marketing eine Maßnahme konzipiert:

Beispiel 3
„200 Einheiten ist das größte Paket, das jemand haben kann, darüber gibt es nur noch die Flatrate. Die Flatrate ist aber heute schon recht günstig. Vielleicht biete ich all jenen Kunden die Flatrate an, die bisher nur 200 Einheiten haben, aber dafür weniger zahlen als für die Flat. Ich will also die Gebühr erhöhen und ein Upselling machen. Dies aber nur dann, wenn es auch garantiert mit einer Leistungserhöhung für den Kunden verbunden ist."

„Ich recherchiere mal in der Produkthistorie. Aha, es gibt genau fünf Produkte, die exakt 200 Einheiten Leistung enthalten und weniger als die neue Flat kosten: ULTRA200, ULTRA200_PROMO2009, ULTRA200online, ULTRA200soho, ULTRA150+50."

Die Anforderung lautet dann: „Bieten Sie Kunden mit folgenden Tarifen die Flatrate an: ULTRA200, ULTRA200_PROMO2009, ULTRA200online, ULTRA200soho, ULTRA150+50."

Die Anforderung besteht nur aus einer Liste. Der Anforderer behält seine Gedanken und Beweggründe für sich, ohne sie zu dokumentieren. Niemand wird später Rückschlüsse auf diese Hintergründe ziehen können. Bereits nach zwei Wochen kann niemand mehr wissen, warum genau diese fünf Tarife ausgesucht wurden. Auch das Ziel des ganzen Unterfangens ist nicht klar. Wollte man die Kündigungsquote senken? Oder den mittleren Umsatz Ihrer Kunden erhöhen? Oder hoffte man etwa, man könne beides gleichzeitig tun?

Der Logikdesigner muss darauf pochen, dass in der Logik immer die relevanten fachlichen Eigenschaften verwendet werden:

Beispiel 4

Bieten Sie allen Kunden die Flatrate an, bei denen gilt

Quellleistung $= 200$ Einheiten UND Quellgrundgebühr $\leq$ Grundgebühr der Flatrate

Diese Regel wird man später noch verstehen können. Bei einer Vier-Augen-Prüfung könnte jemand anstoßen, ob nicht die Kunden mit weniger als 200 Einheiten Leistung auch bei der Maßnahme hätten berücksichtigt werden müssen. Allerlei fruchtbare fachliche Diskussion ist nun möglich. Welche Diskussion hätte man auf Basis einer Liste führen können? Versuchen Sie allgemein, bei solchen Diskussionen über Marketingsteuerung möglichst lange bei einer einfachen, intuitiven Sprache zu bleiben, und gehen Sie erst dann auf ein Detail-Level, wenn alle Beteiligten die grobe Stoßrichtung verstanden haben. Dies erleichtert die Arbeit ungemein.

Können Sie folgende Anweisung verstehen?

Beispiel 5

Dieses Kundensegment hat einen Churn-Score von 0,23. Wir müssen daher die maximale Optimierung auf minus 7 EUR setzen, die Prämienklasse XL schon bei ARPU Delta + 2,50 EUR vergeben und die 5 GB Datenflat erst bei einer Usage von 1,5 GB empfehlen.

Wäre nicht dies zunächst besser?

Beispiel

Dieses Kundensegment ist stärker kündigungsgefährdet als bisher gedacht. Wir müssen daher die Restriktionslogik kulanter machen, großzügiger bei den Verkäuferprämien sein und fairere Empfehlungen aussprechen.

Natürlich muss man irgendwann auf ein Detail-Level hinabsteigen und über konkrete Grenzwerte sprechen. Aber das ist nachgelagert. Es kann über solche Grenzwerte ja gar keine sinnvolle Diskussion geben, wenn nicht jeder Teilnehmer sich über die Hintergründe und grobe Richtung der Anpassung im Klaren ist. Und diese Richtung lässt sich am besten eingängig vermitteln, wenn man auf einfache Begrifflichkeiten aus der Alltagswelt zurückgreift. Jeder kann streng, kulant, geizig, großzügig, dreist und fair verstehen und ist dann bereit, die Einzelheiten über die Einordnung auf diesen Dimensionen aufzunehmen. Man muss sich nur trauen, solche Begrifflichkeiten zu nutzen. Denn die Verwendung von negativ besetzten Begriffen wie streng, geizig und dreist erzeugt bei den meisten Kollegen aus den Fachabteilungen ernsthaftes Unwohlsein oder zumindest nervöses Gekicher. Selbst in trauter Runde auf der Arbeitsebene oder im geschlossenen Konferenzraum bringen viele Mitarbeiter es kaum über sich, auf Begriffe zurückzugreifen, die sie nicht auch in der Vorstandspräsentation oder in der Werbebroschüre für den Endkunden verwenden würden. Natürlich sind Diplomatie und professionelle Kommunikation wichtig, aber wenn man nicht einmal bei schwierigen Detaildiskussionen über automatisierte Marketingsteuerung Klartext reden kann, dann stellt das wirklich eine große Behinderung dar.

Neben der Tauglichkeit für die Fachabteilungen muss Logik aber auch den Ansprüchen eines Umsetzers genügen. Ein Logikdokument ist immer auch eine Vorgabe für einen Designer, Architekten oder Programmierer. Man muss bei allem Verständnis für die Befindlichkeiten der Fachseite also auch eine Sprache finden, die dem Umsetzer keinerlei Interpretationsspielraum mehr lässt. Dies ist eine gewisse Herausforderung, man kann es aber trotzdem erreichen, wenn man einige zentrale Gestaltungsprinzipien beherzigt.

Eindeutige fachliche Sprache ist kein Widerspruch in sich. Betrachten wir die Regel von vorhin:

Beispiel

Bieten Sie allen Kunden die Flatrate an, bei denen gilt:

Quellleistung $= 200$ Einheiten UND Quellgrundgebühr $\leq$ Grundgebühr der Flatrate

---

Die Elemente dieser Regel sind allesamt fachlich: Produkte, Leistungen, Preise. Es gibt aber strenge Konventionen, wie daraus eine Regel formuliert werden kann. Der Präfix „Quell-" gibt an, dass man von der bisherigen Leistung des Kunden spricht, nicht etwa von der Leistung des Produkts, das hier verkauft werden soll. In dem Fall muss man den Präfix „Ziel-" verwenden. Objekte und Grenzwerte werden mit arithmetischen Operatoren zu Kriterien verknüpft: $+$, $-$, $>$, $>=$,

<, <=, =. Kriterien wiederum werden mit logischen Operatoren zur Regel ver-
knüpft: UND, ODER, NICHT. Logische Operatoren bilden oft mehrere Ebenen.
In einem herkömmlichen Textdokument kann man dies zwar eindeutig, aber nicht
übersichtlich darstellen. Excel eignet sich dafür besser, da Verschachtelungen von
UND sowie ODER einfach strukturierter aussehen.

Damit das ganze Konstrukt für den Umsetzer eindeutig ist, müssen die
Objekte, also zum Beispiel „Quell-Leistung", am Ende doch mit den technischen
Attributen aus einem Data-Mart oder allgemein einer Datenbank verbunden werden. Irgendwo im Logikdokument findet man für die „Quell-Leistung" den tatsächlichen technischen Attributnamen, die Tabelle und das Schema.

Beispiel

fachlicher Name: Quell-Leistung
technische Quelle: EINH_SRC_XYZBLA, zu finden in CRM_PROD.
PROFILE

Auch hier gilt eine strenge Kapselung. Der Bezug zu technischen Objekten darf
nur in einem separaten Reiter erfolgen, den der fachliche Nutzer aus dem Marketing oder Produktmanagement niemals öffnet. In der eigentlichen Beschreibung
der Regeln werden nur die fachlichen Namen verwendet.

Es geht beim Logikdesign aber nicht nur um Notation und Lesbarkeit. Die
Formulierung von Logik hat handfeste kommerzielle Konsequenzen. Und mit
denen wollen wir uns im Folgenden befassen. Die Aspekte, die die Wirksamkeit
einer Logik verbessern, sind Granularität und Zentralisierung. Die Diskussion um
Granularität behandelt die Frage, ob eine Regel Kunden oder Verträge wirklich
individuell behandeln kann. Oft wird dies auch heute noch nicht erreicht und man
schert große Kundensegmente über einen Kamm. Schlimmer ist es noch, wenn
man seine Regeln rein auf Ebene eines Produktmodells formuliert, ganz ohne
Berücksichtigung von Kunden und ihren Eigenschaften.

Die Diskussion um Zentralisierung stellt die These auf, dass man nur an
einer einzigen Stelle entscheiden sollte, in welche strategische Richtung man
einen Kunden entwickeln und steuern will. Diese zentrale Entscheidung sollte
sich dann auf alle Logiken auswirken, die solch einer strategischen Orientierung
bedürfen. Setzt man hier nicht auf disziplinierte Zentralisierung, erhält man Steuerungen, die sich gegenseitig widersprechen, neutralisieren oder bekämpfen. Das
bedeutet, man vergeudet Geld und Aufwand und verliert mittelfristig ganz den
Überblick.

6.3 Kundenindividuelle Logik: Nicht mehr bloß für Empfehlungen!

In diesem Kapitel dreht sich alles um einen Designansatz, den wir im Folgenden als kundenindividuelle Wirtschaftlichkeit bezeichnen wollen. Es geht also einerseits darum, Kunden individuell zu behandeln. Natürlich kennen Sie dieses Mantra von der kundenindividuellen Ansprache seit 25 Jahren, denn jeder Berater, der sich im weitesten Sinne mit den Themen CRM, Kampagnenmanagement oder auch nur Database Marketing beschäftigt, hat es Ihnen vorgebetet. So ermüdend wie es scheinen mag, diese Thematik erneut hervorzuholen, es lohnt doch. Die kundenindividuelle Ansprache ist von jeher hauptsächlich ein Thema der Empfehlungslogik, insbesondere bei Empfehlungen, die „outbound" wirken, das heißt in Kundenkontakten, die vom Unternehmen initiiert wurden. Wir sprechen dabei von den typischen Marketingkampagnen, für die zigtausend Kunden einmalig selektiert und dann über die nächsten Wochen hinweg per E-Mail, SMS, Anruf oder Brief mit individuellen Offers gelockt werden.

Business-Logik ist aber nicht nur Kampagnenlogik. Denn Business-Logik besteht nicht nur aus Empfehlungen, wie die vorangegangenen Kapitel aufgezeigt haben. Sie haben dort verschiedene Logik-Baustellen kennengelernt, die erstens nicht „outbound" sind und zweitens gar nichts mit Empfehlungen zu tun haben. In Kontakten mit einem Händler, im Internet oder beim Kundenservice tritt der Kunde urplötzlich und ohne jede Warnung auf und will bedient werden. Nun gilt es, in Echtzeit die erlaubten, verkaufbaren Produkte zu ermitteln, ein Budget für Rabatte anzusetzen, Strafgebühren und Verkäuferprämien zu bestimmen und auch mit Empfehlungen die Verhandlungssituation zu unterstützen, wenn Sie das denn wollen.

Sind diese Steuerungsbaustellen in Ihrem Unternehmen heute kundenindividuell? Falls Sie heute Restriktionen beim Produkt- oder Tarifwechsel haben, berücksichtigt dies Kundeneigenschaften? Klassischerweise hat man eine Tarifwechselmatrix, bei der manche Pfade für alle Kunden offen sind und andere für alle Kunden verboten. Oftmals ist dies nicht nur der Fantasielosigkeit der Marketingentscheider geschuldet, sondern auch durch die Produktmodell-Software bedingt, die nicht darauf ausgerichtet ist, in Produktregeln etwas Anderes als Produktbausteine einzubeziehen. Solch eine Software ist häufig so zentral für das Unternehmen, dass man sie über Jahrzehnte nicht ablösen kann, ohne einen Zusammenbruch des Tagesgeschäfts zu riskieren. Möglicherweise verfügen Sie noch über eine Anwendung aus dem letzten Jahrtausend und stehen nun vor riesigen technischen Hindernissen in Bezug auf die Individualisierung dieser Logik. Es ist natürlich suboptimal, wenn Sie noch mit harten Tarifwechsel-Matrizen hantieren.

Und was ist mit Ihren Rabatten? Rabatte werden themenbezogen immer wieder neu erfunden („Jubiläumsrabatt 2002") und dann wie Produkte verwaltet. Zudem gibt es bestimmte Beziehungen zwischen Rabatten und gebührenpflichtigen Produkten: Beispielsweise können nur die teuersten Tarife mit dem wertvollen 15-Euro-Platin-Rabatt verknüpft werden und so weiter. Nichts daran ist kundenindividuell. Der Verkäufer kann den Rabatt bei jedem Kunden einsetzen, muss jedoch aufpassen, dass er bestimmte Quoten nicht überschreitet. Vielleicht gibt es im Hinblick auf die Kündiger noch eine eigene, großzügigere Rabattwelt, aber spätestens dann hört die Individualität meist auf.

Und nun zu Ihren Verkäuferprämien: Ein bestimmtes Produkt X, das monatlich 17,95 EUR kostet, führt bei Ihnen unweigerlich zu einer Einmal-Prämie von beispielsweise 45 EUR, egal ob der Kunde, der gerade im Laden steht, seit Jahren einen viel höheren Umsatz oder einem Billigtarif ohne Grundgebühr hatte. Vielleicht wird hier noch nach Vertriebskanälen differenziert gesteuert, aber das ist meist alles.

Zu guter Letzt betrachten wir Ihre Strafgebühren. Will der Kunde mitten in der Vertragslaufzeit in einen billigeren Tarif wechseln, muss er eine Wechselgebühr von 200 EUR auf den Tisch legen, egal wer er ist. Ist das so schlau? Sollte man nicht zumindest betrachten, wie lange er laut Vertrag überhaupt noch an die hohe Grundgebühr gebunden ist? Wenn er ohnehin in zwei Monaten den Vertrag verlängern und neu mit Ihnen verhandeln kann, lohnt es sich kaum, ihm eine so hohe Gebührenhürde aufzuerlegen! Er wird es Ihnen vielleicht mit Loyalität danken.

▶   Auch heute noch ist der Großteil der Business-Logik, die in Ihrem Unternehmen waltet, nicht kundenindividuell. Das sollte sie aber sein.

Dass kundenindividuell gut ist, wussten Sie schon lange. Aber das eine Prinzip, das unbedingt kundenindividuell sein sollte, ist die Wirtschaftlichkeit! Denn Wirtschaftlichkeit finden Sie ja in allen Logiken, die wir hier diskutieren, wieder. Nicht die kundenindividuelle Hygiene rettet Ihr Leben, sondern die kundenindividuelle Wirtschaftlichkeit. Natürlich werden Sie heute bereits in Ihrer Gestaltung der Business-Logiken von Wirtschaftlichkeitserwägungen geleitet. Dies geschieht aber nicht auf der Kundenebene. Spielen wir anhand eines Beispiels durch, wie meist auf strategischer Ebene agiert wird.

Beispiel

Aus dem unternehmensweiten Business-Plan ergibt sich für Sie das Ziel, mit einem bestimmten Kundensegment im nächsten Quartal 20 Mio. EUR pro Monat einzunehmen. Sie glauben, dies erreichen zu können, indem Sie zwei

Millionen Kunden ein 15-Euro-Produkt verkaufen, wobei Sie noch bereit sind, zehn Millionen Euro pro Monat an Rabatten einzubüßen. Daraus folgen Ihr Rabattbudget und die Vorgaben des Verkäufers, wie oft er den Rabatt einsetzen darf. Außerdem ergibt sich ein einmaliges Prämienbudget von beispielsweise 40 Mio. EUR, was bedeutet, dass bei jeder Transaktion 20 EUR an den Verkäufer gehen dürften.

Die Wirtschaftlichkeitsberechnung findet in diesem Beispiel nur auf der globalen Ebene statt. Daraus eine individuelle Behandlung des Kunden abzuleiten, ist dem Urteilsvermögen des Verkäufers überlassen. Welchen Zieltarif verkaufe ich dem konkreten Kunden? Wie viel von meinem eingeschränkten Rabattbudget setze ich ein? Verkäufer sind zwar intelligent, aber diese schwierige Kalkulation allein auf ihren Schultern abzuladen, ist eine miserable Idee. In einem digitalen Kanal ohne Verkäufer ist es noch schlimmer. Dort behandelt man dann alle Kunden exakt gleich. Wird ein Rabatt eingerichtet, steht er jedem Kunden zur Verfügung – auch wenn er sich nur auf die Webseite verirrt hat oder mit seiner App spielt.

Kundenindividuelle Wirtschaftlichkeit bedeutet hingegen, dass die Wirtschaftlichkeit eines Auftrags einzeln ausgerechnet wird, und zwar nicht erst nachträglich im Rahmen von Erfolgsreportings, sondern um während der Verhandlungssituation wiederum kundenindividuelle Logiken anzusetzen und damit das Ergebnis der Verhandlung zu beeinflussen. So folgen gleich zwei Schritte hintereinander: Erstens die individuelle Bewertung eines möglichen Auftrags, während er noch verhandelt wird. Und zweitens die individuelle Entscheidung aufgrund dieser Bewertung und aller wichtigen Facetten des Kundenprofils.

Folgen wir weiter diesem Beispiel:

Beispiel

Man verhandelt mit dem Kunden über einen Tarifwechsel in einen bestimmten Tarif X. Man muss während der Verhandlung eine Prognose der Wertigkeit dieses Wechsels haben. Um wie viel würde sich bei diesem Wechsel der monatliche Umsatz erhöhen oder reduzieren? Der bisherige individuelle Umsatz des Kunden ist bekannt und wird herangezogen. Nehmen wir an, er zahlte in den letzten acht Monaten durchschnittlich 15,10 EUR.

Der zukünftige Umsatz durch das neue Produkt muss geschätzt werden. Maßgeblich hierfür ist natürlich der Preis oder die Grundgebühr des neuen Tarifs, aber oft hängt der Umsatz auch von variablen Bestandteilen ab, zum Beispiel von bepreisten Nutzungseinheiten. Dann müsste man für diesen Kunden auch vorhersagen, wie sich seine Nutzung ändern wird. Dies erfordert wiederum ein entsprechendes Modell, das die bereitgestellte Leistung des neuen Tarifs berücksichtigt. Hat der Kunde vielleicht einen versteckten Bedarf, den er in seinem alten, kleineren Produkt nicht ausleben konnte, der nun aber im neuen, großen Produkt sichtbar wird? All diese Aspekte müssen berücksichtigt werden und das Ergebnis dieser schwierigen Prognoseaufgabe muss in Echtzeit vorliegen. In unserem Beispiel prognostizieren wir, dass dieser Kunde durch die im Auftrag enthaltenen Produkte jeden Monat einen Rechnungsbetrag von 12,90 EUR generieren wird. Der Auftrag bedeutet aus wirtschaftlicher Sicht also eine Umsatzreduktion um 2,20 EUR und der Auftragswert ist minus 2,20 EUR.

Was machen wir nun mit einem Tarifwechsel im Wert von minus 2,20 EUR? Erlauben wir ihn? Nachdem wir ein Urteil über die Wertigkeit eines solchen Auftrags gefällt haben, müssen in Echtzeit die Konsequenzen für die Business-Logiken ausgerechnet werden. Das ist der Schritt, in dem sich das Kundenprofil mit all seinen strategierelevanten Eigenschaften auswirken muss. Haben wir zum Beispiel einen Kunden vor uns, der noch nicht gekündigt hat, bedeutet das Entwarnung. Die attraktivsten Deals können wir sogleich verschwinden lassen. Ist er auf irgendeine Weise kündigungsgefährdet? Eigentlich kaum, denn er ist weder in einem hoffnungslos überteuerten Alttarif, noch wohnt er in der Region, die von der Konkurrenz aggressiv angegangen wird. Die mäßig attraktiven Deals können wir nun auch ausschließen. Sie fühlen sich bei diesem Kunden also einigermaßen sicher. Seinen Wunsch, den monatlichen Beitrag zu reduzieren, wollen Sie jetzt eigentlich pauschal ablehnen und ihm einen Wechsel im Wert von minus 2,20 EUR verbieten.

Aber Moment: der Kunde hat einen Alttarif, der zwar nicht überteuert, aber fast vollkommen „entvölkert" ist und aufgrund des hohen Aufwands bald auslaufen soll. Es gibt also einen strategischen Druck, Kunden aus diesem Alttarif ins aktuelle Portfolio zu locken. Deshalb muss man ihm doch etwas attraktivere Angebote machen – trotz seiner kaum vorhandenen Kündigungsgefahr. Man gestattet ihm also eine moderate Umsatzreduktion und setzt eine gut austarierte Grenze bei minus 3,10 EUR. All dies geschieht natürlich automatisiert und in Echtzeit. Das bedeutet nun wiederum, dass der Tarifwechsel, um den es in unserem Beispiel geht, verfügbar ist. Die Reduktion um 2,20 EUR ist gestattet, der Verkäufer hat noch 0,90 EUR Differenz und kann also weiter mit dem Kunden über den Tarif verhandeln.

In diesem Sinne ergeben sich weitere Konsequenzen daraus, dass der Wert eines solchen Auftrags eben doch unangenehm nah an der Schmerzgrenze liegt, eben um 0,90 EUR. Als nächstes ist zu prüfen, ob auf diesen Tarif noch Rabatte angewendet werden dürfen. Klar ist, dass ein möglicher monatlicher Rabatt diese 0,90 EUR nicht übersteigen darf, da man sonst die eben gezogene

Schmerzgrenze doch überschreitet. Und auch die Verkäuferprämie ist betroffen: Schafft der Verkäufer es nicht, den Kunden weiter als 0,90 EUR über die absolute Schmerzgrenze zu heben, hat er versagt und darf nicht mit einer Prämie rechnen. Zuletzt wirkt sich dies auch auf etwaige Empfehlungen aus, mit denen der Verkäufer in die richtige Richtung dirigiert werden soll. Was derart nah an der Schmerzgrenze liegt, wird sicher nicht proaktiv empfohlen und gilt höchstens als letzte Alternative, auf die man erst zurückfallen darf, wenn höherwertigere Empfehlungen allesamt gescheitert sind.

Der springende Punkt ist, dass Sie bei einer kundenindividuellen Wirtschaftlichkeitsbewertung die Chance haben, alle relevanten Aspekte des Kunden zu beachten. Sie bewerten nicht nur individuell, was der Auftrag wert ist, sondern vor allem auch, welche Privilegien der Kunde verdient hat. Sie haben individuell geschätzt, dass der Auftrag den monatlichen Umsatz um 2,20 EUR reduziert, haben aber ebenso individuell entschieden, dass das bei diesem Kunden vertretbar ist. Beim nächsten Kunden ist es das vielleicht nicht.

Sie müssen diese Überlegungen durchspielen, denn eine weniger granulare Restriktionslogik führt zu Mitnahmeeffekten. Sie werfen dann also Geld zum Fenster heraus. Wenn Sie diesen Tarifwechsel pauschal erlauben, profitieren auch jene Kunden vom Downselling, bei denen es keinen Grund gibt, auf Umsatz zu verzichten. Wenn Sie den Tarifwechsel pauschal verbieten, verlieren Sie Ihre „Wackelkandidaten". All dies gilt natürlich ebenso für Rabattbudgets und Prämierungen. Und auch wenn das eigentlich logisch ist, muss man es noch einmal hervorheben, da der Nutzen granularer Steuerungen bei diesen Instrumenten immer noch im Schatten der Empfehlungslogik steht, da man diese immer schon so granular wie möglich konstruiert hat.

Tarife sind also nicht ganz an- oder ausgeschaltet, sondern werden bei jedem einzelnen Kunden individuell auf den Prüfstand gestellt. Diese Überwindung von starren Gegensätzen ist die Essenz von „Fuzzy Logic", einem Designansatz, der in den 1990er Jahren ein echter Hype war. Der Begriff kam aus der Mode, die Buzzwords wechselten, aber die Idee ist noch immer relevant – insbesondere da alle Marketinglogiken außer Empfehlungen bis heute einen starken Nachholbedarf haben.

6.4 Zentralisierung: A Single Point of Strategy

Wir haben gesehen, dass zur effektiven Steuerung des Kundenverhaltens mehrere ganz unterschiedliche Logiken zusammenarbeiten müssen. Sie sollten daher aufeinander abgestimmt und synchronisiert sein, damit sie sich nicht gegenseitig widersprechen und neutralisieren oder zu ganz unvorhersehbaren Effekten führen. Stellen Sie sich vor, dass vor Ihnen ein wütender oder enttäuschter Kunde steht und Ihnen die Vertragskündigung vorlegt. Die Kulanz, die Sie nun walten lassen wollen, muss sich an allen Ihrer Logik-Baustellen bemerkbar machen. Ihre Restriktionslogik muss dem Kunden jetzt mehr Möglichkeiten bieten als vorher. Ihre Prämierungslogik sollte dem Verkäufer die reizvollsten Bonuszahlungen in Aussicht stellen, falls er diese Kündigung noch abwenden kann, sodass er maximal motiviert ist. Und Ihre Empfehlungslogik muss diejenigen Angebote hervorheben, die dem Kunden einen echten Mehrwert und eine Lösung für sein Problem bieten.

Alle diese Logiken sollten einen gemeinsamen Trigger haben, der das Not-Programm auslöst. Nichts wäre ärgerlicher als eine Prämienlogik, die bereits auf Alarm schaltet und den Verkäufer motiviert, während die Empfehlungslogik standardmäßig „dreiste" Upselling-Angebote produziert, die nur dem Unternehmen dienen und hart an der Grenze der Ethikkriterien liegen. Ihre Logik muss also an einer zentralen Stelle entscheiden, welcher Kurs ab diesem Punkt einzuschlagen ist. Diese Entscheidung darf nur die generelle Richtung vorgeben und muss es den konkreten Einzel-Logiken überlassen, die Maßnahmen mit konkreten Instrumenten auszugestalten. Nennen wir diese zentrale Richtung den Strategiemodus.

Um diese Begriffsprägung zu erklären, wollen wir kurz das Wort „Modus" in den Fokus rücken. Wir sprechen von einem Modus, weil die eingeschlagene Richtung oder Strategie nicht allein vom Kunden und seinen Eigenschaften abhängt, sondern vor allem auch von der Situation, in der man sich im Moment des Kundenkontakts befindet. Der gleiche Kunde wird vielleicht ganz unterschiedlich von den Logiken behandelt, wenn wir ihm in unterschiedlichen Situationen begegnen.

Die wohl wichtigste Situationseigenschaft ist die Art der Transaktion, über die man gerade verhandelt. Eine Vertragsverlängerung und ein Tarifwechsel ohne Verlängerung sind in den meisten CRM-Workflows nicht einfach Angebote, die dem Kunden nebeneinander unterbreitet werden, sondern eher Rahmenbedingungen, innerhalb derer das ganze Verhandlungsgespräch stattfindet. Man hat früh im Kontakt ermittelt, dass der Kunde seinen Vertrag verlängern darf und sich jetzt dazu ein konkretes Angebot abholen will. Der Verkäufer geht nun in eine Vertragsverlängerungsmaske, die dann während des ganzen Gesprächs geöffnet ist und mit ihren Angeboten einen Leitfaden für die Verhandlung bietet. Die Situation „Vertragsverlängerung" ist also gegeben und die Aufgabe der Logik besteht darin, für diese Situation die angemessenen Einstellungen zu finden.

Spielt ein Kunde mit dem Gedanken, sich weitere zwei Jahre an das Unternehmen zu binden, sollten sicherlich die kulanten Angebote nur so ausgeschüttet werden. Man lässt Umsatzverlust zur Not geschehen, weil die Verlängerung schon so wertvoll ist. Aber der Kunde ist kein gefährdetes Sorgenkind, wozu also auch schon die fairen Empfehlungen hervorholen und ihn direkt auf die attraktiven Möglichkeiten stoßen? Der Strategiemodus arbeitet also sinngemäß nach dem Motto „kulante Restriktion, aber zunächst dreiste Empfehlungen". Das ist nicht einfach eine kundenindividuelle Strategie, sondern ein Strategiemodus. Dieser berücksichtigt die Eigenschaften des Kunden wie auch die Rahmensituation, in der sich die Verhandlung abspielt.

Aber auch andere Situationseigenschaften können entscheidend sein. Da ist zunächst einmal der Vertriebskanal, in dem der Kontakt stattfindet. Stellen Sie sich vor, Sie versuchen einen freien Händler dazu zu motivieren, den Kunden eine Verlängerung Ihres Produktes zu verkaufen, obwohl dieser Händler natürlich auch alle Produkte Ihrer Konkurrenten im Sortiment hat. Die Restriktionslogik muss hier etwas mehr liefern und dem Kunden eine echte Einsparung ermöglichen. Und natürlich muss es sich auch für den Händler lohnen, da dieser opportunistisch handelt und bei der ersten Gelegenheit dem Kunden mit der Broschüre Ihrer Konkurrenz in der Hand zur Kündigung rät, da diese ihm eine dickere Prämie verspricht. Ruft der gleiche Kunde aber stattdessen in Ihrem eigenen Callcenter an, muss die Logik nicht gleich alle Trümpfe ausspielen. Der Kunde ist noch ein paar Schritte weiter von der Konkurrenz entfernt und der Agent wird auch in Ihrem Interesse agieren, ohne dass Sie ihn mit Boni überschütten.

Wer sein CRM-Frontend interaktiv aufbaut, kann noch auf beliebige weitere Situationseigenschaften reagieren. Wenn man in Echtzeit eine Kündigung einbuchen oder zumindest irgendwie dokumentieren kann, könnte die Logik sofort darauf reagieren und sinnbildlich den roten Teppich ausrollen. Ist dies nicht möglich und die attraktiven Angebote können erst offeriert werden, nachdem zwei bis drei Tage später die Kündigung mühsam in alle technischen Systeme vorgedrungen ist, führt das im Verkaufsgespräch zu schwierigen Situationen: Wenn der wutentbrannte Kunde das Kündigungsschreiben aus der Tasche zieht, bleibt dem Verkäufer dann schlimmstenfalls nichts Anderes übrig, als dem Kunden einen neuen Termin nach drei Tagen anzubieten. Man ruft ihn dann entweder später an oder drückt die Daumen, dass er wirklich in den Laden zurückkehrt, sodass man ihm dann die fairen und kulanten Optionen anbieten kann. Natürlich hat man den Kunden in der Zwischenzeit oft verloren.

Andererseits sind auch große Risiken damit verbunden, auf die bloße Andro-hung einer Kündigung sofort mit großzügigen Angeboten zu reagieren. Freie Händler würden sofort damit beginnen, dem Kunden eine Kündigungsandrohung zu empfehlen oder geben sie ganz ohne sein Wissen ins System ein, damit die Logik zusätzliche Möglichkeiten ausspuckt, wenn die bisherigen Angebote dem Kunden noch nicht zusagen. Ermöglicht man das, untergräbt man damit grund-sätzlich die Steuerung dieser Händler durch eine Restriktionslogik. Die Restrik-tion soll ja dazu führen, dass der Händler sich noch mehr bemüht und ein teureres Produkt verkauft. Dies geschieht nicht, wenn er die Restriktion immer umgehen kann, indem er eine Brisanz vorgaukelt, die eigentlich gar nicht vorliegt.

Zusammenfassend lässt sich sagen: Egal wie Sie Ihre einzelnen Logiken am Ende ausgestalten, es muss konsistent in allen Steuerungsinstrumenten erfolgen, um eine zielgerichtete Wirkung zu entfalten.

6.5   Strategieebenen: Produkt trifft Kunde trifft Situation

Der Strategiemodus ist die höchste von insgesamt drei Strategieebenen, die aufei-nander aufbauen, jedoch alle gleichermaßen zentralisiert sein sollten.

Sie sehen in Abb. 6.1, dass der Strategiemodus der zentrale Orientierungs-punkt für die konkreten Steuerungsinstrumente ist und sie harmonisiert. Schaltet er auf kulant, überwinden mehr Produkte die Restriktion, werden höhere Prämien angesetzt und so weiter. Der Strategiemodus fußt wiederum auf einer Kunden-strategie, reichert aber auch Situationsaspekte an. Ist der Kunde gefährdet, wer-den Sie kulanter. Weigert er sich aber, überhaupt über eine Vertragsverlängerung zu diskutieren und will nur sein Produkt ändern, bleiben die besten Angebote trotz der Gefährdung nicht verfügbar.

Die Kundenstrategie basiert hauptsächlich auf dem Kundenprofil, ist aber auch abhängig von der Produktstrategie, die hinsichtlich des bisherigen Produkts des Kunden verfolgt wird. Ist der Kunde ungefährdet, können wir uns entspannt zurücklehnen. Soll der bisherige Tarif jedoch geschlossen werden, müssen wir dem Kunden attraktive Deals anbieten, um ihn in die Tarife zu locken, die eine längerfristige Zukunft haben.

All dies wäre eine saubere Hierarchie von Abhängigkeiten, wenn da nicht noch die gestrichelten Querverweise in der Abbildung (Abb. 6.1) wären, die direkt von der Produktstrategie zu den konkreten Steuerungsinstrumenten rei-chen, ohne den Umweg über den zentralen Strategiemodus zu gehen. Dies sind

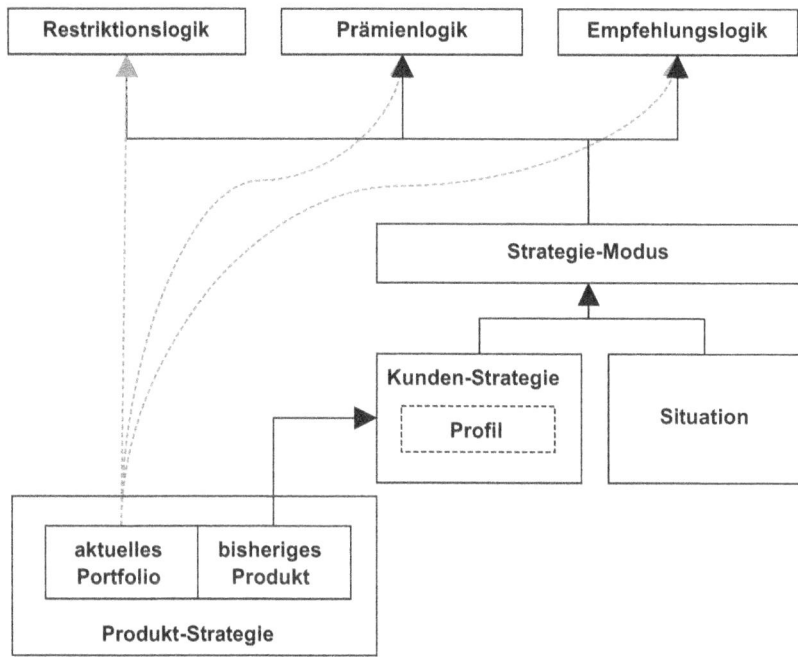

Abb. 6.1   Strategie geschieht auf drei Ebenen

die bereits angesprochenen unternehmenspolitischen Verunreinigungen. Sie lassen sich nicht auf einen hermetisch abgekapselten Bereich für reine Politik und
Willkür reduzieren, sondern lehnen sich direkt an die zentralen Stützpfeiler Ihrer
Logik-Architektur. Die Produktstrategie, die beim aktuellen Portfolio verfolgt
wird, zwingt Sie nämlich zu Ausnahmeregelungen in den konkreten Instrumenten. Wir haben bereits ein Beispiel vorgestellt, in dem Kunden eigentlich nur
eine Umsatzreduktion von zwei Euro zugestanden werden sollte, aber da man
von einem bestimmten neuen Produkt so sehr überzeugt war, dass man es sogar
dann verkaufen wollte, wenn sich der Umsatz um fünf Euro reduziert. Dies ist gar
kein Prinzip und es hat gar keine Berechtigung in einer wirtschaftlich optimierten
Logik, trotzdem werden Sie so etwas erleben es aushalten müssen.

Wir wollen kurz die Systematik skizzieren, die der Produktlogik, also der
untersten Stufe, zugrunde liegt. Sie bildet hier zum Beispiel die Schließung oder
die aggressive Vermarktung eines alten oder neuen Produktportfolios ab. Eine

solche Strategie muss mindestens definieren, ob Sie die Wechselpfade in einen Tarif hinein und aus ihm heraus fördern oder hemmen wollen. Der Normalfall sollte sein, dass Sie gar keinen Anlass für eine tarifspezifische Förderung oder Verhinderung haben und die Logiken damit völlig frei sind, die Behandlung des Kunden nach produktübergreifenden Gesichtspunkten zu gestalten – nach Wertkriterien, benötigter Leistung und so weiter. Jede produktspezifische Regel ist eine kleine Niederlage gegenüber der Absicht, die Marketinglogiken nach dem oben beschriebenen Prinzip der kundenindividuellen Wirtschaftlichkeit voranzutreiben. Meistens sind diese Regeln sogar Zeugnis eines Unvermögens, im Unternehmen klar über den Sinn und Zweck von Regeln zu diskutieren. Denn die meisten solcher Regeln, denen man in der Realität begegnet, sind ungeschickte, falsch verstandene Wirtschaftlichkeits- oder Affinitätsregeln und hätten in den produktübergreifenden Prinzipien aufgehen müssen. Falls jedoch in grauer Vorzeit die Vorgabe erlassen wurde, dass man niemals von Tarif X zu Tarif Y wechseln darf, dann ist diese Regel irgendwann völlig unantastbar, da niemand mehr den Zweck dahinter kennt. So ist auch die beste prinzipienbasierte Logik dazu verdammt, immer einen Katalog von alten Relikten mitzutragen. Wenn man aber schon diese Altlasten mittragen muss, sollte man wenigstens versuchen, sie so gründlich zu sezieren, dass die Systematik ihres Aufbaus sichtbar wird.

Produktregeln können in den verschiedensten Spielarten auftreten, die immer auf das Fördern oder Hemmen von Wechselrichtungen hinauslaufen. Die gängigsten sind in Tab. 6.1 verzeichnet.

Wie beschrieben ist die beste Strategie diejenige, die gar keine Strategie ist. Sie überlässt die Steuerung den Instanzen, die es besser können. Aber man wird oft Situationen antreffen, wo die ersten vier Produktstrategien angewendet werden müssen. Übereifrige Produktmanager verfallen jedes Mal in die erste Strategie,

Tab. 6.1 Sinnvolle Produktstrategien definieren sich über die Regulierung der Eingangs- und Ausgangspfade

Produktstrategie Nr	In das Produkt hinein	Aus dem Produkt heraus
1	Fördern	Hemmen
2	Fördern	Egal
3	Hemmen	Fördern
4	Hemmen	Egal
5	Egal	Egal

Wenn Sie eine Strategie der produktunabhängigen Wertsteuerung verfolgen, ist Produktstrategie 5 die beste, denn sie kommt Ihnen nicht in die Quere. Meistens werden Sie hier aber Kompromisse machen müssen wann immer sie ein neues Portfolio ersonnen haben. Da sie monatelang an einer tollen neuen Produktidee gefeilt haben, sollen jetzt, wo sie auf dem Markt ist, alle Kunden in diesen Tarif hineingelockt werden – und wer schon drin ist, soll möglichst darin bleiben. Aber auch für ein brandneues Portfolio gilt: Sonderbehandlungen, die allgemeine Wertkriterien unterlaufen, kosten Geld. Will jemand dieses Geld ausgeben? Dafür muss es triftige Gründe geben.

Ein Kompromiss zwischen übergreifender Wertorientierung und der expliziten Bevorzugung einer neuen Portfolio-Welt ist die zweite Strategie. Solange Kunden noch nicht dort angekommen sind, unternehmen wir größere Anstrengungen, um sie dort hinein zu holen. Sobald sie im neuen Portfolio sind, lässt man dann aber nur noch tarifübergreifende Wertprinzipien walten. Dies wirkt zwar wie Inkonsistenz und Halbherzigkeit, da Kunden nicht daran gehindert werden, aus dem neuen Portfolio wieder in die alte Welt zurück zu driften, aber es ist allemal der ersten Strategie vorzuziehen, da die Wirtschaftlichkeitsprinzipien weniger behindert werden.

Sollen Tarife hingegen einmal aus strategischen Gründen geleert werden, greift man zur dritten Strategie: Diese lockt Kunden aus dem Alttarif heraus, indem sie mit besonders verlockenden Angeboten aus der neuen Welt winkt. Gleichzeitig verhindert sie natürlich, dass sich neue Kunden in den alten Tarif verirren. Auch davon gibt es eine abgeschwächte Version: die vierte Strategie, die Kunden zwar nicht aus ihren Alttarifen holt, aber immerhin dafür sorgt, dass diese Tarife nicht dem neuen Portfolio Konkurrenz machen.

Theoretisch ergeben sich noch weitere Permutationen aus Förderung und Hemmung, die aber keinen echten Sinn ergeben. Wenn es einem zum Beispiel gleichgültig ist, ob noch Kunden in einen Tarif hineinwechseln, warum sollte man sie dann darin gefangen halten? Oder sie gar dazu veranlassen, ihn wieder zu verlassen? Auch wird man niemals die Ein- und Auswanderung gleichzeitig fördern oder hemmen wollen. Was man jedoch noch finden wird, sind unterschiedliche Intensitäten der Förderung und Hemmung. Manchmal will man die Einwanderung in einen Tarif nur sanft hemmen, manchmal will man sie komplett verbieten. Ein andermal will man die Auswanderung nur behutsam fördern oder sie aber mit einer automatischen Tarifmigration hart erzwingen. So ergeben sich doch am Ende zehn bis 15 mehr oder weniger legitime Produktstrategien. Die kann man verschmerzen und bewältigen. Es ist eine unheimliche Erleichterung des Arbeitsaufwands, wenn man bei jedem neuen Produkt nichts weiter zu tun hat, als ihm eine der Strategien zuzuweisen. Alle Konsequenzen, die sich daraus für die Logik ergeben, folgen dann automatisch, und man muss für das neue Produkt gar nicht die konkrete Behandlung in den Einzel-Logiken diskutieren.

Jetzt wurde auch die unterste Ebene der zentralen Strategien beleuchtet. Es fehlt noch die mittlere Ebene, die des Kunden. Hier kann sich sehr viel abspielen, aber der Großteil davon kann auf eine einzige Dimension reduziert werden: Wie gefährdet ist der Kunde? Wie Sie inzwischen wissen, bedeuten ungefährdete Kunden tendenziell eine strenge Restriktionslogik, eine geizige Prämienlogik für die Verkäufer und eine dreiste Empfehlungslogik. Gefährdete Kunden benötigen dagegen eine kulante Restriktionslogik, eine großzügige Prämienlogik für die Verkäufer und eine faire Empfehlungslogik.

Die Frage ist nur, wer als gefährdet gilt. Der korrekte Weg wäre, alle Indizien einer Kündigungsgefährdung zu einer einzigen Kennzahl zu verdichten und dann die Steuerung der Logiken darauf basieren zu lassen. Ob man diese Verdichtung durch ein statistisches Verfahren umsetzt, also einen Score erzeugt, oder ob man die Verdichtung von Hand macht, wollen wir hier nicht weiter vertiefen. Das Abschn. 3.2 enthält bereits eine Behandlung dieser Frage. Wichtig ist nur, dass sich alle Anforderer einig darüber sind, ob man an dieser Stelle den Kunden nur nach seiner Kündigungsgefährdung beurteilt oder ob manche Kriterien doch einen anderen Hintergrund haben. Wenn Sie zum Beispiel einen Churn Score verwenden, müssen Sie ständig dafür sorgen, dass er der einzige Ausdruck der Kündigungsgefahr in Ihrer Logik ist. Unbewusst fügen Marketingmanager gern immer wieder Zusatzkriterien in Ihre Logik ein, die auch auf die Abbildung von Kündigungsgefahr abzielen und damit ärgerliche Redundanzen oder Widersprüche in die Logik bringen.

Folgender Dialog ist typisch:

Beispiel

Marketingmanager (MM):	„Wir haben eine neue Anforderung für die Restriktionslogik."
Logik-Designer (LD):	„Gern. Worum handelt es sich?"
MM:	„Kunden, die sich im Tarif URALT_SUPER-TEUER_1973 befinden, müssen kulantere Wechselmöglichkeiten bekommen."
LD:	„Warum?"
MM:	„Unser Bereichsleiter hat letzte Woche einen Blick ins Churn Reporting geworfen. Er hat festgestellt, dass 55 Prozent der Kündiger aus diesem Tarif kommen, damit ist dies der am stärksten in den Kündigern vertretene Tarif. Wir müssen die Kunden in diesem Tarif durch eine besonders gute Behandlung retten."

LD: „Dieser Tarif ist tatsächlich in den Kündigern klar überrepräsentiert. Er stellt nur 22 Prozent des Gesamtbestands. Trotzdem müssen wir nichts tun."

MM: „Und warum nicht?"

LD: „Wir haben schon ein Churn-Modell. Das Modell enthält sowohl den bisherigen Tarif wie auch den bisherigen Rechnungsumsatz des Kunden als wesentliche Prädiktoren. Die Kunden in URALT_SUPER-TEUER_1973 zahlen für eine recht überschaubare Leistung einen saftigen Preis, weil er aus einem Zeitalter datiert, in dem die Wettbewerbssituation es noch zuließ, den Kunden so etwas zuzumuten. Das Churn-Modell weist diesen Kunden bereits heute einen erhöhten Gefährdungs-Score zu, was dazu führt, dass sie in der Restriktionslogik kulanter behandelt werden – und natürlich in der Prämienlogik großzügiger und in der Empfehlungslogik fairer. Solche entsprechenden Änderungen in der Prämien- und Empfehlungslogik wolltet ihr sicher auch gleich anfordern, oder?"

MM: „Oh, tatsächlich, ja genau."

LD: „Naja, wir können uns jedenfalls alle wieder beruhigen, es gibt nichts zu tun. Die Leute in diesem Tarif werden bereits genauso behandelt, wie es ihrer geschätzten Gefährdung entspricht. Können wir vielleicht eine Vereinbarung für die Zukunft treffen?"

MM: „Was denn für eine?"

LD: „Wenn ihr in einem Kündiger-Reporting einen interessanten Zusammenhang entdeckt, fordert bitte nie wieder eine Sonderbehandlung am Churn-Modell vorbei. Verlangt stattdessen eine Überprüfung, ob das Modell diesem neu entdeckten Phänomen bereits Rechnung trägt. Oft wird das der Fall sein und wir haben nichts weiter zu tun. Manchmal enthält das Modell aber das spannende neue Attribut noch nicht. Dann muss man neu modellieren und dabei empirisch prüfen, ob das Attribut vielleicht zu recht ignoriert wird, weil es nicht genug zur Prognosegenauigkeit beiträgt. In dem Fall haben wir auch nichts weiter zu tun. Nur wenn wir bestätigen, dass euer neues Attribut die Prognose verbessert, ziehen wir den Hut vor dem Sachverstand und der Sorgfalt und nehmen es dankbar in die Modellierung auf."

MM: „OK, verstanden."

LD: „Prima, hast du noch was?"

MM: „Ja, alle Kunden mit stark abfallender Nutzung sollen kulanter behandelt werden."

LD: *(zerbricht seinen Bleistift)*

Diese Unterhaltung wiederholt sich dann alle drei bis vier Monate.
Ihr fortwährender Kampf um Klarheit spielt sich auf allen Ebenen gleichzeitig
ab. Während Sie innerhalb der drei Strategieebenen unternehmenspolitische Verunreinigungen tilgen, wachsen die gestrichelten Querbeziehungen wie in unserer Abbildung an Ihren Strategien vorbei. Sie brauchen viel Beharrlichkeit, um
immer wieder in einem günstigen Moment deren Wurzeln zu kappen.

6.6   Regeln haben absolut immer einen Zweck

Lassen Sie bei Ihrer Logikdokumentation nie zu, dass eine Regel ohne ihren
Zweck festgehalten wird. Und erlauben Sie bei der Dokumentation des Zwecks
nicht zu viele Freiheiten. Denn erstens muss jede Anpassung einen Zweck haben
und zweitens gibt es nur ein ganz kleines Set an legitimen Zwecken.

Betrachten wir eine Beispielregel, hier aus einer Empfehlungslogik:

Beispiel
Bieten Sie das Produkt ENIGMA_XXM niemals einem Kunden mit einer
Durchschnittsnutzung von monatlich mehr als 500 Einheiten an.

Oft begegnet man solchen Regeln, die ohne weiteren Kommentar daherkommen.
Die zwingende Rückfrage sollte lauten: Warum denn nicht? Sollen wir den Tarif
nicht anbieten, weil der Kunde vermutlich nicht interessiert sein wird, weil die
Leistung des Produkts so schlecht zum Nutzungsprofil des Kunden passt? Ist es
also ein Affinitätskriterium? Oder sollen wir ihn nicht offerieren, weil der Kunde
bei diesem Produkt für seine Nutzung viel mehr bezahlen müsste als bisher? Und
weil die Firma den ethischen Anspruch erhebt, niemals so stark gegen die Interessen des Kunden zu handeln – weil sie auch Angst vor einem „Shitstorm" in
den Foren und Sozialen Medien hat? Ist es also ein Hygienekriterium? Oder wird
der Wechsel vermieden, weil der Kunde für seine Nutzung bei diesem Produkt
weniger zahlen müsste, als er es im bisherigen Portfolio tut und das Unternehmen
damit Geld verliert? Ist es also ein Wirtschaftlichkeitskriterium?

Wenn Sie bereits eine Logik-Architektur errichtet haben, deren Grundzüge in
diesen Kapiteln beschrieben werden, so werden Sie nach der mühsamen Suche
nach dem ursprünglichen Regelzweck ungefähr 50 % der angeforderten Regeln
ablehnen können, weil die Prinzipien in Ihrer Logik sie bereits vollständig abdecken. Stellen wir uns vor, Sie hätten bereits eine elegante Wirtschaftlichkeitslogik und eine genauso elegante Affinitätslogik errichtet, beide über die konkreten
Produkte, Tarife und Dienste hinweg abstrahiert. Sie haben Ihr Wirtschaftlich-

keitskriterium über ein prognostiziertes Umsatzdelta und ihr Affinitätskriterium über das Verhältnis von Produktleistung zu Nutzung definiert. Jedes neue Produkt fügt sich in diese Systematik ein und es ist nicht mehr nötig, für neue Tarife neue Regeln zu erdenken – jedenfalls nicht, wenn es sich um die drei grundlegenden Regelzwecke geht. Das ist ideal, aber die Produktmanager im Marketing wissen oder verstehen dies oft nicht. Eine klassische Unterhaltung sieht dann so aus:

Beispiel

Produktmanager (PM):	„Wir haben jetzt den neuen Tarif ENIGMA_XXM und wollen ihn vermarkten. Wir machen eine Outbound-Kampagne. Wir müssen dabei unbedingt folgendes Selektionskriterium einsetzen: Niemanden in die Kampagne aufnehmen, der mehr als 500 Einheiten hat."
Logik-Designer (LD):	„Welchen Zweck verfolgt ihr mit dieser Einschränkung?"
PM:	„Wie bitte?"
LD:	„Wenn wir das Kriterium nicht verwenden würden, welches Problem hättet ihr dann? Verschwenden wir dann Briefmarken, weil zu viele Adressaten kein Interesse haben? Verärgern wir die Kunden damit, weil sie denken, wir wollen sie täuschen? Oder verlieren wir Umsatz mit den Kunden, die das Angebot annehmen?"
PM:	„Das letztere trifft zu: Leute mit so hoher Nutzung zahlen heute viel mehr, als sie mit ENIGMA_XXM zahlen müssten. Die würden sich auf das Angebot stürzen, meine Kampagne verbrennt dann Geld und ich bekomme Ärger."
LD:	„Es ist also eine Wirtschaftlichkeitsregel. Wusstest du, dass wir schon eine elegante Wirtschaftlichkeitslogik für Outbound Kampagnen haben, die auch ohne deinen Eingriff dazu führen würde, dass bei diesem neuen Produkt ein Nutzungsgrenzwert entsteht?"
PM:	„Nein. Aber liegt denn dieser bestehende Grenzwert auch bei 500 Einheiten, so wie ich es verlange?"

LD: „Lass mich kurz in meinem übersichtlichen Logikdokument nach-
      schauen. *(nach kurzer Pause)* Nein, der Grenzwert liegt bei 400 Ein-
      heiten. Wir sind strenger, als du es sein willst und achten noch mehr
      darauf, kein Geld zu verbrennen."

PM: „Aha, das passt also nicht. Ihr müsst für mein Produkt also eine Aus-
      nahmeregel einbauen."

LD: „Welchen Zweck verfolgt diese Ausnahme?"

PM: „Wie?"

LD: „Unsere bisherige Wirtschaftlichkeitslogik ist mit der Abteilung Ana-
      lytical CRM und dem Controlling abgestimmt, basierend auf einem
      Modell des Zusammenhangs von Kundenwert und Kündigungsgefahr.
      Wir sind auf dem Wert 400 gelandet, weil unsere Modelle aussagen,
      dass eine strengere Logik die Churn-Kennzahl beeinflussen würde, eine
      kulantere den Kundenwert. Bei 400 Einheiten haben wir das optimale
      Gleichgewicht aus beiden Aspekten. Hast du fachliche Argumente,
      warum wir ab jetzt mehr Angst vor Churn-Problemen haben sollten und
      kulanter werden müssen? Wenn ja, dann sprich unbedingt mit Control-
      ling und Analytical CRM, dass man die Annahmen des Standardmo-
      dells hinterfragen muss…"

PM: „Nein, es ist okay, wir machen es dann nach der Standardmethode. Ich
      muss jetzt auch langsam ins nächste Meeting…"

LD: „…außerdem ist unsere Wirtschaftlichkeitsgrenze explizit abhängig
      von Churn-Gefahr. Wer schon gekündigt hat, bei dem werden wir sehr
      kulant und setzen die Grenze erst bei 700 Einheiten. Wen wir immer-
      hin für gefährdet halten, weil er einen uralten, unattraktiven Tarif hat,
      dem erlauben wir 580 Einheiten. Die strengen 400 Einheiten gelten nur
      für die große Masse von ungefährdeten Normalverbrauchern. Geld ver-
      brennen wir nur aus triftigen Gründen. Wenn wir bei der Standardme-
      thode bleiben, kommt diese Intelligenz auch deiner Kampagne zugute."

PM: „Okay, danke, bis später."

LD: „Gerne doch."

Zugegeben, ganz so reibungslos verlaufen solche Gespräche normalerweise nicht.
Aber das grundsätzliche Ergebnis ist durchaus realistisch. Es drohte eine weitere
Ausnahmeregel mit mangelhafter Dokumentation, die sich mit anderen Ausnahmen irgendwann zu einem hochkomplexen Logik-Fiasko verwirren würde. Indem
man auf eine Beschreibung des Zwecks pocht, kann man nachweisen, dass die
beschriebene Anforderung inkonsistent in Hinsicht auf die anderen, besser durch-
dachten Anforderungen ist. Dadurch hat die Fachabteilung den Auftrag, eine Auf-
lösung des Widerspruchs herbeizuführen. Mögliche Ergebnisse sind, dass die alte

Standardlogik wirklich auf den Prüfstand kommt oder es einen legitimen Grund gibt, warum gerade dieser Fall eine eigene Ausnahmeregel verlangt. Meistens scheut aber der Anforderer die interne Konfrontation und ordnet sich der existierenden Systematik unter. Und Sie könnten sich wieder entspannen, denn Ihre Logik bleibt elegant und effizient.

6.7 Dokumentation: Wer nicht aus der Geschichte lernt ...

Es ist faszinierend, dass in vielen Unternehmen sehr komplexe und filigrane Business-Regeln im Einsatz sind, ohne dass es eine gebührende oder überhaupt irgendeine Dokumentation darüber gibt. Dokumentationssünden von Fachabteilungen sind allgemein legendär. Vermeintlich haben sie nie die Zeit, um nach einem erfolgreichen Launch den letzten Stand noch gründlich niederzuschreiben, wenn schon das nächste Projekt mit seinen Deadlines unerbittlich näher rückt. Der einzelne Manager oder Berater kann kaum etwas dafür. Ressourcen werden sofort woanders eingesetzt und die wichtigste Dokumentation bekommt immer noch eine niedrigere Priorität als die nebensächlichste Umsetzung. Kaum ein fachlicher Entscheider hat eine nachvollziehbare Dokumentation in seinen persönlichen Zielvorgaben stehen. Es gibt jedoch Unterschiede zwischen der Dokumentation von IT-Projekten und rein konfigurativen, betrieblichen Logikanpassungen.

Betrachten wir zunächst ein klassisches IT-Projekt.

Beispiel

In einem CRM-System werden in Frontends zusätzliche Funktionalitäten hinzugefügt (Buttons, Anzeigefelder etc.) und es werden automatische Prozesse um zusätzliche effizienzsteigernde Schritte bereichert. Ein Auftrags-Fulfillment-Prozess schickt nun auch eine automatische Info-SMS an den Kunden.

Die Details sind egal, dies sind typische funktionale Erweiterungen im Rahmen eines CRM-Projekts. Um all dies zu veranlassen, hat die CRM-Fachseite ein verständliches Fachkonzept geschrieben. Es beginnt mit einer kurzen Erläuterung der allgemeinen Bedürfnissituation und des aktuellen Schmerzes in der kommerziellen Zielerreichung oder bei der Usability. Dann beschreibt es den aktuellen Workflow und benennt die Arbeitsschritte, die in Zukunft anders erfolgen sollten. Adressat eines solchen Fachkonzepts ist der intelligente Programmierer oder Systemarchitekt, der auch die fachlichen Hintergründe verstehen will und muss, um die konkret verlangten Anpassungen einordnen und hinterfragen zu können. Vermutlich hat er dann immer noch ein paar Alternativvorschläge und somit wird das Fachkonzept während der Analysephase noch mehrfach angepasst. Erst nach diesem iterativen Prozess erstellt die IT ein Umsetzungskonzept und setzt die Hebel in Bewegung.

Wenn man sich später zur Abnahme trifft, muss die Fachseite die Erweiterungen gegen ihre Anforderungen prüfen. Bereits zu diesem frühen Zeitpunkt, das heißt schon vor dem Launch einer neuen Funktionalität, muss die Fachseite für mögliche Sünden bei der Erstellung des Fachkonzepts büßen. Oft hat man nämlich in diesem Moment kein verständliches Dokument mehr in der Hand. Man hat einerseits das ursprüngliche, aber inzwischen völlig veraltete Konzeptpapier und daneben noch unzählige „Modifikationsanforderungen", die nicht etwa eine neue Version des Gesamtkonzepts enthalten, sondern jeweils nur eine isolierte Veränderung benennen. Diese hat man während der hektischen Analysephase verfasst, weil man keine Zeit hatte, das Gesamtkonzept jedes Mal vollumfänglich zu aktualisieren und die jeweiligen Änderungen in den Kontext einzuordnen. Jetzt sitzen die Marketingmanager mit langen Gesichtern vor einem Stapel von Dokumenten und stellen fest, dass sie zur Abnahme eines einzigen Lösungsaspekts immer alle Modifikationen durchforsten müssen.

Nehmen wir an, alle quälen sich wacker durch diesen Prozess und schließen ihn erfolgreich ab. Man will nun also zum kommerziellen Launch schreiten und die späteren Endnutzer (etwa Mitarbeiter im Callcenter) informieren. Jemand, der für den Kanal verantwortlich ist, erstellt Folien, die den Nutzern die neue Arbeitsweise erläutern.

Beispiel
Drücke nicht mehr Knopf A, den gibt es nicht mehr. Gehe stattdessen in Maske Y und gib dort die Vertragsnummer in Feld X ein …

Dies ist nun eine Anleitung nach Art eines Kochrezepts, wo alle Schritte ihrer Reihenfolge nach genannt werden, allerdings recht wenig strategischer Hintergrund. Üblicherweise sind das die einzigen Dokumentationen, an denen man nicht vorbeikommt und die daher auch tatsächlich immer erzeugt werden. Schreibt man kein Fachkonzept, baut die IT keine Lösung und man kommt nicht von der Stelle. Und erstellt man keine Folien für die Endnutzer, kommt es noch schlimmer: Sie können nach dem Launch plötzlich Ihr Tagesgeschäft nicht ausführen und es gibt einen gewaltigen Knall.

Mit viel Glück gibt es noch ein drittes Dokument. Hoffentlich ist der Owner des Projekts ursprünglich gezwungen worden, einen brauchbaren Business Case zu erstellen, um das Budget oder die Genehmigung für die Durchführung des Projekts zu erhalten. Wenn dem so ist, bleibt damit noch eine wichtige Dokumentation erhalten: eine quantitative Bezifferung der kommerziellen Beweggründe und versprochenen Ziele.

Stellen Sie sich nun vor, Sie kommen sechs Monate später als neuer Kollege in die Abteilung und wollen das CRM-System und seine Arbeitsweise verstehen. Welche Dokumentationen können Sie jetzt nutzen? Wenn ein Kollege Ihnen zur Begrüßung die drei eben genannten Dokumente zuschickt, ist das schon eine Sensation. Denn normalerweise gibt es bereits während des Projekts niemanden, der alle drei Dokumente kennt. Der Owner lässt durch einen strategischen Berater den Business Case anfertigen, klinkt sich dann aus und lässt sich höchstens noch monatlich in einem Steering Committee den groben Fortschritt schildern. Ein anderer Berater mit operativem Einschlag schreibt das Fachkonzept. Immerhin dürfte er auch einmal einen Einblick in den Business Case gewährt bekommen haben, obwohl dies nicht sicher ist. Ein Mitarbeiter aus der Kanalorganisation erstellt dann die Folien für die User und präsentiert diese. Vielleicht wurde ihm einmal das Fachkonzept erklärt, den Business Case kennt er für gewöhnlich eher nicht. Sechs Monate später, wenn Sie versuchen, das Projekt nachzuvollziehen, ist einer der Berater weg, der andere bearbeitet ein anderes Thema und hat keine Zeit für Sie. Die drei Dokumente liegen verstreut in drei unterschiedlichen, mittlerweile vergessenen Projektordnern. Wer jetzt als Einsteiger die Arbeitsweise des Systems verstehen will, muss bereits mit den Mitteln eines Detektivs oder Archäologen vorgehen: Man macht Ausgrabungen in versunkenen Verzeichnissen, lässt sich uralten E-Mail-Verkehr weiterleiten und interviewt die wenigen Zeitzeugen, die schon zu Projektbeginn im Unternehmen waren und es bis heute geblieben sind.

Das CRM-System, das Sie als Neuling gern verstehen würden, wurde in den letzten fünf Jahren aber nicht nur durch dieses eine Projekt modifiziert, sondern von vielleicht von zehn bis 15. Bei jedem einzelnen dieser Projekte ist die Dokumentationslage Glückssache. Es findet sich immer jemand, der ein Dokument hervorzaubert, aber es ist selten vollständig und beschreibt meist immer nur eine einzige Anpassung. Das Gesamtresultat all dieser kumulierten Anpassungen kann man kaum daraus ablesen. Außerdem sind die Dokumente oft für eine Zielgruppe geschrieben worden, der Sie nicht angehören. Reale Fachkonzepte sind bestenfalls so geschrieben, dass ein hoch motivierter Informatiker, der selbst schon monatelang im Thema ist und an zahllosen Abstimmungen beteiligt war, sie gerade eben dank dieses Hintergrundwissens verstehen kann. Diese Konzepte haben weder ein sorgfältig geführtes Glossar, noch ein gut geschriebenes Einführungskapitel, das einem ahnungslosen Leser hilft, den ersten Zugang zu dem

Thema zu erschließen. Sechs Monate nach dem Projekt würde selbst der Autor sein eigenes Fachkonzept oft nicht mehr verstehen.

Immerhin könnten Sie als neuer Kollege Ihre eigenen Beobachtungen machen. Sie setzen sich vielleicht ins Callcenter und schauen sich die Frontends und Arbeitsvorgänge einmal an. Dabei sehen Sie, welche Buttons existieren und ob sie von den Usern auch wirklich genutzt werden. Wenn Sie durch hartnäckige Recherchen einmal den Ablauf verstanden haben, wird er auch relativ lange konstant bleiben. Niemand will eingeschliffene Arbeitsprozesse ständig verändern, wenn es nicht unbedingt nötig ist, denn es erzeugt zu hohe Kosten, Risiken und Aufruhr unter den Nutzern.

Reden wir aber jetzt einmal über Logik und über Business-Regeln. Nehmen wir beispielhaft eine klassische Restriktionsregel, hier noch ausgeschrieben:

Beispiel

Man darf seinen Vertrag frühestens sechs Monate vor Ende der Laufzeit verlängern. Außer man wechselt in einen Tarif mit höherer Grundgebühr, das darf man bereits zwölf Monate vor Ende der Laufzeit. Aber auch von der Ausnahme gibt es Ausnahmen: Wer nur um zwölf weitere Monate verlängert, darf auch nur dann in eine höhere Grundgebühr wechseln, wenn er weniger als sechs Monate bis zum Laufzeitende hat. Und ein Kündiger wiederum darf jederzeit eine Vertragsverlängerung machen (und seine Kündigung dabei zurücknehmen). Zudem darf er bei dieser Verlängerung auch in einen Tarif mit niedrigerer Grundgebühr wechseln.

Machen Sie sich auch hier nicht wegen der Details verrückt, dies ist einfach eine klassische Business-Regel. Trotzdem ist sie kompliziert genug, um dabei ordentlich durcheinander zu geraten und sie kaum noch eindeutig mit Worten beschreiben zu können. Und vor allem ist die Regel komplex genug, dass man sie niemals durch eigene Beobachtung oder wahrhaftiges Reverse Engineering im Callcenter herausarbeiten könnte, wenn man die Regel nirgends dokumentiert hat. Wäre die Erlaubnis zur Vertragsverlängerung nur von der Restlaufzeit des Vertrags abhängig, so könnte man das noch durch reines Ausprobieren mit verschiedenen Verträgen im Frontend herausfinden. Dafür ruft man sich einige Verträge mit verschiedenen Restlaufzeiten auf und prüft, ab wann sie verlängert werden können. Aber Regeln mit mehrfach verknüpften Kriterien kommt man so nie auf die Schliche. Man würde nicht einmal bemerken, dass Restlaufzeit überhaupt eines der Kriterien ist, denn man begegnet ja durchaus Kunden mit langen Restlaufzeiten, die trotzdem verlängern können und umgekehrt. Solche Regeln müssen festgehalten werden, sonst hat man keine Chance, sie nachzuvollziehen.

Jetzt kann es aber sein, dass man beim Dokumentieren der Regeln den gleichen verhängnisvollen Fehler gemacht hat wie beim Dokumentieren neuer Frontend-Funktionalitäten: Man hat immer nur die Änderungen protokolliert. Bei Ihrer Suche nach Logikdokumenten finden Sie also vielleicht eine Art Anforderungshistorie, die sich etwa so liest:

Beispiel

22.3.	Kündiger dürfen ab jetzt jederzeit ihren Vertrag verlängern.
19.5.	Sechs-Monats-Grenze bei Vertragsverlängerung wird auf acht Monate verlängert.
14.6.	Bei mehr als acht Monaten Restlaufzeit ist nicht nur eine Reduktion der Grundgebühr verboten; es wird ab jetzt eine Erhöhung von 5 € verlangt.
17.7.	5 € Mindesterhöhung wird auf 10 € erhöht; im Kanal POS wird sie aber auf 0 € reduziert

Wenn das System schon einige Jahre in Betrieb ist, hat so eine Liste aber nicht vier Einträge, sondern über 1000. Es ist ja gerade die Stärke eines gut gestalteten Logiksystems, dass man damit schnell und oft auf Geschehnisse oder Erkenntnisse aus dem Markt reagieren kann. Eine Marketingabteilung nutzt dies sofort voll aus und verlangt oft zehn bis 50 Änderungen pro Monat. Dass Sie den aktuellen Gesamtzustand der Logik nun nicht aus einer Änderungshistorie konstruieren können, liegt auf der Hand.

Wie vermeiden Sie nun so eine suboptimale Situation? Eine fachliche Dokumentation der Gesamtlogik wird benötigt. Keine Abfolge von Anpassungen, sondern ein Snapshot der gesamten Logik zum aktuellen Zeitpunkt. Dabei kann man aber noch jede Menge Fehler machen. Vergessen Sie nie, dass dies in erster Linie ein Dokument für die Fachabteilung ist. Marketingmanager oder Produktmanager sollen täglich damit arbeiten. Nach jeder fachlichen Entscheidung muss der erste Gang des Marketingmanagers ihn zu diesem Dokument führen. Dort bildet er das gerade Beschlossene durch ein paar elegante Manipulationen mittels einer allseits respektierten Darstellungsform ab, anstatt in einer E-Mail völlig freie und somit unpräzise und missverständliche Beschreibungen zu verfassen. Diese Arbeitsweise muss mühsam anerzogen und nachhaltig gefördert werden. Schaffen Sie also bitte keine technischen Hürden für Ihre Kollegen aus den Fachabteilungen. Auch kleine technische Fallstricke können bereits hindernd wirken. Die Systematik, die Sie einrichten, muss von jedem Mitarbeiter zu befolgen sein – auch ohne jegliche Schulung in Effizienz steigernden Tools.

Die Fachabteilungen wollen oft mit Microsoft Excel arbeiten. Tun Sie ihnen den Gefallen, auch wenn Sie dutzende Gründe kennen, warum andere Tools geeigneter sind. Sicherlich kennen Sie Tools mit besseren Methoden für Versionierung, kollaboratives Arbeiten und Änderungsverfolgung. Sie haben sicher noch weitere Einwände: Vielleicht ist Excel noch eine nachvollziehbare Umgebung für einen Business Case, der aus Tabellen, Matrizen und Formeln besteht. Für die Dokumentation von Regeln oder gar Abläufen gibt es jedoch ganz andere maßgeschneiderte Tools. Das ist aber alles egal, denn basiert ein Dokument nicht auf Word, Excel oder Powerpoint, wird es in den Fachabteilungen keine Verbreitung finden. Wenn Sie Ihre Flowcharts in Visio erstellen und Ihre Projektplanung in MS Project machen, haben Sie die meisten fachseitigen Projektteilnehmer ausgeschlossen – wenn nicht von der Lektüre Ihrer Inhalte, dann aber sicher vom kollaborativen Arbeiten.

Die Erfahrung zeigt, dass Word und Powerpoint den fachlichen Autoren einfach noch zu viele Freiheitsgrade geben und man ihre Kreativität nur schwer in eine Struktur zwingen kann, die übersichtlich bleibt. Salopp gesagt: In Word erzeugt das Marketing schlechte Literatur, in Powerpoint schlechte Bilder. Beides lässt sich nicht mehr kontrollieren, sondern bestenfalls noch interpretieren. Natürlich hat auch Powerpoint seine Berechtigung, wenn es um Vorlagen für höchste Entscheider geht, die einem Thema maximal zwei Minuten widmen können. Auf der Arbeitsebene ist es jedoch nicht ratsam, diese Darstellungsform zu wählen. Natürlich kann man auch in Word eine Struktur erzwingen und dadurch die Nutzer einschränken, aber damit ist selten etwas gewonnen. Man sitzt am Ende vor einer Art Steuererklärungsformular, nur dass hier der ausfüllende Manager die Freiheit hat, in jede Zelle beliebig viele, zum Teil wirre Texte hineinzuschreiben, da die Zelle geduldig mitwächst. Lesbar ist das Formular am Ende meist nur durch seinen ursprünglichen Designer. Übrig bleibt deswegen Excel.

6.8   Ableitungen gegen intellektuelle Überforderung

Ableitungen sind so lebenswichtig, dass sie ihr eigenes Kapitel verdient haben. Sie sind der Schlüssel zu einem für normale Menschen lesbaren Logikdokument. Gehen Sie deswegen bei der Erstellung Ihrer Logik folgendermaßen vor: Definieren Sie häufig sinnvolle Zwischenergebnisse, unter denen Sie Details wegkapseln können. Wenn Sie dies durchhalten, bekommen Sie zum Einstieg eine übersichtliche, fast trivial anmutende Zusammenfassung Ihrer Logikstruktur. Das kann bei einer Restriktionslogik für Wechsel von einem Quelltarif in einen Zieltarif so aussehen wie in Abb. 6.2 dargestellt.

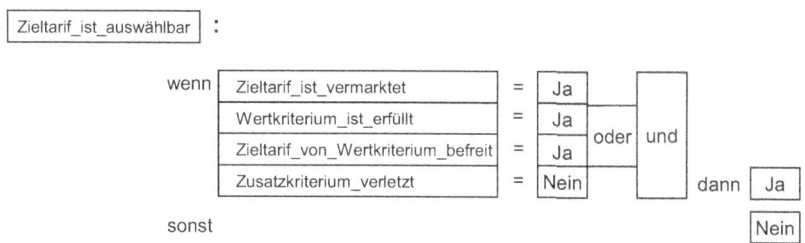

Abb. 6.2 Die oberste Ebene einer Restriktionslogik

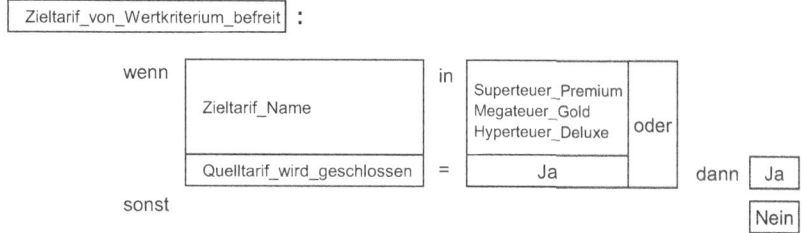

Abb. 6.3 Zentrale Ableitung, die in verschiedenen Steuerungslogiken wiederverwendet werden kann

Die vier Kriterien, die dort verwendet werden, sind Ableitungen. Wenn wir uns eines dieser abgeleiteten Kriterien herausgreifen, können wir auf der nächsten Ebene seine Definition nachschlagen, wie in Abb. 6.3 gezeigt. Es handelt sich in diesem Beispiel um die Befreiung von den Zwängen der Wertorientierung. Sie können sich vorstellen, dass so ein Baustein überall dort wiederverwendet werden kann, wo Wertorientierung herrscht, also in allen Steuerungsinstrumenten, die in diesem Buch diskutiert werden. Es wäre sehr unpraktisch, wenn Sie bei jedem Instrument neu über solche Befreiungsgründe nachdenken müssten und dann am Ende vielleicht noch jedes Mal zu anderen Definitionen gelangen würden.

Innerhalb der besagten Definition sind die verschiedenen Gründe für eine Befreiung von der allgemeinen Wertorientierung aufgezählt. Auch der dabei verwendete Term Quelltarif_wird_geschlossen wird wiederum auf einer noch niedrigeren Ebene in ähnlichem Format definiert. Und so geht es weiter. Man sieht an diesem einfachen, aber realistischen Beispiel gleich viele Aspekte einer guten Logikdokumentation. Zunächst ist die Sprache rein fachlich. Man kann die abgebildeten Zusammenhänge verstehen: Die Restriktionslogik schließt als erstes all jene Tarife hart aus, die nicht dem aktuell vermarkteten Portfolio angehören. Wer hier scheitert, kann durch die anderen Kriterien nicht mehr gerettet werden, denn die Kriterien sind auf oberster Ebene durch „UND" verknüpft. Sodann folgt eine Überprüfung der Wertigkeit der Transaktion. Sinkt vielleicht die Grundgebühr zu stark, sodass man den Wechsel untersagen will? Man sieht jedenfalls sofort, dass das Wertigkeitskriterium durch einen alternativen Pfad umgangen werden kann, denn manche Tarife sind vom Wertigkeitskriterium befreit. Auch solche Tarifwechsel, bei denen das Unternehmen Geld verliert, können erhalten bleiben, wenn es triftige Gründe dafür gibt.

Diese Gründe findet man vor, wenn man eine Ableitungsebene niedriger steigt: Zum einen hat man die hochwertigsten drei Tarife namentlich von dem Kriterium befreit. Vielleicht geschah dies, weil man sich in seiner Kundenkommunikation dazu verpflichtet hat, jeden Kunden zumindest in irgendeinen Tarif des neuen Portfolios hineinzulassen. Und wenn man schon einen Tarif garantieren will, dann nimmt man am besten den teuersten, denn damit droht der geringste kommerzielle Schaden. Zum anderen lässt man den Kunden aber in jeden beliebigen Zieltarif, wenn er aus einem Quelltarif kommt, der geschlossen werden soll. Wenn das höchste Gebot ist, einen lästigen Alttarif endlich zu leeren, dann bietet man diesen Kunden vielleicht bewusst alle denkbaren Wechselpfade an, auch wenn es auf den ersten Blick nicht profitabel wirkt.

Am Ende sieht man noch die Ableitung Zusatzkriterium_verletzt. Diese Formulierung macht deutlich: diese Kriterien sind zusätzlich, das heißt, man kann durch ihre Erfüllung nicht gerettet werden, wenn man an anderen Kriterien gescheitert ist. Sie sind nur zusätzliche Hürden, an denen man auch noch scheitern kann. In diesem generisch klingenden Behälter sind die gesammelten unternehmenspolitischen Sonderwünsche versteckt, die in sich sehr komplex werden können, aber uns dank dieser Kapselung nicht den Blick auf unsere Grundstruktur und unser Werthaltigkeitsprinzip verbauen. Eine reale Restriktionslogik kann sehr groß werden. Die Gesamtheit der politischen Regeln, die in einem konkreten Fall die Restriktionen verkomplizierten, umfasste beispielsweise fast 200 Zeilen. Man sieht hieran, wie wichtig es ist, diese Exzesse einzudämmen.

Was hängt ganz am Ende der Äste eines Ableitungsbaums, wie wir ihn in unserem einfachen Beispiel in Abb. 6.2 und 6.3 skizziert haben? Manche Attribute sind einfach durch Listen definiert. Zum Beispiel verweist Zieltarif_ist_vermarktet meist nicht auf eine weitere Logikebene, sondern einfach auf eine Liste von Tarifen, die das aktuelle beworbene Portfolio darstellen. Eine Liste ist in so einem Fall legitim, weil hinter der Definition des Portfolios keine weitere Logik versteckt ist. Es wurden genau diese Tarife eingerichtet und in die Vermarktung genommen.

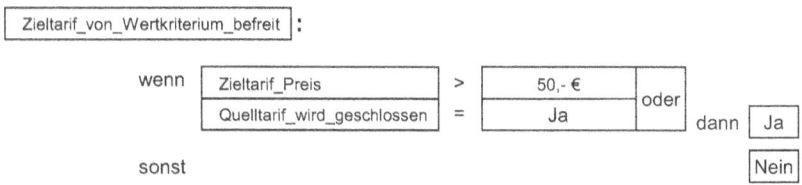

Abb. 6.4 Es ist besser, in Ableitungsbäumen durchgängig mit Eigenschaftskriterien zu arbeiten anstatt mit Aufzählungen von Produkten

Aber in anderen Fällen sollten Definitionen mittels Listen immer mit Skepsis betrachtet werden. Verbirgt sich hinter einer primitiven Liste nicht doch vielleicht ein vergessenes Prinzip? Wenn ja, sollte man es unbedingt ans Licht befördern. So hätte man vielleicht anstatt der drei von der Wertorientierung befreiten Premiumtarife lieber ein übergreifendes Kriterium aufschreiben sollen, wie beispielsweise in Abb. 6.4.

Dies kann vorteilhaft sein. Stellen Sie sich vor, es wird ein vierter Premiumtarif erfunden, der 65 EUR kostet. Hat man das generelle Prinzip in der Logik verankert, so wird auch dieser Tarif automatisch vom Werthaltigkeitskriterium befreit. Wenn wir hingegen mit primitiven Listen arbeiten, müssen wir bei der Einrichtung des neuen Tarifs immer noch selbst an dieses Thema denken.

Auch beim anderen Kriterium, Quelltarif_wird_geschlossen, ist es ein wenig suspekt, die zu schließenden Tarife durch eine primitive Liste zu definieren. Da man einen Tarif nicht zum Spaß schließt, sollte man auch die Hintergründe aufführen. Manche Tarife haben vielleicht so wenige Teilnehmer, dass man sich den Pflegeaufwand sparen möchte. Andere Tarife enthalten möglicherweise noch diverse Altlasten und basieren auf schlechten Entscheidungen des Produktmanagements. Manchmal garantiert man dem Kunden Leistungen, die zu ernsthaften Missbrauchsproblemen führen und dem Unternehmen schaden. Wenn man sich aber vertraglich dazu verpflichtet hat, diese Leistungen weiterhin zu erbringen, muss man zuerst verhindern, dass keine weiteren Kunden in diesen Tarif hineinwechseln. Sonst ist man später gezwungen, die Kunden wieder aus dem Tarif herauszulocken.

▶ Listen verhüllen meist ihren fachlichen Hintergrund. Bringen Sie ihn ans Tageslicht, indem Sie das Prinzip explizit niederschreiben.

6.9   Manchmal hat Technik eben doch fachliche Konsequenzen

Wenn Sie sich nun selbst auf die Schulter klopfen, weil Sie eine Liste in Ihrem Anforderungsdokument erfolgreich in ein abstrakteres Regelkonstrukt überführt haben, sollten Sie noch einen Moment innehalten und einen Gedanken an die Umsetzungsmethode verschwenden. Grundsätzlich sollte sich der fachliche Anforderer ganz in seine eigene Expertendomäne zurückziehen und jegliche Umsetzungsfragen ignorieren, aber dies kann nicht immer ganz durchgehalten werden.

Nehmen wir an, Sie haben – wie oben empfohlen – anstatt der konkreten Auflistung von drei teuren Tarifen nun eine generische Regel mit einer Tarifpreis-Untergrenze formuliert. Sie haben nun volles Vertrauen darin, dass diese Regel in der Zukunft auch neue Tarife korrekt klassifizieren wird, aber ist das so? Damit sich diese Regel im linguistischen Jargon generativ verhält und automatisch auf bisher unbekannte Tarife anwendbar ist, genügt es nicht, dass Sie in der Excel-Tabelle Ihres Anforderungsdokuments eine generische Regel einsetzen. Der Umsetzer – meist aus der IT oder einem mit der IT verbundenem Dienstleister – muss diese auch tatsächlich korrekt ausführen und das ist keinesfalls selbstverständlich.

Selbst wenn der Umsetzer Ihre Absichten versteht und teilt, muss er die Regel vielleicht in einer antiquierten und unflexiblen Umgebung programmieren oder konfigurieren, die überhaupt keine abstrakten Kriterien neben der primitiven Aufzählung von einzelnen Tarifen zulässt. Wissen Sie, nach welchen Designideen Produktbestandteile modelliert und zusammengesetzt werden? Wenn Ihr Unternehmen bereits eine moderne Komponente zur Produktmodellierung einsetzt, ist nicht immer gegeben, dass diese Komponente flexibel und universell genug ist. Gerade eine Produktmodellkomponente ist ein sehr zentraler Baustein Ihres operativen Betriebs. Anforderungen an diese Komponente sind essenziell und sollten besonders geprüft werden. Leider ist es oft immer noch so, dass verschiedenste Tools zur Pflege und Weiterentwicklung eines derartig aufgesetzten Produktmodells eingesetzt werden oder schlimmer noch, erst gar keine zentrale Komponente dafür existiert. Ein Produktmodell sollte tatsächlich in einer zentralen Komponente abgebildet sein, die basierend auf der Komposition Ihrer Produktelemente die Kombinierbarkeit, verschiedenste Sichten auf dieses Modell, Parametrisierungen und eine Reihe anderer wichtiger Eigenschaften und Regeln zulässt und enthält. Treffen Sie bei der Übersetzung Ihrer Wertorientierungslogik auf veraltete oder gar zersplittert abgelegte Produktdefinitionen, so kann das zu ernsthaften Problemen führen. Diese Thematik nebenher zu „renovieren" oder gar neu zu gestalten, wäre ein sehr großes, riskantes Unterfangen.

Wenn Sie also auf derartige Gegebenheiten treffen, werden Sie um eine Über-setzung Ihrer Logik in einfache technische Repräsentationen nicht herumkom-men. Bei einer solchen technischen Transformation werden Fehler gemacht und es gehen Aspekte verloren. Das stellt ein sehr großes Risiko für den geplanten reibungslosen Betrieb und die notwendigen laufenden Änderungen dar.

Vielleicht kann Ihr Produktmodell eine Art Netzwerk aus mannigfaltig ver-knüpften Tarifen, Diensten, Optionen und Rabatten verwalten. Diese Verknüp-fungen bilden ab, welche Kombinationen aus Tarifen und Diensten erlaubt oder gar erzwungen sind. Und auch eine Tarifwechsel-Policy liegt dann in Form eines Netzwerks vor, wobei die Verknüpfungen die möglichen Wechselpfade darstel-len. Wenn die Logik also aus derartig verknüpften konkreten Produkten besteht, dann fehlt genau das, was wir brauchen: Regeln. Man hat in einem solchen Fall hunderte bis tausende Einzelprodukte, die so komplex miteinander in Beziehung stehen, dass dieses System sehr bald nur noch absoluten Experten bedient werden kann.

Wenn man aber nun den Schritt in Richtung Produktregeln gehen will, könnte es passieren, dass Ihre IT etwas Regel-ähnliches implementiert, was aber nur die halbe Lösung ist. Sie führen neben konkreten Produkten auch Netzwerkknoten ein, die Eigenschaften repräsentieren. So bilden Sie etwa einen Knoten für „Leis-tung" und dann Unterknoten für die möglichen Ausprägungen „200", „100", „50" und so weiter. Dies könnten Leistungseinheiten aus verschiedensten Branchen sein, für unser Beispiel muss man sich nicht festlegen. Abb. 6.5 zeigt diese Kon-figuration.

Man verknüpft nun jedes Produkt aus dem Produktkatalog, das tatsächlich 200 Einheiten Leistung besitzt, mit dem Knoten „200" und hat damit gewissermaßen diese Produkte in einer Gruppe zusammengefasst, wie in Abb. 6.6 gezeigt. Will man jetzt eine produktübergreifende „Regel" implementieren, die einen Wechsel aus all diesen Tarifen in einen bestimmten Zieltarif erlaubt, so braucht man die Tarife nicht mehr einzeln zu bearbeiten. Man muss nur eine einzige Verknüpfung zur Gruppe ziehen.

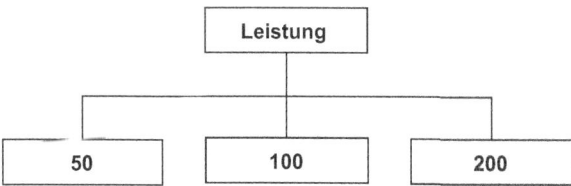

Abb. 6.5 Produkteigenschaften werden in einem Netzwerk implementiert

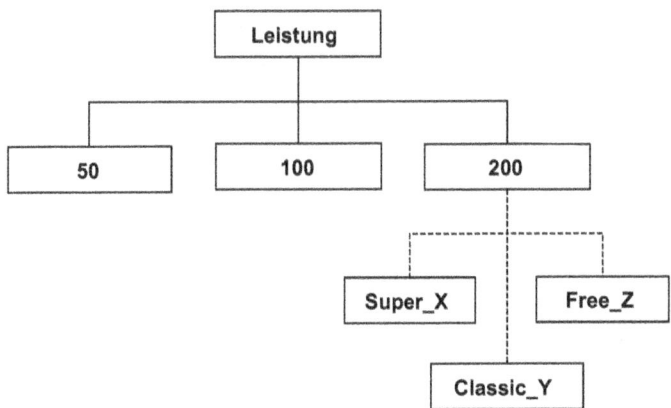

Abb. 6.6 Verknüpfung von Produkten mit bestimmten Eigenschaften zu definierten Produktgruppen

Dies ist zwar etwas effizienter, aber das so um Eigenschaften angereicherte Netz verhält sich trotzdem nicht wie ein echtes Regelwerk, denn es ist nicht wirklich generativ. Wenn Sie im nächsten Jahr ein neues Produkt mit 200 Einheiten Leistung entwickeln, müssen Sie erst noch daran denken, es mit dem Knoten „200" zu verbinden. Erst dann wird die Regel auch automatisch auf das Produkt angewendet. So müssen Sie grundsätzlich jedes neue Produkt an jeden Eigenschaftsknoten anschließen, der darauf zutrifft. Und natürlich können dabei jederzeit Fehler passieren, etwa weil jemand etwas bei der technischen Übersetzung Ihrer Vorgaben vergisst.

Alle weiteren logischen Operationen sind genauso unhandlich. Wenn Sie von exakt „200" auf „<= 200" wechseln wollen, müssen Sie einen neuen Knoten bauen und alle zutreffenden Produkte erneut anschließen. Wenn Sie zu „<= 205" wechseln, ist das ebenfalls ein neuer Knoten. Abb. 6.7 deutet schon an, wie schnell so ein Netzwerk größer und unhandlich wird.

Nun ist Leistung noch ein harmloses Konzept, denn Produkte haben in einer Leistungskategorie meist nicht mehr als fünf bis zehn mögliche Ausprägungen. Es gibt zum Beispiel selten ein 213,5-Einheiten-Paket. Vielleicht bleibt es bei 50, 100, 200, 1000. Was auch immer es für Einheiten sind, kein Unternehmen legt Hunderte von Leistungsgrößen an. Was tun Sie aber, wenn Sie nicht mit Produkteigenschaften, sondern Kundeneigenschaften arbeiten wollen? Diese können durchaus beliebig viele Ausprägungen haben. Der mittlere Rechnungsumsatz in einem Vertrag kann 17,55 EUR oder 41,22 EUR sein. Wollen Sie für jeden dieser krummen Beträge einen neuen Knoten einbauen?

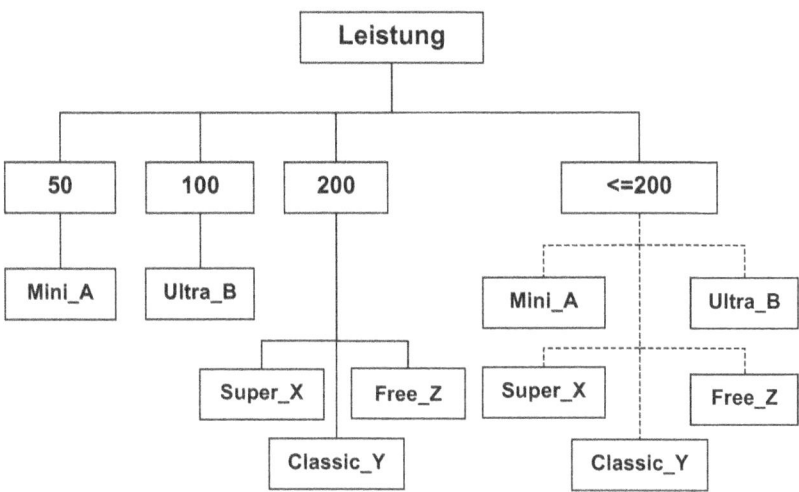

Abb. 6.7 Auch logisch verwandte Eigenschaften müssen im Netzwerk als ganz separate Knoten angelegt werden

Wie beschrieben, kann ein Netzwerk Produkteigenschaften noch halbwegs abbilden, wenngleich dabei auch schon eine Komplexitätsexplosion droht, wie wir oben gesehen haben. Aber was passiert, wenn die Produktlogik auch von Vertragseigenschaften abhängig sein soll? Wenn ein Kunde mit hohem Umsatz andere Wechselmöglichkeiten haben soll als ein Kunde mit niedrigem Umsatz? Dies ist die Kernanforderung jeglicher wertorientierten Business-Logik. Sie werden schnell merken, dass Sie nicht nur für Ihre Produkte ein viel mächtigeres Werkzeug benötigen. Wenn das der Fall ist, wird die IT als Umsetzer ernsthafte architektonische Eingriffe in die Systemwelt vornehmen müssen, um Ihren Wunsch nach echten, granularen, wertorientierten Regeln zu erfüllen.

Was bedeutet dies für Sie? Wenn Sie in Ihrem Anforderungsdokument abstrakte, generative Regeln formulieren, müssen Sie von der IT oder Ihrem Dienstleister explizit verlangen, dass die Umsetzung auch durch abstrakte, generative Regeln erfolgt, oder bei der Übersetzung einen erheblichen Zusatzaufwand einplanen, um die notwendige Qualitätssicherung zu ermöglichen.

Zusammengefasst: Achten Sie darauf, dass die gebauten Regeln sich generativ verhalten, dass sich echte numerische Werte (zum Beispiel Euro-Beträge) komfortabel abbilden lassen und dass auch Vertragseigenschaften (oder Eigenschaften anderer Entitäten wie Vertriebskanäle) in die Regeln einbezogen werden können. Es ist essenziell, dass eine technische Logikarchitektur mit diesen Möglichkeiten geschaffen wird, ansonsten sind Ihre eleganten Regelformulierungen im Anforderungsdokument nichts als eine gefährliche Scheinwelt, denn sie suggerieren dann einen Automatismus, der in der Realität nicht existiert.

Logikstruktur und Design

Logikdesign hat oft keine klare Heimat im Unternehmen und kann leicht zu kurz kommen oder auf dem Schreibtisch von unqualifizierten Kräften landen. Ein Logikdokument sieht für einen naiven Marketingmitarbeiter meist aus wie ein technischer Bauplan, den er nicht verstehen muss. Er weist das Thema einfach von sich. Der naive Informatiker hingegen möchte, dass jemand anderes ihm exakt sagt, was er zu bauen hat. Somit verlangt er, dass ihm ein komplett fertiges Logikdokument vorgelegt wird. Es im Dialog mit fachlichen Stakeholdern selbst zu erarbeiten, fiele ihm nicht ein. Er weist das Thema also auch von sich. Der naive Data-Mining-Experte aus dem Analytischen CRM sieht es als seine Aufgabe an, statistische Prognosemodelle auf Basis der empirischen Realität zu bauen, nicht aber die Strategie und das Wunschdenken des Marketings abzubilden. Auch er sieht das Thema also nicht in seiner Verantwortung. Seien Sie aber nicht naiv, geben Sie dem Logikdesign eine klare Heimat, geben Sie dem Thema Ressourcen und rekrutieren Sie die Skills, die es erfordert.

Literatur

1. Wohland, G., und M. Wiemeyer. 2007. *Denkwerkzeuge der Höchstleister: Warum dynamikrobuste Unternehmen Marktdruck erzeugen.* Hamburg: Murmann.
2. Appleton, D. 1984. Business rules: The missing link. *Datamation* 16:145.
3. Noak, A. 2014. *Business Rules – Geschäftsregeln. Konzepte, Modellierungsansätze, Softwaresysteme.* Hamburg: disserta.

Kalibrierung

7

Wie Sie aus Erfahrung lernen, besser zu werden

Zusammenfassung

Sie werden es sich nicht leisten können, Ihre mächtigen Steuerungsinstrumente nach dem Trial-and-Error-Verfahren auf ihren Kundenbestand loszulassen. Sie benötigen eine hieb- und stichfeste Theorie darüber, welchen Mechanismen das Kundenverhalten folgt und wie es auf die von Ihnen gesetzten Anreize, Strafen und Verbote reagiert. So eine Theorie können Sie nur mittels Erfahrungen aus vergangenen Maßnahmen entwickeln, aber dies erfordert große Sorgfalt und Disziplin.

7.1 Wie weit wollen Sie die Stellschrauben drehen?

Mit Kalibrierung ist die Feinjustierung von Logikparametern gemeint. Restriktionslogik enthält zum Beispiel exakte Umsatzgrenzen, die erreicht werden müssen, damit ein Produkt auswählbar ist. Beim Verhandlungsbudget sollten exakte Koeffizienten gesetzt werden, die bestimmen, mit welchem Rabattierungsgeschenk ein Kunde pro zusätzlichem Euro Gebühr rechnen darf. Solche Werte müssen irgendwie exakt bestimmt werden. Wäre es nicht toll, wenn Business-Logik wie ein Thermostat an der Heizung funktionieren würde? Das Marketing gibt einfach an, wie viel Umsatz mit einem durchschnittlichen Auftrag gemacht werden soll. Ihre Logikexperten stellen dann jeden Tag die Restriktionsgrenzwerte ein klein wenig strenger ein und die Rabattkoeffizienten ein klein wenig geiziger. Dann schaut man täglich ins Reporting und prüft, ob die Kennzahlen sich schon in die richtige Richtung bewegen. Dies wiederholt man so lange, bis das Ziel erreicht ist.

Es gibt viele Gründe, warum das so leider nicht funktioniert. Zunächst ist jede Logikanpassung mit Aufwand im Sinne der Qualitätssicherung verbunden, sodass

© Springer Fachmedien Wiesbaden GmbH 2017 147
K. Zimmermann und F. Pensel, *Deep Customer Value*,
DOI 10.1007/978-3-658-17972-4_7

tägliche Mini-Anpassungen selbst die schlagkräftigste Truppe überfordern würden. Ferner würde so eine schleichende Anpassung das Aufspüren von Effekten im Reporting fast unmöglich machen, denn Kennzahlen haben auch ohne Ihr Zutun schon ein sehr hohes Grundrauschen. Nur mit halbwegs abrupten Eingriffen haben Sie überhaupt eine Chance, einen kleinen Ausschlag zu beobachten. Zu guter Letzt hat niemand die Zeit, auf so eine langsame Veränderung zu warten. Die erhofften Effekte Ihres Eingriffs sind schon längst für das aktuelle Quartal in die Planung eingepreist und dem Management versprochen worden. Sie müssen jetzt sofort geliefert werden.

Zudem ist ein Thermostat ein eindimensionaler Regler, der nichts anderes als Erhöhung und Reduktion der Temperatur bewirkt. Ihr Eingriff in Ihre Logik hat hingegen niemals nur einen Effekt auf die Ziel-Kennzahl. Selbst wenn Sie Ihrem Ziel näherkommen, drohen immer zwei bis drei unerwünschte Nebeneffekte. Sie können diese Folgen nicht ignorieren. Sie müssen die Zusammenhänge der Wirkungsweisen antizipieren, das heißt, Sie müssen die Wirkung Ihrer Maßnahme modellieren.

Das ist unfassbar schwierig. Zunächst einmal kämpfen Sie gegen ideologische Barrieren. Im Data-Warehouse türmen sich die Berge von interessanten Daten, aber Entscheider lassen sich von vermeintlichen Visionären verführen, die das Zeitalter des datengetriebenen Marketings schon wieder für beendet erklären. Im McKinsey Quarterly wird den untersuchten Unternehmen eine übertriebene Neigung zu „rational, scientific evidence at the expense of intuition or gut feel" vorgeworfen [1]. So fühlt man sich auch noch als Management-Avantgarde, wenn man im „Headless Chicken"-Modus des Tagesgeschehens nicht mehr dazu kommt, die letzte Maßnahme zu bewerten, bevor man zur nächsten schreitet. Darüber hinaus entfaltet sich aus einer einzigen Marketingmaßnahme eine ganze Kaskade an Folgeerscheinungen und Wechselwirkungen. Selbst wenn Sie ein so umfassendes Expertenwissen besitzen, dass Sie alle diese Effekte auf dem Schirm haben, werden Sie daran scheitern, sie alle in ein Modell zu zwängen.

Um einmal das breite Panorama der möglichen Wirkungsmuster anzudeuten, spielen wir beispielhaft die Konsequenzen einer sehr einfachen Maßnahme durch.

Beispiel
Verbieten Sie Ihren Bestandskunden einfach einmal einen beliebten, aber sehr günstigen Tarif. Was passiert? Bleibt alles gleich, nur die bisherigen Abschlüsse in diesem Tarif fallen weg? Natürlich nicht. Es entstehen verzwickte Verschiebungen in anderen Messgrößen. Kunden und Verkäufer suchen Lücken, weichen aus, finden Alternativen, die Sie gar nicht beabsichtigt hatten. Sie wollen den mittleren Auftragswert mit Gewalt erhöhen, aber der Umsatz fließt auf ungeahnten Kanälen wieder ab.

Zunächst werden ihre Vertriebsmitarbeiter versuchen, das Verbot zu unterwandern, indem sie den Tarif aus anderen Produktkomponenten kreativ
zusammenbauen: Sie nehmen zum Beispiel das nächste teurere Produkt und
schlagen einen Rabatt darauf (der nie dafür vorgesehen war und nach einer
ganz anderen Kampagne unbemerkt technisch verfügbar geblieben ist). Oder
sie suchen ein anderes Produkt, das ebenso günstig ist, aber etwas weniger
Leistung bietet. Sie legen dann eine kostenpflichtige Leistungskomponente
hinzu und vergeben auf diese wiederum einen Rabatt. Je nachdem, was ihr
Produktportfolio hergibt, gelingt es Ihren gerissenen Vertriebsmitarbeitern
mehr oder weniger gut, Ihre Maßnahme komplett zu neutralisieren.

Wenn sich der abgeschaltete Tarif jedoch nicht exakt künstlich nachbilden
lässt, wird es kommerzielle Effekte geben. Diese werden aber vielleicht anders
ausfallen, als von Ihnen beabsichtigt. Nehmen wir an, Sie zahlen Verkäufern
für ein anderes Billigprodukt eine fast genauso hohe Prämie, zahlen ihnen für
teurere Premiumprodukte aber kaum mehr. In diesem Fall wird kein Verkäufer motiviert sein, das knifflige Problem in Angriff zu nehmen, einen Kunden
von einem teuren Premiumprodukt zu überzeugen. Man wird gelassen auf das
andere Billigprodukt ausweichen, mit dem sich fast genau so viel verdienen
lässt. Der mittlere Wert eines Auftrags wird ungefähr gleich bleiben. Jedoch
wird es gewisse Mengeneinbußen geben, da die bestimmte Gruppe von Kunden, die genau nach den Leistungen des verbotenen Produkts gesucht haben,
nun enttäuscht zur Konkurrenz ziehen. Dies wäre schlecht. Sie verlieren an
Menge, ohne dass der individuelle Wert der verbliebenen Aufträge gestiegen
ist.

Anders wäre die Lage, wenn Ihr Produktmodell dem Verkäufer keine so
gute Alternative bietet. Das andere Billigprodukt wird fast gar nicht prämiert,
das Premiumprodukt hingegen königlich. Bei Ihren Verkäufern wird sich nun
die Spreu vom Weizen trennen: die Koryphäen lassen die Billigprodukte hinter
sich, wachsen über sich hinaus und verkaufen tatsächlich oft das Premiumprodukt. Sie erzeugen mit ihrer grandiosen Überzeugungskraft viel hochwerti-
gere Transaktionen als bisher. Aber auch sie können nicht zaubern und werden
gewisse Mengeneinbußen hinnehmen müssen. Sicher ist es bei diesen Leis-
tungsträgern trotzdem unterm Strich ein Gewinn und man könnte die geringe-
ren Mengen verschmerzen. Schade nur, dass nicht alle Ihre Verkäufer so sind.
Die schlechteren unter ihnen werden starke Verluste machen, denn sie können
das Handicap, nun einen Trumpf weniger auf der Hand zu haben, nicht durch
charismatisches Auftreten kompensieren.

Haben Sie das Produkt vielleicht nur für Bestandskunden gesperrt und für
potenzielle Neukunden im Portfolio offengelassen? Dann werden Ihre Verkäufer noch größere Umwege gehen. Sie überreden den Kunden dazu, seinen

Vertrag komplett zu kündigen und schließen für ihn dann einen Neuvertrag im gewünschten Tarif ab. Da der Kunde Kündigungsfristen hat, zahlt er eine gewisse Zeit lang für zwei Verträge, aber dies lässt sich vielleicht durch einen kreativen Einsatz von Rabatten und Kulanzgutschriften ausgleichen. Dieser Trick wird insbesondere dann angewendet, wenn der Verkäufer für Neukunden hohe Prämien bekommt. Man muss also hier ein Auge darauf haben, ob die Prämien für Bestandskundentransaktionen (zum Beispiel Vertragsverlängerung) hoch genug sind, um mit Neukundenprämien gut mithalten zu können. Der Rotational Churn, der sonst droht, ist für das Unternehmen insgesamt schädlich, da etwas, das eigentlich eine normale Bestandskundentransaktion ist, ebenso hoch belohnt wird, als würde der Verkäufer einen Neukunden den Fängen der Konkurrenz entreißen. Außerdem verliert man bei diesem Kniff die in der Vergangenheit mühsam gesammelte Nutzungshistorie des Kunden und kann daher sein zukünftiges Verhalten schlechter vorhersagen.

Was für das Unternehmen unangenehm ist, kann für einen einzelnen Manager katastrophal sein, wenn seine Ziel-Kennzahl gerade die Churn Rate ist, die seines internen Kontrahenten aber die Neukunden-Menge. Denn es führt erfahrungsgemäß zu einem absurden Theater von selbst verschuldeten Zielkonflikten, wenn man die Verantwortlichkeiten der mittleren Hierarchiestufen entsprechend der einzelnen Unternehmenskennzahlen anstatt der Produkte oder Kundensegmente verteilt. Das führt zwangsläufig zu einem Dauerkrieg zwischen den verschiedenen Managern für Kundenwert, Bestandsgröße und Wachstum, Churn, Akquise und Verlängerungen.

Dies soll genügen, um die Komplexität anzudeuten, die aus einem sehr einfachen Eingriff ins Produktportfolio folgt. Sie aber werden nicht immer nur primitive Vollsperrungen von Produkten umsetzen, sondern in viel filigranerer Weise an den weiter oben diskutierten Steuerungsinstrumenten drehen. Und trotzdem müssen Sie vorhersehen können, welche Konsequenzen das mit sich zieht, denn das erwartet man von Ihnen. Man will einen möglichst konkreten Business Case sehen. Niemand wird Ihnen leichtfertig gestatten, erst einmal mit Trial-and-Error loszulegen. Ihre Fehler kosten schließlich echtes Geld, irritieren vielleicht die Vertriebsverantwortlichen und verursachen Ihren Vorgesetzten unternehmenspolitischen Schaden.

Ein ernsthaftes Problem haben Sie, wenn Sie ein Steuerungsinstrument zum allerersten Mal einsetzen. Vielleicht gab es bei Ihnen noch nie harte Restriktionen und Sie haben bisher nur auf wertorientierte Prämierung gesetzt. Sie haben also leider gar keine Empirie, auf der Sie ein Wirkungsmodell errichten können.

Was tun Sie nun? Im Abschn. 3.2 über Affinität wurde der Standpunkt vertreten, dass handgemachte Modelle, die das Expertenwissen in Ihrem Unternehmen operationalisieren, sogar besser geeignet sind als empirische Modelle, die Machine-Learning-Methoden auf Ihre rohen Auftragsdaten loslassen. Wäre es nicht einfach, wenn hier das Gleiche gelten würde? Leider tut es das nicht. Manuelle Wirkungsmodelle, bei denen fachliche Experte konkrete Annahmen über Modellparameter treffen sollen, sind miserabel. Das bedeutet nicht, dass man auf sie verzichten sollte, wenn man keine Daten zur Verfügung hat. Allein dadurch, dass man ein konkretes rechnerisches Modell der Wirkungszusammenhänge errichtet, schränkt man die Freiheitsgrade seiner Annahmen ein. Selbst wenn die vermeintlichen fachlichen Experten in Wahrheit gar keine Ahnung haben und nur unsinnige Modellparameter eingeben, hat man schon dadurch etwas gewonnen, dass ein kluger Modellierer einen Zusammenhang zwischen Potenzialverschiebungen und echten Mengenverschiebungen in seinem Modell einbaut.

Haben Sie eines Tages ausreichend empirische Daten gesammelt, sollte man ohnehin nicht auf die Idee kommen, das manuelle Modell über den Haufen zu werfen und mit Machine Learning wieder bei Null anzufangen. Vielmehr sollte man zunächst bei seinem Modell bleiben und die Empirie erst einmal dazu nutzen, die konkreten Modellparameter einzustellen. So ein Modell hat also einen Wert, verwerfen Sie es nicht. Aber hoffen Sie auch nicht darauf, dass es Ihnen zu Beginn brauchbare Ergebnisse liefern wird. Im Gegensatz zu Affinitätsmodellen sind Wirkungsmodelle ohne Empirie immer klar unterlegen. Sie brauchen also einen Plan, wie Sie den anfänglichen Blindflug überstehen.

Sie betreten also Neuland mit dem Einsatz eines weiteren Steuerungsinstruments. Wie gehen Sie vor? Am besten vorsichtig. Greifen Sie zunächst nur ganz sanft ein, verbieten Sie etwa nur den ganz sicheren Kunden einige wenige Billigtarife. Und erlauben Sie ihnen immer die Alternative, auch weiter in ihrem bisherigen Tarif zu bleiben. Oder falls Sie diese Kunden animieren wollen, in Zukunft mehr Geld zu investieren, belohnen Sie sie mit attraktiver zusätzlicher Leistung. Geben Sie ihnen dann ruhig „much more for more": viel mehr Leistung für ein wenig mehr Geld. Es gibt viele Wege, ein knallhartes Verbot etwas erträglicher zu gestalten und somit die Gefahr zu bannen, dass es sofort zu einer Massenflucht Ihrer Kunden zur Konkurrenz kommt. Wenn dann diese erste, sanfte Verbotsstufe noch nichts oder zu wenig bewirkt, werden Sie stufenweise strenger. Lassen Sie immer zwischen den Stufen genug Zeit, damit sich in Ihrem Reporting klare Effekte zeigen können, wenn es sie denn gibt.

Beispiel

Aber Sie haben nicht genügend Zeit, um sich an das Thema langsam heranzu-
tasten. Ihr Chef hat dem Management bereits vollmundig verkündet, dass er
schon direkt im nächsten Quartal einen gewaltigen Zusatzumsatz einbringen
wird. Nach oben hat er also blühende Landschaften versprochen. Nun dreht er
sich zu Ihnen und befiehlt, dass Sie mit einer sofort optimal eingestellten Restriktionslogik diese Versprechen wahr werden lassen:

„Im Moment haben wir bei unseren Vertragsverlängerungen im Schnitt
eine Einbuße von 1,50 Euro beim monatlichem Rechnungsumsatz. Die Kunden wechseln zu oft in billigere Tarife. Das ist nicht gut. Deshalb habe ich im
Business Case angekündigt, dass wir die Einbußen mit Einführung der Restriktionen sofort auf einen Verlust von 0,50 Euro reduzieren. Das muss klap-
pen, dann heben wir bis Quartalsende fünf Millionen. Und ganz wichtig: die
Auftragsmenge darf nicht darunter leiden, sonst funktioniert der Case am
Ende doch nicht."

Wenn Sie nach diesem realitätsfernen Wunsch Ihren Chef gehen lassen, haben Sie
verloren. Die Restriktionslogik ist ja nur eine Stellschraube, die die Kunden entweder etwas strenger oder etwas kulanter behandeln kann. Deshalb werden Sie
sich zwangsläufig in einer Trade-off-Situation befinden. Mit strengerer Behandlung steigt zwar der Wert des Auftrags, da wertlose Aufträge wegfallen. Dafür
sinkt aber die Anzahl der Aufträge, denn kein normaler Verkäufer kann jeden
Kunden, der eigentlich den Billigtarif wollte, stattdessen vom Premium-Tarif
überzeugen. Einige Leute werden deswegen ohne Auftrag von dannen ziehen.

Aus diesem Trade-off kommen Sie nicht heraus. Sie können nicht spontan
neue Produkte und Leistungen ins Portfolio zaubern, die so attraktiv für Ihre Kunden sind, dass sie die erhöhte Rechnung verschmerzen. Sie können auch durch
eine außergewöhnliche Kommunikation die strenge Policy nicht im Nebel verschwinden lassen. Sie haben im Moment nur diese eine Stellschraube, an der Sie
drehen können. Und Sie müssen der Realität ins Auge sehen, dass Kalibrierung
der Logik nach einem Wertziel nicht vereinbar mit einer gleichzeitigen Kalibrierung nach einem Mengenziel ist. Ihr Chef hat Ihnen eine unlösbare Aufgabe
gestellt.

Dabei bräuchte eigentlich Ihre Aufgabenstellung überhaupt nicht widersprüch-
lich zu sein. Sie sind zwar in einer Trade-off-Situation, jedoch nicht in einem
Nullsummenspiel. Eine Erhöhung des Rechnungsumsatzes reduziert zwar die
Auftragsmenge, jedoch nicht zwingend so sehr, dass es den Gewinn durch den
höheren Umsatz komplett tilgt. Man kann Ihr Problem zu einem normalen Optimierungsproblem machen. Es gibt eine Einstellung für Ihre Stellschraube, die das

Produkt aus Auftragswert mal Auftragsmenge maximiert. Dies ist die Einstellung, bei der Ihr Unternehmen das meiste Geld verdient. Warum hat Ihr Chef Ihnen nicht „einfach" befohlen, diese Einstellung aufzuspüren und so den Gesamtgewinn zu maximieren?

Dies wäre in der Tat das Beste gewesen, aber leider lässt die Unternehmenspolitik der obersten Planungsprozesse es nicht mehr zu, dass Sie als Marketingmanager sich den Unternehmensgewinn als Kalibrierungsziel setzen. Diese Zielgröße wird vielleicht auf Ebene des Top-Managements gehandelt, aber wenn Ziele über die Befehlskette nach unten transportiert werden, werden sie oft bereits in ihre Komponenten heruntergebrochen. So kommt es, dass Sie jetzt vor der Aufgabe sitzen, den mittleren Rechnungsumsatz der Kunden nach einer Vertragsverlängerung zu steuern. Und nicht das Geld, das Ihr Unternehmen verdient. Von diesem Unterziel kommen Sie nicht mehr los. Jedoch können Sie eine Priorisierung der Ziele einfordern.

Beispiel
„Wert und Menge stehen im Zusammenhang. Wenn ich den Wert erhöhe, bleibt die Menge nicht gleich. Aber wir könnten uns ja darauf einigen, dass der Wert das wichtigere Ziel ist. Ich kalibriere jetzt nur im Hinblick auf das Wertziel. Die Mengenkennzahl beobachten wir nur. Ich berichte dir, welcher Effekt in der Menge entsteht. Wenn dieser inakzeptabel ist, sprechen wir uns neu ab. Du könntest dann entscheiden, dein Wertziel herunterzustufen."

Wenn Ihr Chef einwilligt, haben Sie immerhin eine theoretisch lösbare Aufgabe. Nur ist sie immer noch sehr schwer, denn Sie müssen jetzt aus dem Stand eine Einstellung Ihrer Stellschraube finden, die das Wertziel erfüllt. Der Umsatzverlust soll auf minus 0,50 EUR geschrumpft werden, nicht auf minus 1,00 EUR, nicht auf minus 0,70 EUR. Sie brauchen also jetzt ein Wirkungsmodell.

7.2 Wirkungsmodelle: Wenn Trial-and-Error nicht mehr genügt

Im Kern eines Wirkungsmodells konstruieren Sie ein Conversion-Muster, also einen Zusammenhang zwischen Potenzialen und tatsächlichen Aufträgen. Schließlich wollen Sie ja wissen: Wenn ich das Potenzial an bestimmten Stellen einschränke, indem ich Kunden Wechselmöglichkeiten wegnehme, welche Aufträge bleiben dann ganz aus und welche verändern ihren Inhalt? Wir wollen dies mit dem Beispiel in Abb. 7.1 erklären.

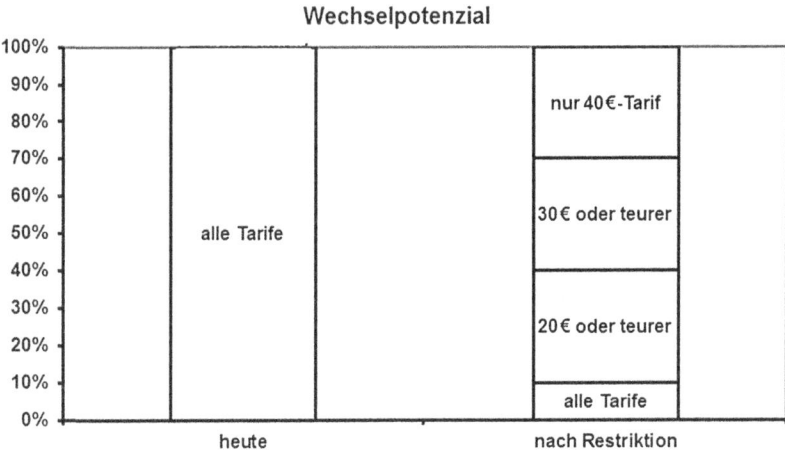

Abb. 7.1 Vor Einführung einer Restriktionslogik durfte jeder Kunde in jedes Produkt wechseln, jetzt sind Kunden in Segmente mit unterschiedlich kulanten Wechselprivilegien unterteilt

Wechselpotenziale sind die Grundlage zur Bildung eines Conversion-Musters. In diesem Beispiel haben Sie zunächst noch gar keine Restriktionslogik. 100 % Ihres Kundenbestands dürfen in alle Tarife des aktuellen Portfolios wechseln. Wie das Wechselpotenzial nach Launch der Restriktionslogik aussieht, können Sie gut technisch simulieren, indem Sie Ihre Restriktionslogik testweise über Ihren gesamten Bestand laufen lassen. In diesem Beispiel ergibt die Simulation, dass nur noch ein Zehntel der Kunden weiterhin in den billigsten Tarif darf. 30 % können immerhin in alle anderen Tarife wechseln, weitere 30 % müssen mindestens 30 EUR zahlen, die restlichen 30 % sogar 40 EUR.

Auftragsmengen sind die zweite Komponente Ihres Conversion-Musters. Die Mengen, die zu den zwei Zuständen unseres Beispiels gehören, sind in Abb. 7.2 dargestellt. Die bisher komplett offene Wechsellogik erzeugt eine „natürliche" Verteilung, bei der der 30-Euro-Tarif am beliebtesten ist. Der 40-Euro-Tarif ist einfach zu teuer und wird selten genommen. Die billigsten Tarife sind auch unbeliebt, wohl weil sie zu wenig Leistung bieten. So agieren Ihre Kunden, solange Sie keine Restriktionen anwenden.

Sie müssen nun die Verteilung vorhersagen, die aus Ihrer neu einzuführenden Restriktionslogik resultieren soll. Damit starten Sie nicht bei null. Alle heutigen Verteilungsaspekte werden auch in der Zukunft wieder auftreten, es wird aber

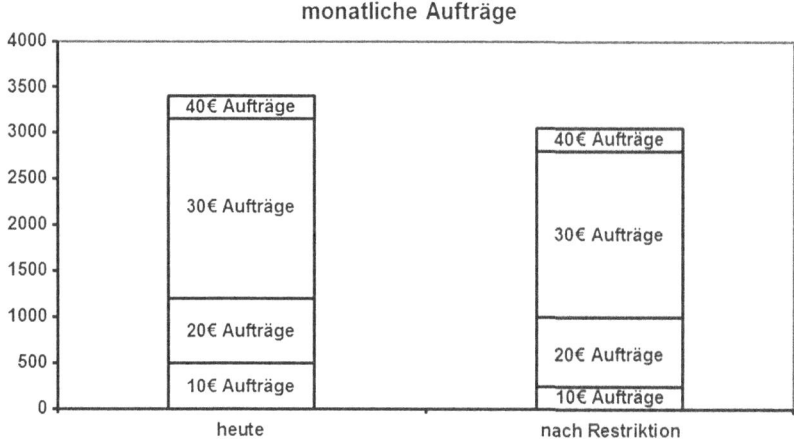

Abb. 7.2 Reduktion und Verschiebung der Aufträge als Konsequenz der Einführung von Restriktionen

Verschiebungen geben. Diese können Sie zwar jetzt noch nicht empirisch vorhersagen, aber aus Ihrem Fachwissen ableiten. Die Zehn-Euro-Aufträge können sich nur verringern, da das Potenzial um 90 % reduziert wurde. Jedoch reduzieren sich die Aufträge nicht genauso stark. Die meisten Kunden, denen der billige Tarif verboten wurde, waren ohnehin nicht daran interessiert, da sie mehr Leistung gewohnt sind. Bei den 20-Euro-Aufträgen glauben Sie aber an eine Erhöhung der Menge. Zwar wurde auch hier das Potenzial eingeschränkt, aber dafür weichen viele Kunden, denen das Zehn-Euro-Produkt verweigert wurde, jetzt hierauf aus. Natürlich kann der Zuwachs hier nicht größer sein als der Verlust in der Zehn-Euro-Kategorie. Und so können Sie weitermachen. Am Ende ergibt sich, dass unter dem Strich eine Reduktion der Gesamtmenge zu erwarten ist.

Zwar sind dies alles reine Annahmen ohne jeden empirischen Beweis, aber Sie müssen immer zu einem in sich konsistenten Ganzen zusammengesetzt werden. Dieser Vorgang schränkt die Freiheitsgrade der Einzelspekulationen ein und erzwingt eine gewisse Realitätsnähe.

Auch die unterschiedlichen Muster innerhalb einzelner Kundensegmente können Sie schon heute empirisch ausloten. Hochwertige Kunden erzeugen viele Tarifwechsel, verlieren dabei aber tendenziell etwas von ihrem Wert. Niedrigwertige Kunden bleiben hingegen in ihren Billigtarifen und erzeugen nur wenige Wechsel. Diese Wechsel – wenn sie dann einmal auftreten – erhöhen aber meist

den Wert, weil der Kunde sich erst dann aus seinem Tarif herauswagt, wenn die
geringe Leistung seinen Bedarf nicht mehr deckt und er Zusatzleistung kaufen
muss.

Auf diese Weise erhalten Sie nicht nur Vorhersagen über Mengeneffekte, sondern auch über Werteffekte. Wenn Ihre Restriktion besonders in den hochwertigen
Segmenten das Wechselpotenzial verringert, bekommen Sie starke Mengen- und
Werteffekte. Wenn Sie eher in den niedrig wertigen Segmenten ansetzen, passiert
gar nichts, denn die Kunden dort bewegen sich ohnehin wenig. Und wenn Sie sich
bewegen, dann aufwärts, was Sie sicherlich nicht unterbinden werden.

7.3   Simulation von Potenzialen

Sie haben eben an dem Beispiel gesehen, dass der erste Schritt zu einem solchen
Conversion-Modell in der Bestimmung des theoretischen Potenzials besteht. Sie
müssen zuerst sicherstellen, dass Ihre Restriktionen dem Kundenbestand eine
bestimmte Menge von Wechselmöglichkeiten verbietet. Erst dann können Sie
beginnen, über das Conversion-Verhalten nachzugrübeln. Aber woher wissen Sie,
wie vielen Kunden Ihre Logik die jeweiligen Tarife verbieten wird? Dieses Puzz-
leteil Ihres Modells können Sie erfreulicherweise sehr genau abschätzen, indem
Sie es simulieren. Simulation bedeutet in diesem Fall, dass Sie für jeden Kunden
in Ihrem Bestand ausrechnen, welche genauen Tarife Ihre geplante Restriktionslogik ihm gestatten würde. Dies ist technisch nicht ganz einfach, denn Sie müssen
eine bestimmte Restriktionslogik komplett entwerfen und umsetzen, ohne dass
sie bereits für Ihre Kunden wirksam wird, also in einer Art Testumgebung. Dort
benötigen Sie dann eine Methode, die diese Logik im Batch-Modus auf Millionen von Kunden anwenden kann, wobei die Ergebnisse (hier die erlaubten Tarife)
dokumentiert und analysierbar sein müssen.

Wenn auch dies gelungen ist, haben Sie alle drei Teile zusammen: eine
Simulation der Wirkung Ihrer Logik auf die Bestandspotenziale; ein empiri-
sches Modell über natürlich auftretende Conversion-Muster, die aus Potenzialen
Aufträge werden lassen; und ein von Annahmen getriebenes Modell über das
Ausweichverhalten bei Verboten. Dies ist zusammengenommen bereits recht
komplex, aber es ist immer noch das einfachste mögliche Modell, das bereits die
Trade-off-Charakteristika der Situation plausibel abbilden kann.

Im Idealfall überreden Sie Ihren Chef, diesen kühnen Verfasser des optimisti-
schen Business Cases, die Annahmen über Ausweichverhalten höchstpersönlich
zu unterschreiben und damit zu seinen eigenen zu machen. Wer als Entscheider
und Führungspersönlichkeit erstgenommen werden will, wird sich hier nicht hinter Experten verstecken.

7.4 Kontrollgruppen

7.4.1 Wer braucht die eigentlich?

Man beachte, dass diese ganz grundlegende Kalibrierung bis zu diesem Punkt ohne Kontrollgruppen auskommt. Zumindest kann man sich eine idealisierte Welt vorstellen, in der Sie die analytische Arbeit an einem Wirkungsmodell wie eben beschrieben vorantreiben können, ohne einen kleinen Kundenanteil zur Seite zu legen, den Sie bewusst von der besonderen Marketingbehandlung ausschließen. Aber leben Sie in so einer idealisierten Welt? Sie haben jetzt vielleicht eine langatmige, stabile Kennzahl vor Ihrem geistigen Auge, die man wochenlang beobachtet, bevor man dann mit seiner Logik plötzlich eingreift und sofort einen gut sichtbaren Ausschlag erkennt. Wäre es nicht schön, wenn Sie einen klaren Ausschlag in einer Zeitreihe wie in Abb. 7.3 beobachten könnten?

Aber wird dies jemals geschehen? Stellen Sie sich vor: Bei einem Experiment im Chemieunterricht rühren Sie immer mehr von dem Pulver in die erwärmte Flüssigkeit und warten darauf, dass irgendwann eine kritische Masse erreicht wird und sich die Farbe des Indikatorstreifens ändert. Sie haben absolute Kontrolle

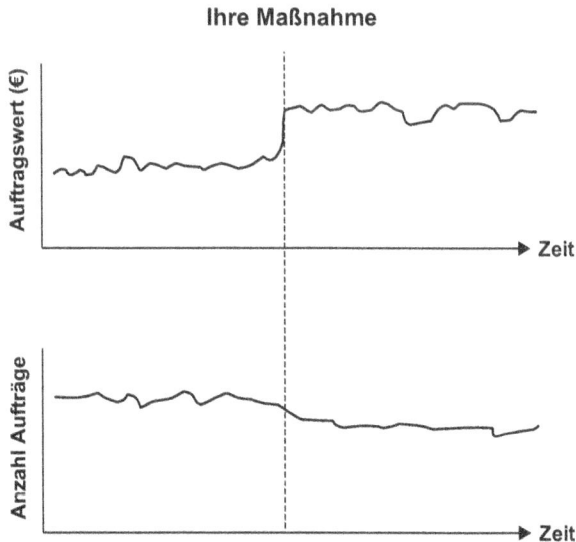

Ihre Maßnahme

Abb. 7.3 Reports, die Sie gerne sehen würden

über das Experiment und wissen mit Sicherheit, dass die auftretende Färbung ein Resultat ihres Pulvers ist. So läuft es aber im Marketing nicht. Stellen Sie sich stattdessen eine Horde schlecht erzogener Mitschüler vor, die Ihnen andauernd in die Versuchsanordnung pfuscht. Als Sie gerade nicht hinschauen, schüttet Ihnen jemand eine fremde Substanz in den Erlenmeyer-Kolben. Während Sie erbost zum Lehrer laufen und sich beschweren, stellt ein anderer die Flamme Ihres Bunsenbrenners höher. Verzweifelt sehen Sie zu, wie die Farbe des Indikatorstreifens sich ständig chaotisch verändert, völlig ohne Ihr Zutun. Welchen Effekt jetzt noch das Pulver haben mag, ist so nicht festzustellen.

Im Marketing ist es nicht anders. Für Ihre Einführung und Kalibrierung der Restriktionslogik wird niemand die Welt anhalten. Kollegen, die entweder nichts von Ihrer Maßnahme wissen, sie nicht verstehen oder sich nicht dafür interessieren, erfinden unablässig neue Promotionen und Rabatte, andere Kampagnen und Sonderangebote, verteilen nach Herzenslust Sonderprämien an Verkäufer und so weiter. All dies geschieht natürlich nicht entsprechend Ihrer sorgfältig definierten Wertkennzahl, sondern danach, welches Thema aktuell vom Produktmanagement gefördert wird.

Was Sie sehen werden, ist eine Zeitreihe wie in Abb. 7.4, die schon in den Zeiten, als Sie noch gar nicht eingegriffen haben, auffällige Muster aufweist. Schon vor Ihrer Maßnahme sehen Sie diverse Ausschläge und keinen davon können sie

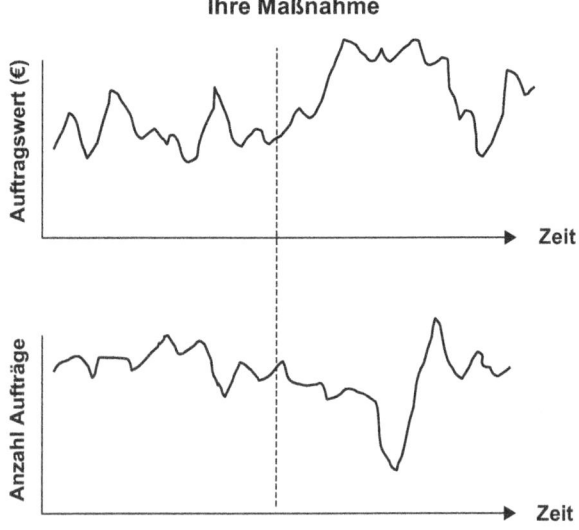

Abb. 7.4 Reports, die Sie tatsächlich sehen werden

erklären. Vielleicht ist dies einfach eine Zufallsvariation, vielleicht sind es Ihnen unbekannte Maßnahmen. Beides ist problematisch. Der Auftragswert steigt in diesem Beispiel sogar ein paar Tage nach Ihrer Maßnahme an. Aber wenn Sie ehrlich sind, haben Sie keine Erklärung dafür, warum der vermeintliche Effekt erst mit Verspätung eintritt. Auch für den späteren Einbruch der Kurve, können Sie keinen Grund ausmachen. Ist der ganze Anstieg vielleicht durch etwas ganz Anderes verursacht worden? Oder überlagert sich Ihr Effekt mit etwas Anderem? Zeigt der Report nun überhaupt einen Effekt? Sie können sich nicht sicher sein. Noch weniger können Sie sagen, wie groß die Auswirkungen sind, wenn sie denn überhaupt existieren. Sie sind also nicht wirklich schlauer geworden. Nützliche Empirie für zukünftige Kalibrierungsrunden ist dies nicht.

Aber nicht verzweifeln, denn Sie haben ja noch eine Wunderwaffe: die Kontrollgruppe. Kontrollgruppen sind bei einem Steuerungsinstrument wie Restriktionslogik etwas anders zu gestalten als bei klassischen Outbound-Kampagnen. Beginnen wir aber zur Orientierung mit diesem klassischen Outbound Anwendungsfall, denn er ist Ihnen vermutlich schon vertraut. Wenn Sie im Rahmen einer solchen Kampagne 50.000 Kunden anrufen oder ihnen Briefe schicken, ist es ganz klar, was es bedeutet, in einer Kontrollgruppe zu sein.

Outbound Typ 1: Kontrollgruppe ist affin, wird aber nicht kontaktiert
Sie haben eine Kontrollgruppe, deren Mitglieder eigentlich die Kriterien für die Kampagne erfüllen, dann aber doch nicht kontaktiert werden. Die Messung, die dadurch möglich wird, zeigt den Effekt der Kampagne. Sie wollen Aufträge stimulieren, müssen aber berücksichtigen, dass auch nicht kontaktierte Kunden eine gewisse Menge von spontanen, natürlich auftretenden Aufträgen erzeugen. Sie dürfen jedoch nur jene Aufträge Ihrer Kampagne zurechnen, die bei kontaktierten Kunden zusätzlich zu dieser Grundmenge entstehen. Wenn Sie aber mit Response-Codierung ohnehin in der Lage sind, natürliche und zusätzlich verursachte Aufträge technisch auseinanderzuhalten, dann brauchen Sie so eine Kontrollgruppe gar nicht.

Outbound Typ 2: Kontrollgruppe wird kontaktiert, ohne dass Affinität geprüft wird
Was Sie aber vermutlich brauchen, ist eine Kontrollgruppe, die die Richtigkeit Ihrer Selektionslogik überprüft. Man nimmt 5000 Kunden und kontaktiert sie, obwohl man gar nicht überprüft hat, ob sie den ausgeklügelten Kriterien der Kampagne genügen. Die Kriterien verlangen etwa, dass die angesprochenen Kunden eine bestimmte Mindestnutzung aufweisen, weil man sie dann für affin im Hinblick auf das angebotene teure Hochleistungsprodukt hält. Wenn man nun

auch 5000 Leute anschreibt, die laut dieser Theorie nicht sonderlich affin sind, erwartet man dort eine niedrigere Responsequote und somit die Bestätigung, dass man bei den anderen 45.000 Kunden durch schlaue Selektion Geld verdient hat.

Aus dem Outbound-Geschäft kennt man aber auch schon das Dilemma, vor dem ein typischer Marketingmanager steht. Die Freude darüber, dass man durch die 5000 zufällig selektierten Kunden die Richtigkeit der Selektionslogik nachgewiesen hat, weicht sehr schnell dem Ärger darüber, dass man anstatt dieser 5000 willkürlichen Zufallskunden nicht gleich 5000 hochaffine ausgewählt hat. Mit Kontrollgruppen verbrennt man immer ein wenig Geld. Im Marketing genehmigt man deshalb oft gar keine Kontrollgruppen. Die Verantwortlichen spüren immer sehr akut den Schmerz, Potenziale liegen zu lassen, während sie hingegen das Risiko, jahrelang blind mit einer wirkungslosen Logik zu fahren, oft verdrängen.

Verlassen wir nun den Outbound-Fall. Betrachten wir, was eine Kontrollgruppe bei einer Restriktionslogik bedeuten kann. Restriktionen wirken in reaktiven Kontaktkanälen wie dem Callcenter oder dem POS. Niemand wird kontaktiert, also kann auch niemand vom Kundenkontakt ausgeschlossen werden. Wenn ein Kunde, den man in einer Kontrollgruppe angelegt hat, im Laden steht oder beim Customer Service anruft, wird man ihn behandeln müssen. Man kann hier mit Kontrollgruppen verschiedene Ziele verfolgen:

Inbound Typ 1: Gesamtnutzen der Maßnahme
Sie können erstens versuchen, den Nutzen der Restriktionslogik in ihrer Gesamtheit nachzuweisen. Was wäre denn gewesen, wenn Sie dem Kunden alle Wechsel erlaubt hätten, die er sich wünscht? Sie wollen zeigen, dass man dabei Umsatz verloren hätte und somit die Restriktion eine erfolgreiche Maßnahme war. Man kann also eine Kontrollgruppe aufsetzen, in der Kunden alles tun können, was sie wollen. Den Umsatz, den man gegenüber dieser Gruppe mit seiner Maßnahme gesichert hat, dürfen Sie komplett Ihrer Maßnahme anrechnen. Dies ist natürlich nur dann fair, wenn es vor Einführung Ihrer Restriktion tatsächlich einmal diese Situation gab, in der Kunden alles durften. Wenn Sie aber ehrlich sind, existierte ein solcher Zustand vermutlich nie. Man hat immer schon gewisse Tarifwechsel-Pfade verhindert, wenn man fürchtete, dass dort zu viel Umsatz abfließt. Wenn Ihre Restriktionsmaßnahme eigentlich darin besteht, eine primitive Tarifwechsel-Matrix durch eine clevere, kundenindividuelle Restriktion unter Berücksichtigung von Kündigungsgefahr abzulösen, dann muss in Ihrer Kontrollgruppe eigentlich die alte Matrix vollständig angewandt werden. Sie werden dann sehr bald merken, dass es aufwendig ist, zwei komplette Logikphilosophien parallel weiterzupflegen. Wenn Sie aber den Gesamtnutzen Ihres konkreten Eingriffs zeigen müssen, dann bleibt Ihnen nichts anderes übrig.

In Abb. 7.5 sieht man die Kurve der Kundengruppe, die tatsächlich die Maßnahme erhalten hat. Diese schlägt so sehr aus, dass sie ohne eine Vergleichs-
möglichkeit mit einer Kontrollgruppe absolut nutzlos wäre. Doch durch diesen
Vergleich zeigt sich, dass die Erhöhung des Auftragswerts doch auf die Maßnahme zurückzuführen ist. Der spätere Einbruch hat hingegen andere Ursachen,
denn er betrifft auch die Kontrollgruppe in ähnlichem Ausmaß.

Inbound Typ 2: Beschleunigte Kalibrierung
Eine zweite Zielstellung ist es, mithilfe von Kontrollgruppen mehrere Strenge-
grade, also Einstellungen Ihrer Restriktions-Stellschraube, gleichzeitig zu testen.
Es wurde bereits darauf hingewiesen, dass das vorsichtige, graduelle Anziehen
der Stellschraube über mehrere Monate ein Luxus ist, den Sie sich nicht leisten
können. Erstens will man von Ihnen sofortige Resultate sehen und gestattet das
Durchprobieren einer langen Folge von Einstellungen nicht. Zweitens werden
die Marketingkollegen zeitgleich so viel Änderungen im Kundenbestand verursachen, dass Sie beim Betrachten Ihrer Zielkennzahl im Zeitverlauf gar nichts
erkennen. Also beginnen Sie zwangsläufig mit einer gewagten Parametereinstel-
lung, die auf vielen Annahmen basiert. Und natürlich werden Sie damit vermutlich einen Fehler begehen. Sie bewirken entweder nichts oder viel zu viel.

Es wäre doch praktisch, wenn Sie neben Ihrer mühsam modellierten initialen
Strenge-Einstellung noch zwei weitere kleine Gruppen pflegen, bei denen die
Kunden einmal deutlich strenger behandelt werden und einmal deutlich kulanter.

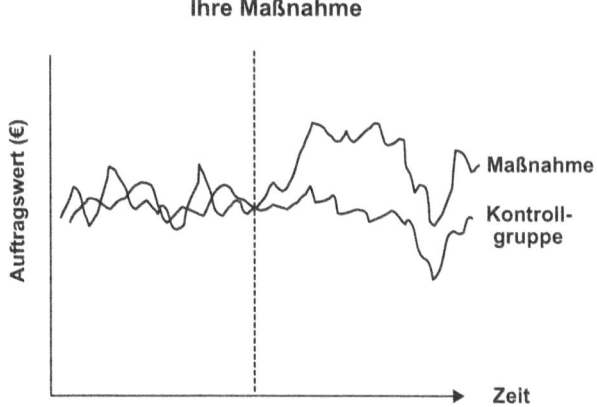

Abb. 7.5 Durch eine Kontrollgruppe kann auch in starkem Grundrauschen der Effekt
einer Maßnahme nachgewiesen werden

Wenn Ihre Hauptgruppe dann etwa gar keine Wirkung zeigt, haben Sie noch gute Chancen, dass sich zumindest in der sehr strengen Kontrollgruppe etwas nachweisen lässt. Die Wirkung dieser beiden Gruppen lässt sich nun gut vergleichen, denn die Störfaktoren durch Ihre Marketingkollegen beeinträchtigt beide Gruppen in gleichem Maße und lässt sich deswegen wegkürzen. Sie haben nun eine gute Orientierung für die nächste Logikanpassung: Wenn die strenge Kontrollgruppe bereits zu starke Auswirkungen zeigt, müssen sie nächstes Mal die goldene Mitte finden. Wenn hingegen auch die strenge Gruppe nicht streng genug war, müssen Sie sie noch übertreffen. Und natürlich richten Sie auch bei der nächsten Anpassung wieder Kontrollgruppen in beiden Richtungen – strenger und kulanter – ein. So kommen Sie deutlich schneller ans Ziel.

Abb. 7.6 zeigt in den Ergebnissen, dass die kulante und die mittlere Restriktionslogik noch nicht zu einer Wirkung führten. Erst die strenge Einstellung hat einen steuernden Effekt. Dies erkennen Sie also schon jetzt, ohne erst alle drei Einstellungen hintereinander ausprobieren zu müssen.

Inbound Typ 3: Optimierung von Trade-offs
Kommen wir nun zur dritten Art, Kontrollgruppen anzuwenden. Wir haben bis eben nur davon gesprochen, eine Art globale Strenge über alle Kundensegmente hinweg zu kalibrieren. Die Aufgabe war nur festzustellen, ob man insgesamt schon zu viele Aufträge einbüßt oder ob man die Schrauben noch etwas fester anziehen darf.

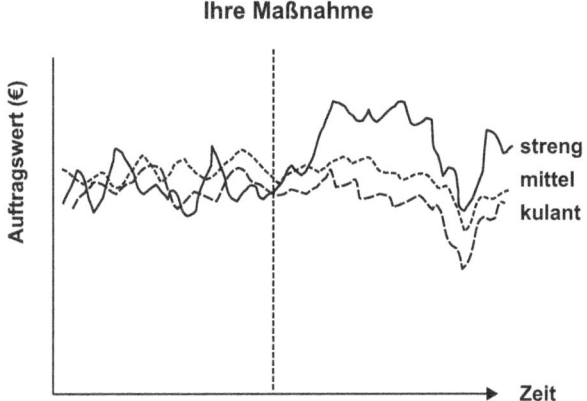

Abb. 7.6 Durch Kontrollgruppen können Sie mehrere leicht abgewandelte Logikkonfigurationen gegeneinander laufen lassen und sich so schneller Ihrem Kalibrierungsziel nähern

Nun haben Sie aber außerdem Ihren Kundenbestand in Segmente unterteilt, die Sie unterschiedlich streng behandeln wollen. Am Ende läuft hier alles auf eine Einschätzung der Gefahr hinaus, ob Sie den Kunden verlieren, wenn Sie zu streng mit ihm sind. Hat der Kunde bereits eine Kündigung eingereicht, müssen Sie ihm mehr entgegenkommen, als wenn er das noch nicht getan hat. Und auch innerhalb der Kündigergruppe werden Sie unterscheiden wollen: Kündigt jemand kurz nachdem er den Vertrag erst abgeschlossen hat, so müssen Sie zwar auf der Hut sein, brauchen jedoch nicht schon jetzt in Panik zu geraten und alle Möglichkeiten auszuschöpfen. Vermutlich geht der Kunde bei all seinen Vertragsabschlüssen so vor und liebäugelt noch gar nicht konkret mit der Konkurrenz. Er wird offen für Angebote sein und sich mit einem etwas günstigeren Angebot zum Bleiben überreden lassen. Kündigt jemand jedoch kurz vor dem Datum, an dem sich sein Vertrag automatisch um ein Jahr verlängert hätte, will er vielleicht wirklich gehen und hat bereits konkrete Pläne für einen Anbieterwechsel. Hier sollten Sie sich nicht zurückhalten. Sie sollten den Kunden von Restriktionen befreien und ihm alle Möglichkeiten eröffnen, die Ihr Produktkatalog bietet. Da viele Kunden jedoch davon ausgehen, dass Sie diese Strategie verfolgen, warten sie bewusst bis kurz vor ihrer Deadline, weil Sie ihnen am Ende die besten Angebote vorlegen werden. Da sie diese strategisch denkenden Kunden mit keinem Prognosemodell der Welt von denen mit echten Kündigungsabsichten trennen können, ist es am Ende wieder ein empirisches Optimierungsproblem in einer Trade-off-Situation. Je misstrauischer Sie Ihre Kündiger beäugen und je geiziger Sie bis zum letzten Moment in den Verhandlungen bleiben, desto geringer sind Ihre Wertverluste durch diese Art von Missbrauch. Aber desto höher sind auch Ihre Mengenverluste durch solche Kunden, die Sie mit etwas mehr Kulanz hätten retten können. Es gibt eine optimale Strenge-Einstellung, bei der das Verhältnis dieser beiden Outcomes optimal ist. Sie müssen sie nur finden.

Aber auch innerhalb der Kunden, die noch keinerlei Kündigungsabsichten verlauten lassen, werden Sie vielleicht Unterschiede machen wollen. Jemand, der einen Tarif hat, der gar nicht zu seinen Nutzungsbedürfnissen passt, wird eher unzufrieden sein und eine höhere Kündigungsgefahr haben. Ebenso können Sie auf die bisherige Dauer der Vertragsbeziehung schauen. Je länger der Kunde bereits unverändert in einem teuren Tarif verbleibt, desto wahrscheinlicher ist es, dass er sich einfach nicht für sein Produkt interessiert. Er ist vielleicht finanziell gut aufgestellt, zu beschäftigt, zu faul oder zu naiv, um sich einen Marktüberblick zu verschaffen und sein aktuelles Produkt auf den Prüfstand zu stellen. Ihm gegenüber dürfen Sie ruhig streng sein.

Inbound Typ 4: Bewertung von Kündigungsgefahr-Modellen
Wie bereits besprochen, macht man sich auf der Marketingseite üblicherweise
nicht die Mühe, diese eben genannten Prädiktoren einzeln zu durchdenken, sondern man beauftragt einen Kündigungswahrscheinlichkeits-Score bei der Analytikabteilung. Und damit kommen wir zu einer weiteren Einsatzmöglichkeit für
Kontrollgruppen. Sie können die Güte des Scores überprüfen, indem Sie die Mitglieder der Kontrollgruppe gesondert behandeln. Dabei spaltet sich das Thema in
zwei getrennte Fragestellungen.

Erstens können Sie mit einigen jener Kunden, die laut Modell hoch gefährdet sind, testweise genauso streng verfahren wie mit vermeintlich ungefährdeten
Kunden. Sie teilen den Bestand damit in zwei Gruppen, die zwar gleich behandelt werden, jedoch unterschiedlich gefährdet sind. Sie messen damit die Auswirkung der Gefährdung unter „natürlichen" Bedingungen. Die Gruppe mit den
vermeintlich gefährdeten Kunden sollte eine höhere tatsächliche Kündigungsquote ausweisen, andernfalls ist ihr Prognosemodell fehlerhaft. Nun zur zweiten
Fragestellung: Vergleichen Sie die Kündigungsquote der gefährdeten Gruppe, die
standardmäßig kulant behandelt wurde, mit der Quote bei den ebenso gefährdeten
Kunden, die aber streng behandelt wurden. Wenn erstere eine niedrigere Quote
ausweist, ist das also die Wirkung Ihrer kulanten Behandlung. Sie haben sich nun
also zwei extrem wichtige Erkenntnisse erarbeitet. Sie kennen erstens die Qualität
Ihrer Kündigungsprognose, das heißt Sie wissen, dass selbst im höchst gefährdeten Kundensegment „nur" 25 % tatsächlich ihren Vertrag deaktivieren lassen.
Dies ist zwar ein recht beachtlicher Anstieg gegenüber einer allgemeinen Kündigungsquote von beispielsweise vier Prozent. Ihr Modell trennt also sehr gut und
ist aus analytischer Sicht akzeptabel. Trotzdem liegt die Prognose damit noch in
satten 75 % der Fälle falsch. Und das wird immer so sein. In der realen Welt sind
Kündigungsmodelle nie deutlich besser. Fehlalarme sind immer noch am häufigsten. Zweitens kennen Sie die positive Wirkung von kulanter Behandlung und
können diese auch quantifizieren. Das heißt, sie können zum Beispiel abschätzen,
dass ein zusätzlicher Rabatt in Höhe von fünf Euro ihre hoch gefährdeten Kunden
dazu bewegt, ihre Kündigungsquote von 25 % auf 15 % zu reduzieren.

75 % an Fehlalarmen sind bei einer Restriktionslogik ein echtes Problem,
denn hier kommt es zu Mitnahmeeffekten. Die kulante Gewährung von Vergüns-
tigungen, mit denen Sie Ihr hoch gefährdetes Segment überschütten, landet zu
75 % bei Kunden, die gar nicht daran gedacht haben zu kündigen. Sie nehmen
Ihr Geschenk aber sicher gerne an und optimieren ihren Rechnungsbetrag. Dieses
Geld haben Sie komplett verbrannt, ohne den geringsten Nutzen daraus zu ziehen. Damit die kulante Behandlung Ihres gefährdeten Segments sich insgesamt

trotzdem rechnet, muss der Effekt bei den 25 %, die zu Recht bevorzugt behandelt werden, so hoch sein, dass er den Mitnahmeeffekt überkompensiert. Diese Kunden wären ohne Ihren Eingriff alle weg. Die attraktiven Angebote müssen nun genug von ihnen retten, um mit diesem Umsatz auch noch den Mitnahmeeffekt zu bezahlen. Wird das gelingen? Rechnen wir es aus. Im Beispiel in Tab. 7.1 und 7.2 sieht es nicht gut aus, wie ein grober Überschlag zeigt. Nehmen wir an, Sie deklarieren 5000 Ihrer Kunden als gefährdet. Ohne besondere Kulanz, das heißt ohne Rabatt, kündigen tatsächlich 25 % davon. Die anderen 75 % bleiben bei Ihnen und liefern weiterhin ihre unrabattierte Monatsgebühr ab, sagen wir 20 EUR. Tab. 7.1 zeigt eine Übersicht einer Situation, in der Sie nichts tun.

Nun greifen Sie mit einem Rabatt ein, den Sie an alle 5000 Kunden ausgeben. Tatsächlich bleiben Ihnen dadurch nun 85 % der Kunden erhalten anstatt nur 75 %. Diese 85 % zahlen aber nur noch je 15 EUR. Unterm Strich war die Aktion ein Fehlschlag, der Sie über 10.000 EUR pro Monat kostet. Tab. 7.2 zeigt dieses Ergebnis. Diese Maßnahme wäre nur dann aufgegangen, wenn ein Großteil der potenziellen Mitnehmer seine Chance gar nicht wahrgenommen hätte. Aber darauf braucht man nicht zu hoffen. Man kann Kündiger nur mit einem wirklich guten Angebot retten. Wenn ein Angebot aber wirklich gut ist, werden sich auch die anderen darauf stürzen.

Tab. 7.1 Kundenverhalten ohne Rabattaktion

	Kündigen wirklich	Kündigen nicht
Anzahl pro Monat	1250	3750
Umsatz pro Vertrag	0,00 EUR	20,00 EUR
Umsatz insgesamt	0,00 EUR	75.000,00 EUR

Führt man keine Rabattaktion durch, muss man zwar etliche Kündigungen hinnehmen, wahrt bei allen Nichtkündigern jedoch den vollen Umsatz

Tab. 7.2 Kundenverhalten mit Rabattaktion

	Kündigen wirklich	Kündigen nicht
Anzahl pro Monat	750	4250
Umsatz pro Vertrag	0,00 EUR	15,00 EUR
Umsatz insgesamt	0,00 EUR	63.750,00 EUR

Die Kündigungsreduktion war sehr erfolgreich, aber die Mitnahmeeffekte bei Kunden, die gar nicht kündigen wollten, sind so groß, dass unterm Strich einen Schaden von 11.250,00 EUR entsteht

Im Allgemeinen kann man sagen, dass die Qualität von Kündigungs-Prognosemodellen selten oder niemals gut genug ist, um echte, teure Privilegien bei einer Restriktionslogik zu rechtfertigen. Der einzige Prädiktor, der aussagekräftig genug ist, um eine bessere Behandlung auslösen zu dürfen, ist das Einreichen der Kündigung selbst. Kündiger darf man also kulanter behandeln als Nichtkündiger, obwohl es auch hier Mitnehmer gibt, die die Kündigung nur einsetzen, um einen besseren Deal zu erhalten. Innerhalb von Nichtkündigern sollte man eigentlich keine Score-basierten Privilegien vergeben. All dies dürften Sie für Ihr Unternehmen bestätigen können, wenn Sie Kontrollgruppen auf diese Weise einsetzen.

7.4.2 Wie viel Potenzial müssen Sie opfern?

Die Frage nach der Größe einer Stichprobe ist oft strittig. Wie schon gesagt, sind Entscheider mit echten kommerziellen Zielen strikt dagegen, wenn man ihnen vorschlägt, zehn Prozent ihres sorgfältig kultivierten Kundenbestands mit absichtlich falscher Logik zu behandeln (zu streng oder zu kulant), nur um eine statistische Hypothese zu bestätigen. Trotzdem brauchen Sie diese statistische Erkenntnis, denn sonst können Sie Ihre Logik nicht mehr weiter justieren. Man muss also zunächst einmal die Ansprüche an die Güte der Messung herausarbeiten, um zu einem vernünftigen Kompromiss bezüglich der Größe zu kommen.

Wie groß muss nun der wahre Effekt der Maßnahme sein, damit er in der Messung noch sichtbar ist? Nehmen wir zum Beispiel die Messung von Mengeneffekten. Wenn die Auftragsmenge um ein Prozent sinkt, muss man das erkennen können? Und wie schnell will man den Effekt messen können? Ist es hinnehmbar, wenn wir zunächst mal ein halbes Jahr lang Aufträge sammeln, bis wir die benötigte Menge für eine verlässliche Messung haben? So viel Zeit wird man Ihnen sicher nicht geben, sondern man wird vermutlich nach zwei Wochen Antworten sehen wollen.

Es gibt statistische Verfahren, die Ihnen basierend auf diesen Ansprüchen die kleinstmögliche Kontrollgruppengröße ausgeben. Aber auch ohne diesen sehr professionellen Ansatz kann man mit einem groben Überschlag schon bereits die Verhandlungen bestreiten.

Beispiel

Wenn Ihr Kundenbestand jeden Monat 20.000 Aufträge erzeugt, dann sind Sie schon mit einer außergewöhnlich großen Datenmenge gesegnet. Man will nach zwei Wochen bereits Antworten, hat dann also nur 10.000 Aufträge zur

Analyse. Nehmen wir einmal an, Sie haben Ihren Entscheider trotz Widerstand zu einer Kontrollgruppe von zehn Prozent überredet. Dann haben Sie ja immerhin 1000 Aufträge in Ihrer Kontrollgruppe, 9000 in Ihrer Testgruppe. Sie wollen jetzt in der Lage sein, eine Senkung von einem Prozent in der Auftragsmenge verlässlich zu erkennen. Das wäre ein Rückgang auf 8910 Aufträge in Ihrer Testgruppe, während die Kontrollgruppe bei 1000 bleibt. Ob dies als ein signifikantes Ergebnis gelten darf, hängt von der Menge an unerklärtem Hintergrundrauschen in Ihrer Kennzahl ab. Fragen Sie sich: Wenn ich gar keine Maßnahme durchgeführt hätte und einfach nur regelmäßig die Mengen in meinen beiden Gruppen messen würde, was für eine Zeitreihe bekäme ich wohl? Eine, wo meine Kontrollgruppe immer nur leicht zwischen 999 und 1001 vibriert, oder eine, wo die Zahlen drastisch schwanken, beispielsweise von 922 bis 1134?

Wenn Sie ehrlich sind, haben Sie bei solchen Zahlenreihen in Ihrer ganzen Karriere immer solche großen Schwankungen gesehen. Egal wohin Sie schauen: in jeder Zeitreihe, die in der realen Welt des Marketings gebildet wird, ist ein großer Anteil an Variation und Schwankung unerklärt. Vielleicht nicht prinzipiell unerklärbar, aber Sie haben faktisch im Moment keine Erklärung. Deshalb erscheinen in jeder Zeitreihe, die Sie je gesehen haben, unschöne und scheinbar zufällige Zacken. Und diese Zacken sind viel größer als der winzige Effekt, dem Sie auf die Spur kommen wollen.

Das Fazit: nach zwei Wochen werden Sie keine klaren Aussagen zu einem Effekt in Höhe von einem Prozent bekommen, selbst mit einer luxuriösen Kontrollgruppe von zehn Prozent. Damit können Sie jetzt in eine fruchtbare Diskussion einsteigen: Sie suchen am Ende vermutlich nur noch nach größeren, wichtigeren Effekten (zum Beispiel einem fünfprozentigen Mengenrückgang), haben vielleicht sogar vier Wochen dafür Zeit und gute Chancen, mit eine Kontrollgruppe von zehn Prozent zu arbeiten.

7.5 Wer darf kalibrieren?

Sie sehen an den oben angeführten Beispielen, dass sehr viele Aspekte von dem, was man als Marketingsteuerung oder CRM-Steuerung bezeichnet, rein analytisch lösbar sind. Es handelt sich um Optimierungs- oder Prognoseprobleme. Hier bräuchte ein Entscheider im Bestandskunden-Marketing eigentlich nichts weiter zu tun, als die Zielkennzahl zu nennen und den anzustrebenden Wert anzusetzen.

Es wäre noch besser, wenn er auch zwei bis drei andere unternehmenskritische
KPIs nennen würde, für die kein Zielwert vorgegeben ist, die man aber im Auge
behalten muss.

Beispiel

Das Ziel einer Maßnahme ist, dass der monatliche Rechnungsbetrag durch die
Restriktionslogik im Mittel um 2,50 EUR angehoben wird. Unter Beobachtung sollen dabei die Auftragsmengen und die Anzahl der Kündigungen sein.
Vielleicht zeigt sich ja, dass während des iterativen Justierens der „Strenge"
schon eine Mengen-Schmerzgrenze erreicht ist, bevor man am Umsatzziel
angekommen ist. Dann muss man schon vorher aufhören und seinen Business
Case nach unten korrigieren – oder aber man hat noch kreative Ideen, wie man
seine Kunden kommunikativ von einem höheren Rechnungsbetrag überzeugen
kann.

Dies wäre jedenfalls eine professionelle Arbeitsweise, bei der die Aufgaben richtig verteilt sind: eine Marketing-Fachabteilung formuliert Ziele, die von dem
Businessplan des Unternehmens und der strategischen Ausrichtung abgeleitet
sind. Diese Ableitung kann kein reiner Analyst übernehmen, sie liegt ganz beim
Marketingexperten oder Betriebswirt. Die Analytikabteilung übernimmt jedoch
alles andere: eine Logik wird gestaltet, die Restriktionen und ihre Strenge für
Kundensegmente definiert. Die Logik wird über den gesamten Kundenbestand
simuliert, um die Potenziale für Wertverluste darzustellen. Ein Wirkungsmodell
wird erstellt, das aus diesen berechenbaren Potenzialen die Effekte auf die Ziel-
kennzahl und die genannten Nebenkennzahlen abschätzt. Man kalibriert so die
Logik schon vor ihrem Launch, arbeitet dabei vorerst zwangsläufig mit wacke-
ligen Annahmen, setzt diese Kalibrierung aber nach dem Launch fort und ersetzt
graduell die unsicheren Annahmen durch gemessene Zusammenhänge, zum Beispiel unter Verwendung von Kontrollgruppen.

Das Marketing braucht bei diesem Prozess nichts beizutragen und sollte dies
auch nicht tun, denn Marketingmanager und Produktmanager sind keine Analysten. Sie können auch nicht die Wirkung von Maßnahmen methodisch sauber
von Störeffekten unterscheiden oder die Mechanik von Kontrollgruppen richtig
gestalten. Um diese Tätigkeiten gibt es dann Zuständigkeits-Wettkämpfe, weil
der globale Steuerungsprozess oft bei der Analytik-fernen Fachabteilung liegt und
diese nur punktuell Einzeldienstleistungen bei den Analytikern fordert. So wird
vielleicht aus einer fälschlichen Vorstellung heraus eine Scorecard beauftragt,
diese dann aber so ungeschickt in die Business-Logik eingebaut, dass sie gar
keine Wirkung mehr hat. Das bemerkt man aber nicht, weil niemand die Kontrollgruppen angefordert hat, mit denen man dies hätte nachweisen können.

So werden vielleicht für die Prognoseprobleme die aktuellsten Algorithmen in den performantesten Statistik-Paketen eingesetzt, womit die Analytiker dann unter sich auf Konferenzen zu Recht prahlen. Auf Hochglanz-Folien wird dort vermeldet, dass der Einsatz ausgeklügelter genetischer Algorithmen oder neuronaler Netze mit Backpropagation über fünf Schichten die Genauigkeit bei der Kündigerprognose von 25 % auf 32 % angehoben hat. Was dort aber niemand weiß, ist, dass diese analytische Leistung überhaupt nichts nützt, weil sie in die Hände von analytischen Amateuren gegeben wurde, die es völlig falsch einsetzen.

Es ist ja nicht so, dass es ansonsten für klassische Mitarbeiter im Marketing oder im CRM nichts zu tun gibt. Viele wichtige und unternehmenskritische Aufgaben wollen erledigt werden, die ein tiefes Verständnis der Produktwelt, der Marktsituation und der Bedingungen im Kundenkontakt erfordern und somit sicher nicht durch Optimierungsalgorithmen oder technische Automatisierungen erledigt werden können. Neue Produkte müssen ersonnen werden, pfiffige Kommunikation will gestaltet sein, Arbeitsabläufe in den Kontaktkanälen definiert und durch Tools unterstützt werden, deren Usability dann auch durch Experten gesichert werden muss. Wenn jedoch diese Rahmenbedingungen feststehen, wenn ein wohldefiniertes Portfolio an Produkten über wohldefinierte Kanalsysteme in einem ebenso wohldefinierten Workflow verkauft wird und dann der Chef eine Ziel-KPI ausgegeben hat, dann sollte der Rest eigentlich durch Analysten entschieden und auch erledigt werden. So eine Arbeitsteilung ist jedoch leider nicht üblich. Stattdessen sollen Marketingmanager ohne die notwendigen Skills die in diesem Buch vorgestellten Instrumente der Wertorientierung auf einem viel zu detaillierten Niveau zu steuern. Während die Analysten vielleicht gerade dabei sind, sich auf ein optimales „Strenge-Niveau" einzupendeln und bereits alle Privilegien für Kündigungsgefährdete ausgeschlossen haben, die sich nachweislich aufgrund von Mitnahmeeffekten nicht rechnen, kommen diese Marketingmanager mit jeder Menge Ausnahmen daher. Gewisse Produkte sollen nun häufiger verkauft werden, weil sie im strategischen Fokus stehen. Man nimmt dabei stärkeren Umsatzverlust in Kauf, gewährt höhere Rabatte und vergibt besonders hohe Prämien an den Verkäufer. All dies stört natürlich die Erreichung des eigentlich festgesetzten Umsatzziels.

Andere Eingriffe laufen völlig ins Leere, werden aber aus unternehmenspolitischen Gründen trotzdem durchgesetzt. Stellen Sie sich vor, dass jemand, der Ihre Restriktionslogik nicht kennt, an einem besonders wichtigen Tarif einen festen Rabatt von zehn Euro verankert. Er ist zufrieden, denn nach dieser Maßnahme müssten ja die Verkaufszahlen in die Höhe schnellen. Was er nicht versteht, ist, dass Ihre unbestechliche Restriktionslogik diesen nunmehr besonders billigen Tarif viel weniger Kunden als Wechselziel zur Verfügung stellt als bisher. Schließlich ist man ja streng mit seinen Kunden und gestattet ihnen nur ein bestimmtes Maß an Umsatzreduktion. Die einzigen Kunden, die jetzt noch in diesen Billigtarif dürfen, sind diejenigen, die auch heute schon wenig zahlen, für sie ist der Tarif gar nicht so attraktiv. Die Wirkung des Rabatts verpufft also. Analysten müssten in die Lage versetzt werden, solche Fehler abzuwehren. Dies ist aber meistens zu dem Zeitpunkt, wo das Problem bei ihnen ankommt, nicht mehr möglich.

Auch kann es sein, dass ein Manager ein bestimmtes Kundensegment besonders ins Herz geschlossen hat und ihm Privilegien verschaffen will, die sich nachweislich nicht rechnen. Dies kann auch meistens nicht mehr abgewehrt werden, weil es dem Vorstand bereits als sinnvolle Herangehensweise versprochen wurde. Und da liegt das Problem. Selbst wenn das Marketing nachweislich bessere Ergebnisse erreichen würde, indem man den Analysten nur direkt die KPI-Ziele vorgibt, an denen man selbst gemessen wird, könnte die Marketingabteilung so etwas dem Top-Management nicht vermitteln, ohne als hilflos und unselbstständig wahrgenommen zu werden. Der Vorstand kann sich mit dem Thema nur fünf Minuten beschäftigen und in dieser Zeit muss man ihm eine eingängige Story vorsetzen, die wiederum die Vorstellungen bestätigt, die der hochrangige Manager aus seiner Helikopterperspektive von der Marketingsteuerung hat. In dieser Geschichte sind die Helden die einzelnen Produkte, Kundensegmente und Verkaufskanäle, die man alle auf dem Schirm hat und mit viel Sachverstand fein justiert. In knackigen Bulletpoints werden da drei bis fünf beherzte Maßnahmen hervorgehoben: „Wir retten das Unternehmensziel, indem wir Produkt X besonders in Kanal Y pushen, aber natürlich nur für das strategische Kundensegment Z." Der Vorstand ist beeindruckt von so viel wohldurchdachter Initiative und geht dann über zum nächsten Thema. Das Versprechen muss aber natürlich mit höchster Priorität eingelöst werden und so wandert die Anforderung die Hierarchieleiter nach unten, bis sie beim Sachbearbeiter ankommt, der dann den Analysten beauftragt, in seine Kalibrierungsarbeit noch ein paar hart codierte Ausnahmen über Produkt X, Kanal Y und Kundensegment Z einfließen zu lassen.

Noch komplexer wird es, wenn man dem Vorstand nicht nur eine Geschichte über Produkte und Kunden verspricht, sondern die technischen Capabilities und Tools ins Spiel bringt. Hat man sich einmal damit gebrüstet, mit radikal fortschrittlichen Prognoseverfahren die gefährdeten Kunden zu erkennen und entsprechend zu behandeln, dann ist man dazu gezwungen, dies auch zu tun – selbst wenn es aufgrund von Mitnahmeeffekten nachweislich Geld verbrennt. Mitnahmeeffekte wurden bereits ausführlich behandelt. Eigentlich dürfte man in solchen Fällen den gefährdeten Kunden keine Privilegien gewähren. Hat man dem Vorstand aber bereits davon berichtet, führt kein Weg daran vorbei. Was also tun? Man zieht die Grenzwerte so streng, dass nur 0,001 % des Bestands als gefährdet gelten. Das zusätzliche Geld, das man in diese wenigen Kunden investiert, ist nach wie vor verloren, aber da es so wenige sind, ist das vernachlässigbar und das Versprechen ist intakt. Sie haben jetzt aber eine Business-Logik, die absichtlich wirkungslose Komplikationen und Ausnahmen enthält und deswegen immer schwieriger zu steuern ist.

▶ Der wichtigste Erfolgsfaktor beim Einsatz von analytischer Optimierung ist, es damit auch wirklich ernst zu meinen. Auch die genialste Optimierungsmethode nützt nichts, wenn sie nur bei Vorstandspräsentationen zum Einsatz kommt, während auf der Arbeitsebene weiter der Daumenregel und alten Gewohnheiten gefolgt wird.

Kalibrierung

Es birgt eine große Gefahr, eine Marketing-Fachseite vor eine Maschine mit vielen Knöpfen und Drehreglern zu setzen und sie dann damit allein zu lassen. Wenn man den fachlichen Anforderern im CRM-Bereich immer ihren Willen lässt, entsteht im schlimmsten Fall ein fertig gebautes Steuerungssystem, das wie ein klassisches Mischpult aus einem Tonstudio des letzten Jahrhunderts aussieht: unendliche Reihen von Knöpfen, Lämpchen und Schiebereglern. In einem echten Tonstudio sitzt aber ein Experte mit einem feinen Gehör vor diesem Gerät und bekommt ein sofortiges Feedback, wenn er zu viel Bass oder zu wenig Höhen aufgedreht hat. Stellen Sie sich vor, Sie setzen nun einen unerfahrenen Absolventen vor dieses Pult, bitten Ihn, eine Einstellung vorzunehmen, und prüfen erst in drei Wochen einen Report, um eventuell die Wirkung dieser Einstellungen zu beurteilen. Kann das funktionieren? Natürlich nicht. Da Sie kein Echtzeit-Feedback bekommen, müssen Sie beim Einstellen dieser Regler bereits ein in sich schlüssiges System haben, Sie können sich keine Fehler leisten. Und wie sieht es bei Ihnen aus? Haben Sie schon so ein Mischpult im Haus? Und auch ein System dafür, wie Sie es einstellen? Und wer dreht bei Ihnen an den Knöpfen?

Literatur

1. Birkinshaw, J., und J. Ridderstrale. 2015. Adhocracy for an agile age. *McKinsey Quarterly* 2015 (4): 44–57.

Wie viel Veränderung schafft meine Organisation tatsächlich?

8

Veränderungen in Organisationen: Gegen Angst und Kontrollverlust

Zusammenfassung

Die Einführung von Regelwerken zur wertorientierten Steuerung von Kunden-transaktionen ändert die Arbeitsweise in den Organisationen erheblich. Hier-von betroffen sind nicht nur die Fachbereiche Marketing und Vertrieb, auch die IT muss sich auf neue Themen in ihren Arbeitsabläufen einstellen. Eine gute Vorbereitung und konsequente Umsetzung ist dabei essenziell. Bei der Einführung regelbasierter Wertsteuerung durch ein Projekt, mehrere Projekte oder gar einem Programm muss hier frühzeitig auf die Einbeziehung der Lini-enorganisationen geachtet werden, da derartige Veränderungen sonst zwangs-läufig zu Abstoßungsreaktionen führen können.

8.1   Wie strategisch darf es sein?

Wenn Sie einen entscheidenden Schritt beim Deep Customer Value voran kom-men wollen, müssen Sie eine klare Zielvorstellung haben und Ihre Organisation dazu bringen, diese zu verfolgen. Konzeptionell haben Sie sich in den vorange-gangenen Kapiteln bereits gerüstet. Beschreiben Sie nun Ihr Ziele basierend auf den Erkenntnissen über die Instrumente der Wertsteuerung und wie Sie damit arbeiten wollen. Welchen strategischen Schritt Sie damit gehen, werden Sie schnell merken. Sie werden es irgendwie schaffen müssen, diese Strategie mit den vorhandenen Unternehmensstrategien abzugleichen und Fürsprecher zu gewinnen. Ihre Unternehmensstrategien hängen direkt von Ihren Geschäftsmo-dellen und dem Zeitpunkt des Markteintritts ab, an dem Sie sich befinden. Soll-ten Sie also Digitale Vertragsprodukte in Ihrem Portfolio haben, so werden Sie

© Springer Fachmedien Wiesbaden GmbH 2017   173
K. Zimmermann und F. Pensel, *Deep Customer Value*,
DOI 10.1007/978-3-658-17972-4_8

nicht darum herumkommen, diese Überlegungen anzustellen. Selbst wenn Sie feststellen, dass eine umfangreiche Wertsteuerung noch nicht notwendig ist, weil Sie zunächst Marktanteile rein über Menge gewinnen müssen, um als Marktteilnehmer ernst genommen zu werden, gilt es, den richtigen Zeitpunkt zu finden, ab dem Wertsteuerungselemente wichtiger werden. Es geht hier um eine strategische Fragestellung, wie Sie in Zukunft oder eben auch schon aktuell Wertorientierung und die Steuerungsinstrumente in die Unternehmensprozesse integrieren wollen und welche Art der Zusammenarbeit zwischen den beteiligten Organisationseinheiten etabliert werden sollte. Wie viele neue Aspekte dabei aufgeworfen werden, hängt ein wenig von der Evolutionsstufe ab, auf der sich Ihr Unternehmen befindet.

Zunächst ist es vorrangig keine Fragestellung der Organisation selbst. Reorganisationen gibt es ja schon genug. Eine Organisationsstruktur ist von sich aus nicht gut oder schlecht, effizient oder ineffizient. Vielmehr entscheiden die Ausrichtung, also die Ziele, die Art der Zusammenarbeit und die Prozesse darüber, wie effizient eine Organisation ist. Selbstverständlich gibt es förderliche und weniger förderliche Strukturen, wenn es darum geht, über mehrere Verantwortungsbereiche hinweg zu steuern. Genau hier müssen Sie ansetzen. Welche Fachbereiche sollten bei Ihren Aktivitäten für eine effiziente Wertsteuerung eigentlich zusammenarbeiten?

Das **Produktmanagement** entwickelt immer neue Produktelemente sowie Vertragskonstrukte und sollte diese mit dem Potenzial am Markt, mit den Wettbewerbern und eben auch mit den vorhandenen Produkten im Portfolio und dem Kundenbestand erproben. Das Produktmanagement benötigt dafür Wettbewerbsanalysen, Auswertungen des Bestands hinsichtlich Menge und Deckungsbeiträgen, Responsequoten, Kampagnen in vorhandenen Kundengruppen. Hier entstehen die ersten neuen Ideen und Vorgaben für einige Instrumente der Wertsteuerung, wie zum Beispiel die Restriktionslogik. Kenntnisse der Steuerungsprinzipien sind unabdingbar.

Die **Marketingabteilung** konzeptioniert Maßnahmen für die Neukundengewinnung und für den Bestand, um dem Vertrieb mit entsprechenden Aktivitäten und Aktionen die Sales-Pipeline zu füllen. Das gilt für Cross- und Upselling-Kampagnen ebenso wie für die Akquise. Oft ist es hier aber so, dass nach Bestands-, Segment- und Neukundenmarketing unterschieden wird. Unterschiedliche Konzeptausprägungen müssen entwickelt werden. Häufig ist es in großen Unternehmen aber einfach die Menge der Aktivitäten, die verteilt und jeweils zusammengehalten werden müssen. Auch hier müssen die Konzepte der Wertsteuerung umfassend bekannt sein. Große konzeptionelle Konfliktherde könnten unterschiedliche Steuerungsprinzipen zwischen Bestandsmarketing und

Kampagnenmarketing sein. Hier entstehen oft essenzielle Widersprüche, wenn in Teilen nicht wertorientiert gesteuert wird.

Der **Vertrieb** koordiniert seine Aktivitäten basierend auf den verfügbaren Produkten, Vorgaben, Regeln und Aktivitäten aus dem Marketing. Alles entscheidend im Vertrieb ist die Aktivitätsbewertung durch Provisionen oder interne Bewertungssysteme. Sind diese Bewertungssysteme unabhängig von den Wertsteuerungsprinzipien geregelt, sind Sie quasi machtlos: Vertrieb tickt nach dem Bewertungssystem, er legt sein Augenmerk auf die Aktivitäten, die motiviert und belohnt werden, und verhindert die, die weniger gut bewertet sind. Wenn Ihre Bewertungsqualität mengenorientiert ist, werden Sie mit den anderen Wertsteuerungsinstrumenten nur wenig erreichen können.

Die **Kanalsteuerung** koordiniert und verantwortet die spezifischen Besonderheiten der unterschiedlichen Kanäle. In einem großen Unternehmen sind das sehr viele Aktivitäten, weil alle möglichen Kanäle parallel zu betreuen sind und sie unterscheiden sich zum Teil sehr massiv. In den letzten Jahren sind die Interaktionskanäle vielfältiger geworden und erfordern eine Menge Aufmerksamkeit und Zuwendung: eigene Retail-Outlets, indirekte Kanäle über verschiedene Kategorien von Partnern, eigene Webshops, Partner-Webshops, Social-Media-Kanäle, Portale, Apps und nicht zu vergessen die Kundenbetreuung kümmern sich alle um die Betreuung des Bestands. All diese Kanäle müssen mit den Marketing- und Vertriebsinformationen ständig aktualisiert und gesteuert werden. Das ist aber der entscheidende Punkt. Führt die Kanalsteuerung ein Eigenleben und kann selbst Logiken entwickeln, die nicht mit den zentralen Wertsteuerungskonzepten abgeglichen sind, werden sie vielleicht gegeneinander agieren oder zumindest nicht mit voller Kraft in die gleiche Richtung wirken. Nicht zu vergessen, hat jeder Kanal seine Besonderheiten in Hinblick auf Prozesse, Akteure und eben sehr oft auch eingesetzte IT-Systeme. Es wird von der Art der Integration (siehe Kap. 9) abhängen, wie gut Ihre Regelwerkskomponenten aufgestellt sind. Ob zentral oder dezentral, beide Varianten haben Vor- und Nachteile.

Die **IT** hat alle Hände voll damit zu tun, Veränderungen an Produktkonfigurationen, verteilten Regelwerken, Parametern, Produktinformationen usw. aktuell zu halten, die Verfügbarkeit der Prozesse und System zu gewährleisten und darüber hinaus weitere Produktfeatures und Anforderungen basierend auf den neuen Ideen so schnell wie möglich – meist im Rahmen eines Projekts – umzusetzen. Dabei ist es völlig klar, dass immer mehr Systemkomponenten so implementiert werden, dass fachliche Inhalte nicht nur von der IT, sondern vom Marketing, Vertrieb oder der Kanalsteuerung selbst konfiguriert werden können. Sie wissen schließlich genau, was zu welchem Preis verkauft werden soll. Die Annahme ist meist: Es muss schnell gehen und die IT benötigt man schließlich nur, wenn programmiert werden muss. All diese Konfigurationsprozesse sind oft im Unternehmen dezentral, entsprechend der Organisationsstruktur, verteilt. Sie basieren nicht selten auf verschiedensten technischen Lösungen. Die Arbeits- und Verantwortungsteilung zwischen der IT und den Fachbereichen sauber zu organisieren, ist ebenso schwierig wie die Synchronisation all dieser verteilten Konfigurationen und Regeln – dies geschieht hoffentlich basierend auf einem einheitlichen Wertsteuerungskonzept. Eine weitere Schwierigkeit ergibt sich dadurch, dass Teile der Konfigurationsarbeiten wiederum auf weitere Partner, wie Webagenturen oder Operations-Dienstleister, ausgelagert werden. Oft wird damit die Hoffnung verbunden, dass diese Partner diese Tätigkeiten effizienter ausführen können als interne Mitarbeiter. Leider werden dadurch die Prozessketten immer länger und erinnern nicht zu selten an das altbekannte Spiel „Stille Post".

Das **Controlling** als Wächter und Steuerer sollte täglich bemüht sein, alle Aktivitäten aus Ertragssicht basierend auf der Unternehmensstrategie zu beurteilen. Mit der Einführung eines Wertsteuerungskonzepts und der Steuerung basierend auf Regelwerken muss gegebenenfalls auch hier umgedacht werden. Auch wenn Marketing-„Luftschlösser" und Vertriebsverfehlungen gerade im Controlling aufgedeckt und entlarvt werden, ist eine neue Art der Zusammenarbeit nötig und vielleicht auch möglich. Neue Ideen zur Wertsteuerung sollten vorab bewertet werden. Sollten Sie eine Simulationsplattform einführen, um die Effekte Ihrer Regelwerke vorab zu analysieren, ist es eine gute Idee, das Controlling zu beteiligen. Dieser Bereich sollte es sein, der bei den notwendigen Entscheidungen zur Freigabe stets ein Wörtchen mitzureden hat. Es ist oft zu beobachten, dass diese proaktive Beteiligung sich nur auf die Entwicklung von neuen Produkten beschränkt, als ob nur dort Wert geschaffen und kalkuliert werden müsste.

Die **Rechtsabteilung** beachtet die Einhaltung der Gesetzeslage, kümmert sich um gemeldete Verstöße oder Beschwerden und gibt vor, welche rechtlichen Rahmenbedingungen bei der Erarbeitung von neuen Produkten, Aktivitäten, Prozessen usw. zu berücksichtigen sind. Hier ergeben sich allein aufgrund von Gesetzen zum Vertragsrecht, Datenschutz und dem Fernabsatzgesetz eine Menge an Berührungspunkten, die nicht zu unterschätzen sind. Regelwerkslogiken können zahlreiche Inhalte haben, die genau hier diskutiert und freigegeben werden sollten.

In Summe ist festzustellen, dass es nicht nur wünschenswert ist, wenn alle diese Bereiche eine gleiche Vorstellung von Wertorientierung und wertorientierter Steuerung haben würden, sondern sich auch aktiv einbringen könnten und müssen. Alle Bereiche sollten konzeptionell die Steuerungsinstrumente kennen und ihren Verantwortungsanteil aktiv mitgestalten. Abstimmungsprozesse müssen so organisiert sein, dass alle Seiten Ideen einbringen können, sie einer möglichst gleichartigen Bewertung unterzogen werden und eine gemeinsame Entscheidung zur Freigabe erfolgen kann. Von einer Idee bis zur operativen Anwendung sind einige Arbeitsschritte zu durchlaufen, die idealerweise in einem transparenten Prozess abgebildet werden. Für die einzelnen Arbeitsschritte sind Verantwortlichkeiten und Rollen zu definieren. Weiterhin müssen Sie sich gut überlegen, welche Skills und Mitarbeiter Sie benötigen, um die einzelnen Aktivitäten auszuführen. Parallel zu diesem neuen Arbeitsprozess sollte eine aktive Informationsverteilung dafür sorgen, dass Änderungen übergreifend verstanden und aktiv in den Kundenprozessen benutzt werden.

Ein etwas schwieriger Teil dieser neuen strukturellen Zusammenarbeit könnten die notwendigen IT-Funktionen sein, die eine derartige Arbeitsweise auf eindrucksvolle, effiziente Weise in den beteiligten Unternehmensbereichen unterstützt. Hier warten eine Menge Herausforderungen zur Integration und Architektur (siehe Kap. 9), der Arbeitsweise von Rule-Engines und eine Reihe von vorgehensbezogenen Stolpersteinen in Projekten.

8.2 Warum sich Arbeitsweisen immer adaptieren sollten

Auf dem Weg zu Ihrem neuen strategischen Zusammenarbeitsmodell sollten Sie sich so aufstellen, dass Sie ständig dazu lernen können. Das ist natürlich ein grundsätzliches Ziel, aber leider oft nicht systematisch eingeplant und dem Zufall überlassen. Viele Organisationen neigen dazu, dies nur den einzelnen Mitarbeitern oder Abteilungen zu überlassen. Struktur und Zielgerichtetheit lässt hier oft zu wünschen übrig. Lernen funktioniert über Reflexion. Reflexion benötigt Freiräume und Zeit. Sie sollten dies einplanen und einen Lernkreislauf etablieren.

Warum ist dieser Lernkreislauf so wichtig und was sollten Sie dabei beachten? Wenn Sie Ihre Instrumente zur Wertsteuerung im Unternehmen verankert und mächtige, regelbasierte Werkzeuge in Stellung gebracht haben, dann müssen Sie sich klarmachen, dass kleine Fehler oder Unachtsamkeit große Auswirkungen haben können. Auf der positiven Seite wollen Sie genau die Regeln und Zusammenhänge finden, die das größte Potenzial haben. Je schneller Sie das erkennen, umso besser können Sie Erfolge einfahren oder Schlimmeres verhindern. Aus den gemachten Fehlern können Sie ein Qualitätssicherungssystem aufbauen, was Sie in die Lage versetzt, bestimmte Arten von Fehlern nur einmal zu machen und nicht fortlaufend.

Entwickeln Sie deswegen einen Lernkreislauf in Form eines Prozesses (siehe Abb. 8.1), den Sie immer wieder durchlaufen können. Die einzelnen Aktivitäten werden Ihnen helfen, weniger Fehler zu machen, die richtigen Personen und

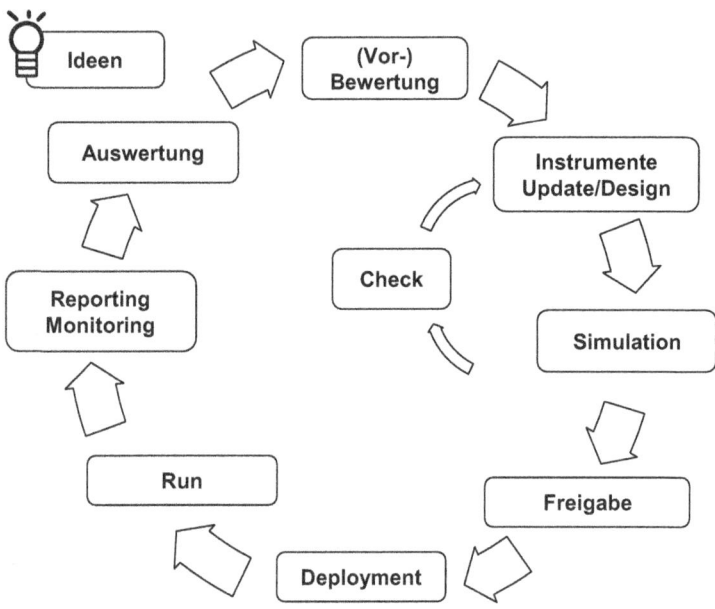

Abb. 8.1 Zusammenarbeitsmodell

Organisationsanteile zu beteiligen und so Betroffene in Beteiligten zu verwandeln. Dieser Prozess kann und wird lernen, wenn Sie ihn damit ausstatten.

Nach anfänglicher Zurückhaltung werden Sie schnell Ideen aus den verschiedensten Bereichen bekommen oder aus der Auswertung bereits umgesetzter Aktivitäten. Denn Ihre Marketing- und Produktabteilungen werden nicht aufhören, ständig neue Änderungen einzureichen, die Sie mit der bis dahin entstandenen Wertsteuerungswelt harmonisieren müssen. An Anfang wird Ihre Vorbewertung noch ziemlich rudimentär sein. Aber schon bald werden Sie aufgrund der Erfahrungen aus den Durchläufen in diesem Kreislauf und den analytischen Ergebnissen aus der Wertsteuerung viel besser wissen, mit welchen Kriterien Sie neue Ideen bewerten können. Und das sogar noch ohne eine Simulation bemüht zu haben.

Hat eine Änderung oder neue Idee Ihre Bewertung passiert und es ist für wertvoll befunden worden, dies umzusetzen, so werden Sie sich an das Design und die Umsetzung in den jeweiligen Wertsteuerungsinstrumenten machen. Berücksichtigen Sie die konzeptionelle Basis und die Designprinzipien (siehe Kap. 3).

Im Ergebnis erhalten Sie ein oder mehrere geänderte Regelwerke. Ideal wäre es nun, wenn Sie, wie im Kap. 7 beschrieben, die Regelwerke kalibrieren. Je größer die Regelwerke werden, umso weniger kommen Sie an einer Simulation als fachliche und technische Qualitätssicherung nicht vorbei. Die Simulation wird Ihnen die nötige Sicherheit geben, dass basierend auf Ihrem Steuerungs-Sample (Beispielkundenereignisse) alles korrekt ist und ihre fachlichen Ideen auch in einer Simulation die gewünschten Ergebnisse liefern. Technisch führen Sie implizit damit auch eine Art Qualitätssicherung durch und erkennen, ob sich nicht ein kleiner oder großer technischer Fehler eingeschlichen hat.

Für die Ergebnisse aus einer Simulation planen Sie immer einen Freigabeschritt ein. Diesen sollten Sie auch einplanen, wenn Sie einmal aus Nichtigkeitsgründen die Simulation überspringen (zum Beispiel bei einer kleinen Fehlerbeseitigung). So haben Sie immer einen Nachweis der Änderungen, können sich des Commitments der beteiligten Stakeholder sicher sein und zwingen sich zu einer sauberen Arbeitsweise. Emergency-Änderungen bei größeren Fehlern bedürfen natürlich eines schnelleren Handelns – hierfür sollten Sie einen Ausnahmeprozess etablieren.

Der Kreislauf schließt sich nach dem technischen Deployment über das notwendige Monitoring und Reporting. Hier bereiten Sie die kurzfristigen und umfangreichen Auswertungen auf, was Ihnen die Möglichkeit gibt, Ihre Steuerung fachlich zu bewerten und die Ergebnisse zu begutachten. Diese Auswertung wird es sein, die Ihnen neue Impulse gibt. Darauf aufbauend können Sie die Regelwerke verändern, verbessern oder aber frühzeitig vor törichten Anpassungen bewahren.

Sie werden schnell feststellen, dass dieser Lernprozesskreislauf starke Auswirkungen auf die Zusammenarbeit mit allen Fachbereichen hat. Immer wieder werden Sie erklären müssen, warum Dinge so sind, wie Sie es analysiert, simuliert oder einfach nur reportet haben. Ständig werden Sie dabei Anforderungen selber entwickeln oder durch die Anwendung Ihrer Wertsteuerungsinstrumente im Vertrieb oder in der Kundenbetreuung hervorbringen. Jede Änderung muss auf ihre Nachhaltigkeit und ihr Potenzial bewertet werden. Selbst Ihre Simulation wird als Vereinfachung der Realität und als Qualitätssicherungsinstrument natürlich nicht frei von Kritik sein. Sie werden schnell den Wunsch zu hören bekommen, wie Sie den Aufwand für die Simulation mit dem gleichen qualitativen Ergebnis noch geringer machen können.

Jeder Aktivitätsblock sollte so ausgestaltet werden, dass klar ist, welche Rollen mit welchen Verantwortlichkeiten agieren, beraten oder informiert werden muss. Nutzen Sie RACI-Technik (Responsible, Accountable, Consulted und Informed) als Beschreibungsframework. Und hinterfragen Sie Ihre Arbeitsweise immer wieder, um den Prozess effizienter und handlungsfähiger zu machen.

8.3   Projekte und Programme zur Wertorientierung richtig aufsetzen

Wichtig:

- Identifizieren Sie alle Stakeholder frühzeitig und organisieren Sie häufige Abstimmungen!
- Planen Sie unbedingt ein Vorprojekt oder ein „Proof of Concept" ein, wenn Sie noch kein Projekt in diesem Umfeld durchgeführt haben!
- Konzipieren Sie eine ausreichende Pilotphase!
- Diskutieren Sie mit den Betroffenen frühzeitig über Organisationsänderungen!

Vermeiden:

- Arbeiten Sie ein derartiges Projekt mit erhöhter Sensibilität nicht routinemäßig ab!
- Wälzen Sie nicht alle Themen auf die IT ab – es ist kein reines Technologiethema!
- Arbeiten Sie nicht ausschließlich nach dem Wasserfall-Prinzip!
- Bereiten Sie sich auf Überraschungen vor – gute und schlechte!

Wenn Sie ein Projekt zur Wertorientierung starten wollen, werden Sie wie immer eine Planung erstellen müssen. Sie müssen allerhand Fragen zum Projekt beantworten, so wie es üblich ist. Sie werden hoffentlich ein Projektmanagementframework benutzen, das sollte inzwischen Standard sein.

▶   Arbeiten Sie ein derartiges Projekt mit erhöhter Sensibilität aber nicht standardmäßig ab!

Stellen Sie sich folgende Frage zuerst: Kennen Sie schon die Größenordnung des Projekts und ist es eigentlich ein „normales" Projekt?

Ein „normales" Projekt zeichnet sich durch einen klaren Scope, einen definierten Zeitraum und ein geplantes Budget aus. Hier wird es bereits schwierig. Damit

Sie diese Fragen beantworten können, müssen Sie genau wissen, was am Ende des Projekts fertiggestellt sein wird. Nur dann können Sie die Kosten einschätzen. Sie wollen eine zukunftsorientierte Logikinfrastruktur erstellen und damit eine generelle Veränderung der Arbeitsweise bewirken. Unter dem sollten Sie sich nicht zufriedengeben. Die Logikinhalte sollten schnell änderbar sein. Aber womit sollen Sie starten? Was ist die kritische Masse, die Sie brauchen, um eine Veränderung auch zu ermöglichen?

Das erste Projekt ist nur ein erster Schritt. Es wird ein Meilenstein auf einem neuen Weg sein, eine Transformation in eine neue Arbeitsweise. Es geht nicht nur um eine neue Infrastruktur. Im ersten „Bauabschnitt" sollte es unbedingt auch um ein handfestes Ergebnis gehen. Sie brauchen etwas Vorzeigbares, um weitere Mitstreiter zu finden. Erst dann werden sich wirklich neue Möglichkeiten eröffnen. Neue Denkweisen entstehen und die grundsätzliche Herangehensweise hat eine gute Chance, sich zu ändern.

Auf der anderen Seite sollte der erste Schritt nicht zu groß werden. Sie kennen die Schicksale vieler zu großer Projekte: Sie dauern zu lange oder scheitern sogar. Haben Sie schon engagierte Sponsoren im Management? Dann wird es vielleicht etwas einfacher, aber leicht wird es in keinem Falle! Es wird in vielen Bereichen gravierende Änderungen geben. Sie können davon ausgehen, dass es reichlich Hindernisse geben wird. Genau hier benötigen Sie sehr eine gute Vorbereitung, alle Stakeholder und ein wohlmotiviertes Team. Schnell werden Sie feststellen, wie Personen gegen das Projekt arbeiten, wenn auch nicht offensichtlich. Andere dagegen werden mitziehen, egal was passiert.

▷ Identifizieren Sie alle Stakeholder frühzeitig und organisieren Sie häufige Abstimmungen!

Wenn Sie die Stakeholderanalyse durchführen, stellen Sie schnell fest, wie umfangreich die Liste der Betroffenen und Involvierten ist. Gegen neue Arbeitsweisen gibt es rein psychologisch viele Widerstände. Sie müssen sich also auf harte Zeiten und viel Argumentationsarbeit einstellen. Allein für die Planung und für (oder besser „gegen") die weit verbreiteten Zweifler brauchen Sie unbedingt ein Vorprojekt mit Erfolgen. Planen Sie deswegen Aufwand für das Stakeholder-Engagement ein. Programme und Projekte dauern zum Teil lange und Sie müssen die Stakeholder immer wieder neu überzeugen.

▷ Planen sie unbedingt ein Vorprojekt oder „Proof of Concept" ein, wenn Sie noch kein Projekt in diesem Umfeld durchgeführt haben!

Eine Vorphase hat ihre eigenen Gesetze und ist fast immer sehr politisch. Gegner werden Ihrem Vorprojekt mit der Hoffnung auf negative Ergebnisse zustimmen, um dann weitere Phasen ablehnen zu können. Sponsoren hoffen auf eindrucksvolle Beweise für die „neue Logikwelt" und die zu erwartende Effizienzsteigerung. Ergebnisoffen sind die Wenigsten.

Hier müssen Sie ansetzen. Es offenbart sich eine erste große Herausforderung für das Projektmanagement. Sollten Sie der Projektleiter oder im Management dieses Projekts sein, besteht Ihre Aufgabe darin, die innere und die äußere Projektwelt sensibel zu managen. Widersacher und Befürworter werden sich immer wieder neu produzieren. Es ist eine dauerhafte Aufgabe, zwischen den verschiedenen fachlichen Bereichen zu vermitteln. Klassisches Konfliktpotenzial besteht zwischen dem Marketing und den Vertriebsbereichen und fast immer der IT. Die verschiedenen Kanalsteuerungen versuchen ständig, ihre wichtigen Rollen zu betonen. Je nachdem, wie gut die Ziele aufeinander abgestimmt sind, verfolgen vielleicht die Bereiche unterschiedliche Ziele und haben eine abweichende Arbeitsweise. Es wird Grabenkämpfe geben, um Altes zu bewahren. Marketing und Vertrieb werfen sich gerne gegenseitig vor, jeweils nicht richtig zu agieren.

Sie sollten sich deswegen Zeit nehmen für eine adäquate Planung und zur Klärung des Vorgehensmodells. Ideal wäre es natürlich, wenn Sie das gesamte Vorhaben vollständig agil umsetzen könnten. So könnten Sie konsequent priorisiert vorgehen und die agilen Sprints sind gut geeignet, um vorzeigbare Ergebnisse zu erreichen. Aber auch bei hoher Agilität sind eine gute Architektur, konzeptionelle Prinzipien und methodisch umfassende Expertise essenziell. Auf der anderen Seite sichert Agilität nicht automatisch gute Ergebnisse. Die konsequente Priorisierung mit vielen Stakeholdern ist eine eigene Herausforderung.

Aber reine Agilität wird keine Option sein. Wenn Sie nicht in einem Start-up arbeiten und alles auf der grünen Wiese beginnen können, werden Sie viel mit der Anpassungen vorhandener Prozesse und Software zu tun haben. Sie müssen zwangsläufig konventionelle, meist tief in die Unternehmensprozesse integrierte, Wasserfall-orientierte Vorgehen nutzen, berücksichtigen oder zumindest adaptieren. Gleich das ganze Unternehmen zu ändern, wäre hier sicher eine Nummer zu groß. Aber ganz ohne Agilität werden Sie es auch nicht schaffen. Diese Vorgehensmethodik, nennen wir es ein hybrides Vorgehensmodell, muss in der Gesamtplanung von Anfang an berücksichtigt werden. Geeignete Meilensteine bekommen eine besondere Bedeutung. Sie müssen die Ergebnisse verschiedener paralleler Aktivitäten synchronisieren und bestimmte Meilensteine werden Sie unabhängig von der Vorgehensmethodik einfach abliefern müssen, zum Beispiel für Abnahmen, Tests etc.

Unabhängig von einem Vorprojekt werden zwei ganz wesentliche Meilensteine eine zentrale Rolle spielen: Der Testbeginn und der Pilotstart haben eine spezielle Bedeutung.

▶   Planen Sie eine Pilotphase unbedingt ein. Neue Prozesse mit neuen Verantwortlichkeiten in der Organisation brauchen Zeit.

Mit einem „Big Bang" werden Sie scheitern – zu gravierend sind die Änderungen in der Arbeitsweise und im Zusammenspiel neuer Komponenten.

8.3.1   Die Vorphase oder der „Proof of Concept"

Wenn Sie eine Vorphase wie empfohlen einplanen, müssen Sie deren Ziele definieren. Bereits hier prallen wichtige Stakeholder aufeinander. Die IT wird das Thema der Technologien und einzusetzenden Tools besetzen. Vielleicht sind schon Teile davon im Einsatz oder aber Sie müssen Sie eine Softwareauswahl durchführen lassen. Wenn Sie beschreiben sollen, was Sie genau brauchen, so fällt das Ihnen in diesem frühen Stadium sehr schwer. Regelwerkskomponenten-Hersteller werden Ihnen immer nur erklären, dass sie eigentlich alles können und alle nur erdenklichen Regeltypen unterstützen. Performance scheint kein Problem zu sein. Sie befinden sich mitten in einem großen Dilemma. Wenn Sie jetzt Ihr Regelwerk bereits umfangreich kennen würden, könnten Sie die zahlreichen Fragen beantworten. Die IT wird Sie fragen, ob Sie den maximalen Umfang der Regelwerke, die Performanceanforderungen oder entsprechende Mengenaussagen nennen können? Aus dem Marketing kommen eventuell Fragestellungen, ob bestimmte Regelwerke überhaupt technologisch bearbeitet und mit dem gewünschten Ergebnis in der erwarteten Zeit beantwortet werden können. Hierbei geht es um Fragestellungen bei Verdichtung und Aggregation, um Häufigkeiten der Ausführung und gegebenenfalls um technische Optimierungen dieser Funktionalitäten. Prüfen Sie die Grundeigenschaften (siehe Abschn. 9.1) von Regelwerkskomponenten gründlich und bewerten Sie, welche der Eigenschaften für Sie besonders wichtig sind. Wenn Sie den Wechsel in eine neue Arbeitsweise mit einer umfangreichen Regelinfrastruktur vor sich haben, sollten Sie die Grenzen der Weiterentwicklung potenzieller Tools oder Arbeitsweisen frühzeitig erkennen. Was eignet sich besser, als eine Vorphase um mit falschen Vorstellungen rechtzeitig aufzuräumen oder sich intensiver vorzubereiten.

8.3.2   Vorgehensmodell und eine Roadmap

Grundsätzlich haben Sie verschiedene Möglichkeiten, die Wertsteuerungsinstrumente und die dafür nötigen Prozesse im Unternehmen einzuführen:

- nach Kanälen (nach Komplexität oder Größe)
- nach Steuerungsinstrumenten (nach Wirkungsstärke oder Umsetzungskomplexität)
- nach Prozessen oder Systemen (nach Voraussetzungen, Komplexität oder Wirksamkeit).

Diese Entscheidung im Projektverlauf zu treffen, ist nicht ganz einfach. Entscheiden Sie sich für einen zu kleinen Scope, werden Sie nicht die richtigen Probleme sehen und zu wenig Erfahrung machen. Entscheiden Sie sich hingegen für einen zu großen Scope, könnte es das Projekt gefährden, weil Sie umfangreiche Probleme in der Architektur und Integration lösen müssen. Einer der größten Fehler ist der Versuch, es klein anzugehen und Ihrem Unternehmen nicht mitzuteilen, dass Sie mit dem Start einer derartigen Umsetzung später das ganze Unternehmen verändern werden. So bekommen Sie nicht die notwenige Aufmerksamkeit und werden mit einer weiteren Nischenlösung nur wenig bewirken können.

Sie brauchen deswegen eine Roadmap, in der Sie alle betroffenen Kanäle, Prozesse und Systeme aufführen und einen Plan definieren, in welcher Reihenfolge Sie dies angehen werden.

8.3.3   Launch-Szenarien und wie ein Pilot helfen kann

Basierend auf der Menge und Heftigkeit Ihrer Änderungen werden Sie um die Planung eines Piloten nicht herumkommen. Das kostet Geld, ist aber immens wichtig. Eine Pilotphase eignet sich besonders dann, wenn Akteure sich in ihrer Arbeitsweise umstellen müssen und die Veränderung selbst Neuland ist. Sie verkürzen mit der Planung eines Piloten die Kommunikationsstrecken und können sich in der Regel aussuchen, wer an einem Piloten beteiligt wird. So bekommen Sie frühzeitig Feedback und erfahren aus erster Hand, wo es „klemmt und knirscht".

Regelwerke arbeiten im Verborgenen und machen auch Fehler. Häufig ist es nicht so leicht, die Quelle der Fehler aufzuspüren (siehe Abschn. 10.2.2), aber Ihre Akteure müssen neu lernen, den Regelwerken zu vertrauen. Im Piloten werden Sie schnell merken, wenn Sie mit Ihren Regelwerken gegen den natürlichen

Menschenverstand, zum Beispiel im Vertrieb, vorgehen. Sie erfahren zügig, welche immensen Auswirkungen Änderungen an den Verhandlungsbudgets oder Prämien haben können. Auch dieses Feedback benötigen Sie für die Kollegen, die später im Regelbetrieb über Änderungen entscheiden müssen.

Wie viel Veränderung schafft meine Organisation tatsächlich?
Die Ausrichtung einer gesamten Unternehmensorganisation auf einen zentralen Wertbegriff und die Einführung von Wertsteuerungsinstrumenten erfordert ein Umdenken in der Art der Zusammenarbeit. Mittelpunkt dieser Veränderung ist die Einführung von regelwerksbasierten Wertsteuerungsinstrumenten. Diese Wertsteuerungsinstrumente basieren auf Logik und dem Wettbewerb von konzeptionellen Steuerungsideen. Diese Steuerungsideen stellen wiederum die Werthaltigkeit einer Aktivität in den Mittelpunkt. Sie ignorieren dabei aber nicht die unterschiedlichen Situationen der Kunden. Strategische Veränderungen in der Organisation und der Zusammenarbeit sind oft geprägt von Angst und Kontrollverlust und verlangen deswegen ein diplomatisches Vorgehen.

Regelwerke und das Integrationsdilemma

Je mächtiger die Werkzeuge, umso mächtiger sind die Chancen und Risiken

Zusammenfassung

Regelwerke sind flexible Bausteine mit einem spezifischen fachlichen Ziel. Da diese Regelwerke zur fachlichen Steuerung genutzt werden sollen, muss der Inhalt so flexibel wie möglich adaptiert werden können. In der technischen Repräsentation unterscheiden sich Regelwerke oder Rule Engines in ihren Eigenschaften nur wenig von echten Softwaremodulen. Trotzdem kommt diesen Bausteinen eine besondere Bedeutung bei der Integration zu. Der Inhalt – das Regelwerk selbst – muss möglichst direkt von einer Fachseite erstellt und verantwortet werden. Damit verändern sich einige wesentliche Paradigmen im fachlichen und technischen Betrieb. Die Anzahl, die Integrationstiefe und die auf konzeptioneller Basis erstellten Inhalte der Regelwerksbausteine entscheiden maßgeblich über die Mächtigkeit der Steuerung und über die Geschwindigkeit bei der Umsetzung von Änderungen. Fachliche und technische Qualitätssicherung spielt dabei eine neue, besondere Rolle. Alle Akteure sollten deswegen eine neue Art der Zusammenarbeit finden.

9.1 Warum bestimmte Eigenschaften bei Regelwerken so wichtig sind

Das Grundprinzip eines Regelwerks (technisch oft auch als Rule Engine bezeichnet) ist einfach erklärt: Eingangsparameter bewirken das Ausführen eines Logikalgorithmus. Dieser Algorithmus verarbeitet eine bestimmte Menge an Daten, die er zusammen mit den Eingangsparametern benötigt, um eine definierte fachliche Ergebnismenge in Form von Logikregeln oder Funktionen zu erzeugen (siehe Abb. 9.1).

© Springer Fachmedien Wiesbaden GmbH 2017   187
K. Zimmermann und F. Pensel, *Deep Customer Value*,
DOI 10.1007/978-3-658-17972-4_9

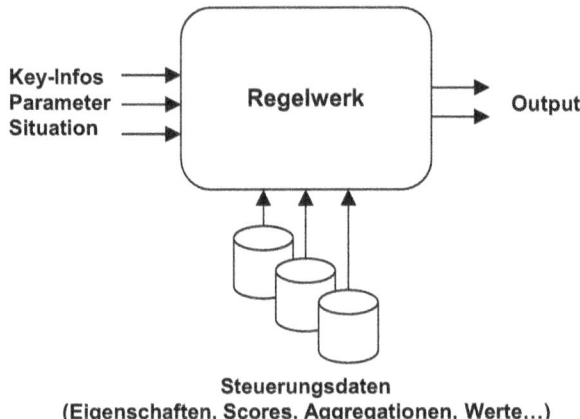

Abb. 9.1 Grundprinzip eines Regelwerks

Schauen wir wieder ein Beispiel an:

Beispiel

Sie benötigen ein Regelwerk, welches die Menge aller für einen Kunden verfügbaren Tarife erzeugt, in die er aus seinem aktuellen Vertrag bei einer
Vertragsverlängerung hineinwechseln darf. Unter Berücksichtigung des Res-
triktionsinstruments wäre eine einfache Ausprägung dieses Regelwerks eine
Matrix, in der alle Tarife einmal als Quell-Ziel-Kombination abgelegt werden.
Die Information über „erlaubt"/„nicht erlaubt" können so schnell in der Tabelle
hinterlegt werden. Das Softwareenvironment steckt den Quelltarif (Eingangsparameter) in das Regelwerk. Das Regelwerk selektiert aus der Tabelle der Quell-
Ziel-Kombinatorik (Steuerungsdaten) die Zeile der Quelltarife. Das Regelwerk
besteht selbst aus der einfachen Regel: „Selektiere alle Zieltarife, die als erlaubt
gekennzeichnet sind" und antwortet mit dieser Liste (Ergebnismenge).

Dieses einfache Beispiel soll zeigen, wie Sie ein als einfache Softwarefunktion
implementiertes Regelwerk verstehen sollten. Prüfen Sie einmal nach, wie viele
es von diesen Komponenten oder Funktionen gibt. Eine Weile kann man sich mit
derartigen einfachen technischen Umsetzungen über Wasser halten. Wie an anderer Stelle bereits angemerkt, wird es schnell komplizierter. Bei unserem Beispiel
stoßen Sie beispielsweise an Grenzen, wenn Sie alle Produktelemente neben dem
Tarif (Optionen, Auswahlkomponenten und Spezialausprägungen) mitberücksich-
tigen. In der Praxis übersteigt das schnell den Zustand der Handhabbarkeit. Man

hat bereits Wechselmatrizen gesehen, die kaum in ein Excel-Sheet gepasst haben, wo es noch die Begrenzung von 65.536 Zeilen gab. Zum Glück können neuere Versionen mehr. Hier sind Fehler natürlich vorprogrammiert. Schnell, konsistent und strukturiert ist das ebenfalls nicht.

Wenn Sie sich in Ihrem Unternehmen einmal umschauen, so werden Sie feststellen, dass es vielleicht schon eine Menge an Regelwerken nach dieser Definition gibt. Normalerweise sind sie verstreut, von unterschiedlicher Komplexität und werden von verschiedensten Personen gepflegt und aktualisiert. Oft entsprechen die Verantwortlichkeiten der Organisationsausprägung. Technisch existieren diese Regelwerke in unterschiedlichen Ausprägungen. Mal in der Software direkt verankert, mal basierend auf Datentabellen oder Entscheidungstabellen, vielleicht als Teil einer Softwaresuite, die bereits eine Rule Engine hat. Darüber hinaus sind komplexere Bausteine oft so sehr technisch geprägt, dass es für einen Vertreter des Fachbereichs ein Buch mit sieben Siegeln ist, die Inhalte zu verstehen. Die allergrößte Kritik aber an einer derartigen Landschaft ist oft die überaus unabgestimmte konzeptionelle Basis aller dieser verstreuten Regeln, die in der Vergangenheit gewachsen sind. Müssen Sie in dieser Landschaft zersplitterter Regel- und Steuerungskomponenten nach den Prinzipien der Wertsteuerung neue Elemente oder Veränderungen umsetzen, so zeigt sich bald, dass es eine Art Puzzle-Challenge ist, alle Änderungen konsistent und mit den gleichen Prinzipien vorzunehmen.

Wenn ein Regelwerk als ein Wertsteuerungsinstrument dienen soll, so werden bestimmte Eigenschaften benötigt, die es Ihnen erlauben, effizient und nach den Prinzipien der Steuerungsinstrumente zu steuern (siehe Kap. 3).

Transportierbarkeit

Zu den wichtigsten Eigenschaften eines Wertsteuerungsregelwerks gehört die Transportierbarkeit des Regelwerks und seiner genutzten Daten. Für Daten ist die Transportierbarkeit in der heutigen Zeit der Datenbanktechnologien eigentlich nie ein Problem. Für das Regelwerk, also die Logik, schon. Sie benötigen diese Eigenschaft für die Qualitätssicherung, in der Simulation, im Test oder einfach für den Check des Regelwerks selbst.

Datenflexibilität

Ihr Regelwerk sollte in der Lage sein, neue Datenelemente ohne Softwareveränderung zu verarbeiten. Diese Änderung sollte ein Element der Logik selbst sein. Mit dieser Eigenschaft haben die meisten Regelwerke ein größeres Problem. Ziel ist die Flexibilisierung des Regelwerks selbst. Sie werden es zu schätzen wissen, wenn Sie zur Verbesserung der Steuerung ein neues Datenelement benötigen und kein Softwareprojekt aufsetzen müssen.

Strukturierbarkeit

Die Eigenschaft der Strukturierbarkeit ergibt sich aus der reinen Menge, aber auch aus der Anforderung der Logikprinzipien. Ein Regelwerk sollte also eine freie Möglichkeit der Strukturierbarkeit enthalten, die es Ihnen ermöglicht, Logikanteile sauber nach Designprinzipien, nach Einsatzgebiet oder beliebigen anderen Strukturierungsmerkmalen zu organisieren. Unterschätzen Sie diese Eigenschaft nie. Größere Regelwerke, insbesondere wenn es sich um zentralisierte kanalübergreifende Regelwerke handelt, laufen schnell aus dem Ruder. Sie wollen sicher nicht riskieren, dass Ihre wertorientierte Steuerung nur deshalb nicht gut funktioniert, weil die Übersicht verloren gegangen ist. Typische Strukturierungskriterien sind Marken, Produktklassen, Kundenklassen, Kanäle, Strategiemodi (siehe Kap. 3) und viele weitere gut trennende Klassifikationen.

Abstraktionsuniversalität

Die Abstraktionsuniversalität ist sicher die schwierigste Eigenschaft eines Regelwerkes und technisch schwer in der Architektur unterzubringen. Sie werden sie aber brauchen, wenn Ihre Regelwerke wachsen oder Sie von vornherein eine große Menge an Produkten, Transitionen und Einzelelementen Ihrer Produkte berücksichtigen müssen. Ziel der Abstraktionsuniversalität ist die relative Entkopplung Ihres Wertsteuerungsregelwerkes von Einzelausprägungen bestimmter Objekte. Das klingt zunächst abstrakt und ist konzeptionell nicht so leicht zu erreichen, aber ungemein hilfreich. Das Ziel dieser Entkopplung ist eine Trennung der eigenschaftsbasierten Regelsteuerung und die Vermeidung von Elementarregeln.

Beispiel

Nehmen wir einmal an, dass alle Ihre Kunden, die mit einer Grundgebühr von mehr als 20 EUR bei einer Änderung im Vertrag wechseln, einen einmaligen Bonus von fünf Euro bekommen sollen. Jetzt haben Sie zwei Möglichkeiten der Umsetzung.

a) Sie erstellen das Regelwerk, integrieren die Liste aller aktuellen Tarife mit >20 EUR und erzeugen im Ausgang innerhalb des Regelwerks ein Bonusobjekt mit 5 EUR.

b) Sie definieren eine Eigenschaft eines Tarifes „Größer-20-€-Tarif" und erstellen das Regelwerk auf Basis dieser Eigenschaft. Ist diese Eigenschaft „true", erzeugt Ihr Regelwerk im Ausgang das Bonusobjekt mit 5 EUR. Jetzt müssen Sie natürlich noch festlegen, durch welche Komponente die Eigenschaft abgeleitet wird. In der Regel würde es reichen, diese Eigenschaft bei der Definition des Tarifs einfach zusätzlich mit abzulegen.

In der Variante a) müssen Sie bei jedem neuen Tarif das Innere des Regelwerks ändern und alles funktioniert weiter. In der Variante b) wären Sie von
einer Änderung des Regelwerks befreit, wenn bei Einführung eines neuen
Tarifs diese Eigenschaft einfach immer mit definiert wird.

Stellen Sie sich nun vor, dass Ihre Produkte und Kunden eine Menge an bestimmten Eigenschaften besitzen, auf die sich Ihre Regelwerke beziehen können. Sie
erhalten ein mächtiges Abstraktionswerkzeug, was Sie gegenüber Änderungen an
den Einzelausprägungen unabhängiger machen kann. Klar ist auch, dass Sie diese
Eigenschaft nur in großen bis sehr großen Umfeldern brauchen werden, dort aber
umso dringender.

Zeitsteuerbarkeit
Normalerweise könnte man auf diese Eigenschaft verzichten. Das hat aber einen
entscheidenden Nachteil: Wenn Sie eine Änderung erarbeiten, ist dies oft für
einen bestimmten Zeitpunkt gedacht und die Wirksamkeit dieser Änderung soll
genau zu diesem Zeitpunkt erfolgen. Neue Produkte werden im Markt gelaunt
und müssen in Ihrer Wertsteuerungslogik berücksichtigt werden. Andere Änderungen wiederum hängen gegebenenfalls an rechtlichen Bedingungen, die erst
mit der Veröffentlichung neuer AGBs wirksam werden. Für die Umsetzung der
Änderungen selbst, die Simulation und die erforderlichen Freigaben werden Sie
also Zeit benötigen und das Zieldatum liegt in der Zukunft. Haben Sie die Freigabe für die geänderten Regelwerke, so müssten Sie eigentlich jemanden dazu
bewegen, am Zieltag um 0.00 Uhr – oder wann auch immer die neue Regelung
in Kraft treten soll – die neuen Regelwerke einzuspielen. Das kann gelingen,
wenn Sie einen guten IT-Operatingpartner haben, der diesen Service erbringt oder
Ihnen ist ein wenig egal, wann genau die neue Regelung wirkt. Schöner wäre es
allerdings, wenn das Regelwerk selbst die zeitlichen Gültigkeiten kennen würde
und Sie dadurch unabhängig werden vom dem technischen Deployment eines
Regelwerks.

Versionierung
Selbst bei einfachen Regelwerken, wie der im Beispiel angeführten Wechselmat-
rix, werden Sie nicht darum herumkommen, Versionen verwalten zu müssen. Für
Beschwerden, Fehleranalysen und nicht zu vergessen für die Bewertung Ihrer
Erfolge und Misserfolge in der Analyse des Reportings werden Sie erkennen
müssen, welcher Stand eines Regelwerks und welche Daten im Einsatz waren.
Lesen Sie hierzu auch den Abschnitt zur Fehleranalyse (siehe Abschn. 10.2.2).

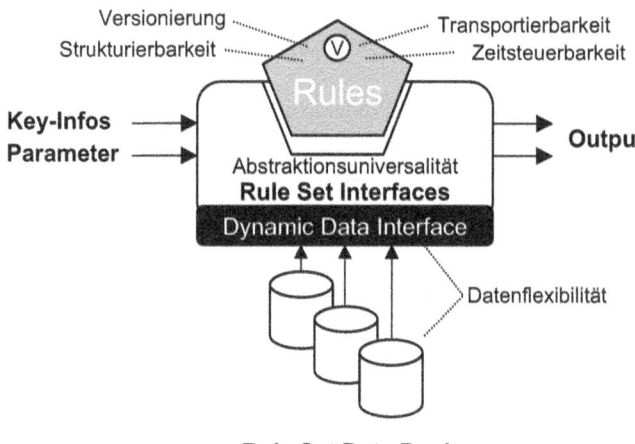

Abb. 9.2 Regelwerkseigenschaften

Die kontinuierliche Verwaltung einer Version und die Protokollierung dieser Versionsinformation in die technischen oder fachlichen Logs ist unabdingbar. Dies ist ein weiteres Indiz dafür, dass eine Regelwerkskomponente eigentlich eher eine Software ist als eine Konfiguration.

Flexible und verwaltbare Wertsteuerungsregelwerke entstehen, wenn sie die genannten Eigenschaften besitzen und an den richtigen Stellen des Softwareenvironments – zum Beispiel in Ihrem CRM- oder Kanal-System – integriert werden (siehe Abb. 9.2).

Diese Eigenständigkeit ist es, die auf vielen Gebieten organisatorische und fachliche Flexibilität und damit eine adäquate Mächtigkeit erzeugen kann. Gleichzeitig entstehen neue organisatorische Herausforderungen (siehe Kap. 8) und neue Themen im IT Betrieb (siehe Abschn. 10.2), die es zu beachten gilt.

Je nach Menge und Komplexität der eingesetzten oder geplanten Regelwerke sollten Sie Konsistenz und Vollständigkeit immer im Blick haben. Hier schleichen sich schnell Lücken, Inkonsistenzen oder Widersprüche ein.

9.2 Die leidvollen Abhängigkeiten in und zwischen Regelwerken

Wenn Sie über die Integration von neuen Regelwerksanforderungen oder ganzen Regelwerkskomponenten nachdenken, kommen Sie um eine detaillierte Aufstellung vorhandener technischer Umsetzungen nicht herum. Weiterhin müssen Sie sich relativ zeitig Gedanken machen, wie Ihre Steuerungsinstrumente untereinander abhängig sein werden. Eine erste größere Analyse wird das Umfeld Ihrer vorhandenen Produktkonfigurationen sein. Wie bereits im Abschn. 6.9 über die technische Umsetzung von Regeldesign angesprochen, benötigen Sie umfangreichen Eingriff in eventuell vorhandene Produktabhängigkeiten. Auch für ein eventuelles Empfehlungsregelwerk werden Sie die vorhandenen Produkte und Produktelemente ja sicher nicht redundant noch einmal in neuen Komponenten ablegen wollen. Manchmal ist es einfacher die neuen Anforderungen an die generative Pflege eigenschaftsbasierter Abhängigkeiten in einen vorhandenen Produktkatalog zu integrieren. Finden Sie bereits unübersichtliche und verteilte Produktkonfigurationen, kann es sich lohnen hier den ersten Spatenstich einer neuen regelbasierten Landschaft zu tätigen.

Bei Rabattinstrumenten werden Sie oft eine Gleichbehandlung mit den Produktkonfigurationen und -elementen vorfinden oder eine völlig separate zusätzliche Ablage. Die Zusammenhänge mit den eigentlichen Produkten erfolgen dann meist redundant. Wenn Sie dies flexibilisieren wollen, stehen Sie eigentlich vor der gleichen Herausforderung wie bei der Produktkonfiguration selbst. Erinnern Sie sich, dass Sie in Zukunft die Rabatte ja basierend auf wertorientierten Regeln steuern wollen und damit die alte Welt unweigerlich flexibilisieren werden und müssen. Strafgebühren verhalten sich strukturell sehr ähnlich wie Rabatte, sind aber historisch bedingt meist an einer anderen Stelle in der Systemlandschaft verbaut. Das ist eigentlich nicht unlogisch, aber aus den gleichen Gründen wie bei den Rabatten völlig kontraproduktiv.

Völlig anders verhalten sich meist die Prämierungsregeln und -konfigurationen. Typischerweise sind diese Themen in einem separaten Prämiensystem hinterlegt, welches das Wissen um die Vertriebsorganisation, die Vertriebsverträge und Konditionen enthält. Die operativen Prozesse melden in der Regel die erfolgten Abschlüsse, die sich dann auf Basis spezieller meist teil-redundanter Konfigurationen in Prämien umrechnen lassen. Hier könnten Sie bei der Integration flexibler und dynamischer Regelwerke etwas mehr Arbeit bekommen. Das Problem fängt ja bereits damit an, dass Sie eine dynamische Prämierung bereits im Frontend zur Einsicht des Vertriebs „on the fly", also online, erzeugen müssten.

Es soll ja dem Vertrieb helfen, für den Wert des Abschlusses sofort Feedback zu bekommen. Eine gute Hilfe bei der Lösung dieser Integrationsaufgabe ist die Einführung von sogenannten Prämienklassen. Je nachdem, wie viele Klassen Sie hier vereinbaren wollen, könnte das eine gute Kapselung und Trennung zwischen den Welten der wertorientierten Ermittlung des Wertes und der tatsächlichen Prämienausschüttung sein. Zusätzlich erhalten Sie somit auch die Möglichkeit, für einzelne Händler oder Vertriebspartner auch noch kleine Unterschiede zu verstecken. Aber Achtung, damit erschaffen Sie gleich wieder eine Ausnahme von einem zentralen wertorientierten Management – aber Kompromisse können manchmal auch helfen.

9.3   Der alte Streit zwischen zentraler und dezentraler Funktionalität

Ein wesentlicher Teil der Integrationsdiskussion wird auf das alte architekturelle Thema „Zentralität vs. Dezentralität" aufgewendet. Zunächst sollten Sie zwischen konzeptioneller und technischer Integration unterscheiden. Genügend Gründe für die konzeptionelle Integration wurden ja bereits in den Logikkapiteln (siehe Kap. 2 und 3) dargelegt. Die Art der technischen Integration kann dieses Ziel mehr oder weniger unterstützen. Es spielt eine entscheidende Rolle, in welcher Evolutionsstufe sich Ihr IT-Environment und Ihre Systeme befinden. Normalerweise werden Sie nur selten in der Situation sein können, alles von Grund auf aufzubauen. Selbst in dieser Situation kann man aber die Diskussion nicht mit einer Präferenz beenden.

9.3.1   Die zentrale Integration

Vorteile

- Zentrale Stelle der Logik
- Schnelle Änderbarkeit mit Durchgriff auf alle Unternehmensbereiche
- Zentrale Verantwortung schneller durchsetzbar

Nachteile

- Erhöhte Komplexität mit Zwang zur besseren Strukturierung
- IT-Aufwände zur Vermeidung von Verfügbarkeits- und Performanceproblemen
- Langwierige Umsetzungszeit, wenn viele Systemkomponenten bereits dezentral bestehen

In einer zentralen Integration haben Sie viele Vorteile, weil Sie die Logik an einer Stelle vereinen und sich somit ganz den Themen Korrektheit und Vollständigkeit widmen können. Auch die Geschwindigkeit bei Änderungen kann davon profitieren, weil Sie immer alle Teile im Blick haben. Auf der anderen Seite könnte es sein, dass Sie viele Themen mit der IT diskutieren müssen, da sie mit einer zentralen Lösung die Regelwerkskomponenten quasi in das Zentrum aller Funktionalität stellen. Das wird Auswirkungen auf die Verfügbarkeit, Performance und die Fehleranfälligkeit haben. Auch in einer zentralen Lösung wird es (in großen Umgebungen mit einer durchschnittlichen Historie) typischerweise nicht so sein, dass Sie alle Wertsteuerungsinstrumente in einer Regelwerkskomponente und schon gar nicht in einer technischen Repräsentation umsetzen können.

Eine weitere Herausforderung der zentralen Lösung ist die Konzentration der Menge und Komplexität an einer Stelle. Hier sollten Sie mehr Aufwand bei der Strukturierung und im Design der Regelwerke investieren, sonst verliert man schnell den Überblick.

9.3.2   Die dezentrale Integration

Vorteile

- Geringere Komplexität in den dezentralen Regelkomponenten
- Aufwendigere und gegebenenfalls langsamere Änderbarkeit durch notwendige Abstimmung mit den dezentralen Verantwortlichkeiten
- Relative Autonomie bezüglich Verfügbarkeit und Performance

Nachteile

- Erhöhte Komplexität mit Zwang zur besseren Strukturierung
- Erhöhter Abstimmungsaufwand und Synchronisierungsnotwendigkeit bei Änderungen
- Zusätzlicher Aufwand zur Sicherstellung der Konsistenz und Vollständigkeit
- Konzeptionelles Auseinanderdriften ist schwerer zu verhindern

Die dezentrale Integration zeichnet sich dadurch aus, dass in verschiedenen Teil-Environments, zum Beispiel in unterschiedlichen Kanalsystemen, nur die Regelwerksanteile enthalten sind, die dort benötigt werden. Dies führt zu geringerer Komplexität in den dezentralen Regelwerken. Das ist nicht ganz leicht zu erzeugen. Die dezentralen Regelwerksanteile sind nicht wirklich völlig überschneidungsfrei zu konzipieren. Ziel der Wertsteuerung ist es ja gerade, bestimmte Grundprinzipien (siehe Kap. 3) in allen wertsteuernden Prozessen gleichartig zu nutzen. Die häufigsten Gründe für eine dezentrale Integration sind die Organisation und die Historie der Lösungen. Im Einsatz befindliche Lösungen sind durch lokale Entscheidungen entstanden, können nicht einfach abgelöst werden oder beinhalten weitere, nicht für die Wertsteuerung zwingend notwendige Regelwerksteile, die aber im Kanalsystem unabdingbar sind. Eine Änderung einer bestehenden dezentralen Ausprägung kommt einer völligen Überarbeitung der Gesamtarchitektur gleich. Dieses Unterfangen birgt selbst eine Unmenge an hohen Risiken und kostet viel Geld. Ob die Wertsteuerung alleine Grund genug ist, so ein Vorhaben anzugehen, ist fraglich.

9.3.3 Die gemischte Integration

Vorteile

- Vorteile zentraler Integration für wichtige Regelkomponenten leichter erreichbar
- Eine gute Möglichkeit für schrittweise Vorgehensmodelle

Nachteile

- Alle Nachteile der zentralen oder dezentralen Integration können gleichzeitig auftreten
- Zielgerichtetheit der konzeptionellen Integration könnte auf der Stecke
  bleiben

Die gemischte Integration ist die Integrationsform, die sicher am häufigsten anzu-
treffen ist. Der wesentliche Grund ist ein schrittweises Vorgehensmodell, wenn
Sie die Wertsteuerung mit Regelwerken umsetzen wollen. Vor- und Nachteile der
beiden konsequenten Integrationsstrategien mischen sich und müssen besonders
beachtet werden. Wenn Sie diesen Weg wählen, sollten Sie sich zuerst auf die
wichtigsten wertsteuernden Instrumente konzentrieren. Es wird auch bei dieser
Integrationsstrategie darauf ankommen, dass Sie Ihre Ziele und Ihren konzeptionellen Rahmen möglichst einheitlich wählen.

9.4   Die Out-of-the-box-Fallen bei Regelwerkskomponenten

Bei der Planung der Umsetzung von Wertsteuerungsregelwerken werden Sie sich
frühzeitig mit der Frage nach den geeigneten Softwarekomponenten beschäftigen
müssen. In der Regel werden Sie nach Komponenten Ausschau halten, die Sie
optimal bei der technischen Integration und später im fachlichen und technischen
Betrieb unterstützen. Zusätzlich werden Sie prüfen müssen, ob nicht bereits vorhandene Komponenten bereits in der Lage sind, auch Ihre neuen Anforderungen
umfassender und auf einheitlicher konzeptioneller Basis zu erfüllen. Beschäftigen Sie sich mit dem Softwaremarkt, kommen Sie früher oder später auf die
Frage, wie viel Sie „out of the box" bereits bekommen können. Die Steuerung
mit Regelwerkskomponenten ist schließlich keine völlig neue Anforderung oder
Möglichkeit in modernen Softwarekomponenten.
   Sicher ist es eine gute Idee, alle Wertsteuerungsinstrumente in einer den Funktionen nach einheitlichen Regelwerkskomponente abzubilden. Zum Ziel führt Sie
das aber kurzfristig sicher nicht und es ist auch nicht sichergestellt, dass es überhaupt erfolgreich ist. Wenn Sie sich die Wertsteuerungsinstrumente (siehe Kap. 2)
anschauen, werden Sie schnell feststellen, dass die fünf Instrumente unterschiedliche Anforderungen haben und je nach notwendiger Kombination mehr oder

weniger miteinander interagieren müssen. Einen wirklichen Zwang, gleichartige technische Komponenten zu nutzen, gibt es indes nicht. Es wird vielmehr darauf ankommen, dass Sie zusammen mit der IT eine gute Schnittstellenarchitektur entwerfen, damit Ihre Regelwerkskomponenten sauber miteinander arbeiten können.

Sie können sicher auch nicht davon ausgehen, dass Ihre Produktwelt, Datenausprägungen und notwendige Steuerungsfunktionen bereits in einer Regelwerkskomponente enthalten sind. Viel wichtiger ist es zu prüfen, welche grundsätzliche Flexibilität in einer Regelwerkskomponente steckt und ob bestimmte Grundprinzipien für die Abbildung der genannten Eigenschaften (siehe Abschn. 9.1) bereits enthalten sind. Hersteller und Integratoren werben offensiv mit Flexibilität bis hin zu unzähligen Out-of-the-box-Aussagen, dass Sie regelrecht geblendet sein werden.

Es ist eine gute Strategie, dabei kritisch zu bleiben. Sie werden mehr oder weniger gute Komponenten auf dem Markt vorfinden, die Sie bei der Umsetzung Ihrer Wertsteuerung unterstützen können. Ein kurzer Überblick:

- Rule Engines als Software-Development-Werkzeuge, was eher technische Programmierwerkzeuge sind
- Regelwerkskomponenten, die bereits auf einen bestimmten Zweck zugeschnitten sind, wie
  - Produktmodellkomponenten
  - Empfehlungs-Rule-Sets (Recommendation Engines)
  - Preisermittlungs- und Berechnungsregelwerke
- Integrierte Regelwerkskomponenten von größeren Softwaresuiten wie CRM-, Vertriebs-, Kanal- oder Webportal-Systemen

Alle diese regelartigen Komponenten weisen mehr oder weniger gut die im Abschn. 9.1 genannten Eigenschaften auf. Auch das Thema Erweiterbarkeit durch individuelle Funktionen ist oft mehr oder weniger gut ausgeprägt. Gehen Sie aber mit Gewissheit davon aus, dass Sie bei der technischen Umsetzung Ihrer Regelwerke eine Menge an Arbeit haben werden. Alle Hersteller dieser Softwarekomponenten werben intensiv damit, dass mit den angebotenen Pflegeoberflächen getrost auch Mitarbeiter der Fachseite arbeiten können. Sie werden trotzdem eine gehörige Zeitspanne einplanen müssen, um die Mitarbeiter zu schulen und den Umgang mit diesen Werkzeugen zu erlernen.

Sie werden es sicher nicht zulassen, dass mit der Pflegeoberfläche direkt auf dem produktiven System Ihre mächtigen Regelwerke geändert werden. Die in Kap. 10 gemachten Erkenntnisse werden dazu führen, dass Sie Ihre Regelwerke durch Tests und Simulationen qualitätssichern. Hierfür müssen Sie Daten und Regelwerke transportieren können. Auch das ist wieder ein Beweis der Notwendigkeit der Grundeigenschaften einer Regelwerkskomponente. Gehen Sie ruhig davon aus, dass Sie kein Regelwerk „out of the box" bekommen werden, welches auch nur ein Wertsteuerungsinstrument Ihres Unternehmens direkt unterstützt. Integration und Regelwerksentwicklung fallen in jedem Falle an.

9.5 Warum Regelwerksinhalte transformiert werden müssen

Typischerweise werden Sie Ihre Steuerungsregeln nicht direkt in Ihre produktiven Systeme einpflegen. Das geht schon aus dem Grunde nicht, weil Sie zunächst neue Ideen bekommen und diese bewerten und dann in Ihr zentrales fachliches Design überführen werden müssen (siehe Kap. 6). Somit haben Sie eine erste wichtige Transformation inklusive Qualitätsprüfung hinter sich.

Je nachdem, wie Sie die Fragen der Integration (Kap. 9) beantwortet haben und wie viele historische Konfigurationen Sie mitbetrachten müssen, werden Sie eine weitere nicht unbedeutende Transformation bewerkstelligen müssen, die die Umsetzung der Ergebnisse der fachlichen Transformation in technische Ausprägungen vollzieht. Die Menge und Art dieser Transformation wird ganz wesentlich von der Integrationsarchitektur und den Kompromissen, die Sie machen mussten, abhängig sein.

Ein letzter Transformationsschritt wird optional notwendig sein, wenn die IT sich entscheidet, bestimmte Regelwerksanteile mehrfach und/oder verteilt operativ zu nutzen. Gründe hierfür könnten technischer Natur sein und die Themen Ausfallsicherheit oder Performance betreffen. Auch dieser Schritt ist als reiner IT-Schritt nicht zu unterschätzen, weil gerade auch hier Fehler passieren können, die drastische Folgen nach sich ziehen können.

Einen Überblick der angesprochenen Transformationen sehen Sie in Abb. 9.3.

Regelwerke und das Integrationsdilemma

Die Einführung von regelbasierten Steuerungsinstrumenten stellt neue Anforderungen an die IT-Infrastruktur. Integrationsaufgaben bestehen aus architekturellen Entscheidungen. Diese Entscheidungen müssen langfristig auch die Fragen der Betriebsstabilität und Änderungsflexibilität berücksichtigen. Insbesondere bei gewachsenen Infrastrukturen in größeren Unternehmen konkurrieren diese Anpassungen mit anderen Aufgaben der Erneuerung oder

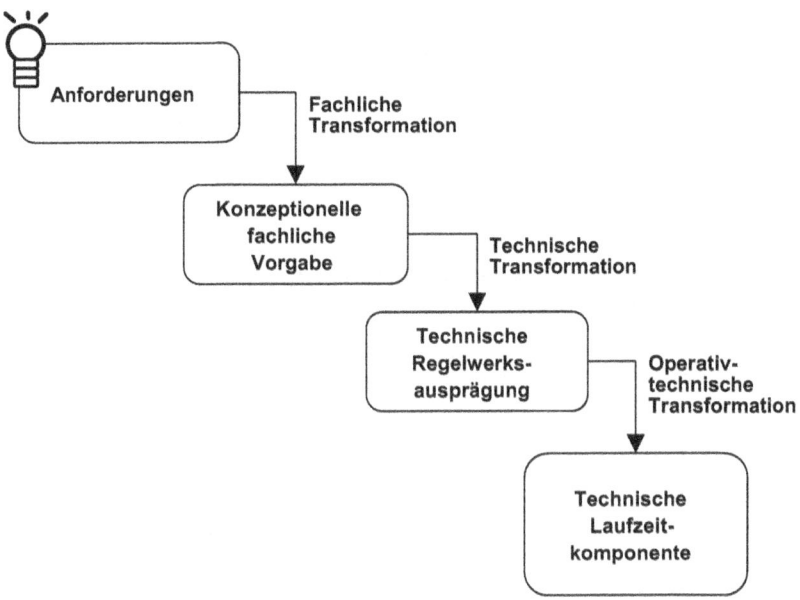

Abb. 9.3 Regelwerkstransformationen

Erweiterung. Mit den Offerten der Software- und Komponentenhersteller wird oft schneller in die Out-of-the-box-Falle getappt als gedacht. Auch bei den Integrationsaufgaben hilft eine konzeptionell stabile Basis.

Betriebsprozesse und Qualitätssicherung

10

Logiken im Dauereinsatz haben eigene Herausforderungen

Zusammenfassung

Bereits während der Umsetzung einer regelbasierten Wertsteuerung sollten Sie sich auf die Änderungen in den Betriebsprozessen vorbereiten. Die Eigenschaften von Regelwerkskomponenten und die Mächtigkeit von Regelwerkslogiken machen es erforderlich, einige Dinge im Betrieb neu zu denken. Wenn Sie die Risiken der Einführung von Regelwerkskomponenten frühzeitig transparent machen, werden Sie auch im IT-Betrieb zu guten Lösungen kommen. Ohne Anpassung der Betriebsprozesse wird es aber nicht gehen.

10.1 Inhaltliche Weiterentwicklung der Logik im Betrieb

10.1.1 Qualität, Flexibilität, Geschwindigkeit und Fallbacks

Der Betrieb, in dem Business-Logik weiterentwickelt wird, unterscheidet sich merklich von einem klassischen projektbasierten IT-Innovationsprozess, bei dem neue Funktionalitäten den Geschäftsprozessen hinzugefügt werden. Letzteres ist Entwicklung von Software. Dafür gibt es jahrzehntelang ausgereifte Methoden und Standards. Die IT modifiziert ihre Welt nicht kontinuierlich, sondern in festen Software Releases. Von ihnen gibt es pro Jahr nur vier bis acht. Sie sind Sammelbehälter für ganze Bündel von Anforderungen an ganz unterschiedlichen Ecken der Infrastruktur.

Warum sind Relcases so selten und so groß? Einer der Gründe ist die Notwendigkeit, aufwendige Qualitätssicherung zu betreiben. Für jeden Monat, den ein Programmierer am neuen Code schraubt, sitzt später ein Tester gleich zwei

© Springer Fachmedien Wiesbaden GmbH 2017
K. Zimmermann und F. Pensel, *Deep Customer Value,*
DOI 10.1007/978-3-658-17972-4_10

Monate lang an Prozeduren, um anhand von mühsam konstruierten Testbeispielen die Lösung auf Herz und Nieren prüfen. Erstens dauert dies so lange, weil man nie nur die neu gebauten Aspekte testen kann, sondern mit langwierigen Regressionstests noch für alle wichtigen, vorher vorhandenen Funktionalitäten überprüfen muss, ob sie nicht beeinträchtigt wurden. Zweitens braucht es eine gewisse Zeit, weil es sich oft um unternehmenskritische Prozesse handelt und man dabei sehr sorgfältig vorgehen muss. Ein Fehler bei der Anpassung am Kernprozess eines großen Unternehmens kann schnell Millionen kosten, unliebsame Aufmerksamkeit in den Medien erzeugen und das Kundenvertrauen dauerhaft erschüttern.

Ganz im Gegensatz zu der eben beschriebenen Situation gibt es in Unternehmen oft noch eine Art „Schatten-IT", die auch Lösungen und Funktionalitäten baut, dabei aber ganz anders vorgeht. Im Umfeld der Abteilungen Business Intelligence oder Analytical CRM gibt es oft ein eigenes Universum aus Prozessen und Tools basierend auf einem recht autarken Data Warehouse. Die typische Evolutionsgeschichte solch einer Umgebung beginnt mit Reporting-Anforderungen. Aus den operativen Systemen wird nächtlich ein Extrakt in das Data Warehouse übertragen, also zu einer Zeit, wo man den wichtigen operativen Systemen ruhig ein wenig zusätzliche Last zumuten darf. Danach lässt man diese „Urquellen" in Ruhe und arbeitet nur mit den Daten im separaten Data Warehouse. Dort kann man alle Strukturen selbst gestalten und kann nichts in den echten Systemen kaputtmachen.

Hat man so etwas erst einmal vollbracht, besteht die zweite Evolutionsstufe sehr bald darin, die hier versammelten Datenschätze für ein Kampagnenmanagement zu verwenden. Auch dies ist noch vergleichsweise unkompliziert, denn es geht um einen Kundenkontakt, den das Unternehmen selbst bestimmt. Man sucht sich also seine Daten zusammen, führt eine Kundenselektion aus und gibt dies an die Outbound-Dienstleister. Der einzige Problemfaktor entsteht dadurch, dass es Verträge mit diesen Dienstleistern gibt, in denen Ihnen bestimmte Selektionsmengen zu bestimmten Zeiten zugesichert wurden, die man nun liefern muss, um nicht für untätig herumsitzende Telefonisten zu zahlen.

Trotzdem hat auch eine Data-Warehouse Umgebung in einem frühen Reifegrad dieses Problem schon ganz gut im Griff, denn Fehler lassen sich hier oft noch ohne großen Schaden wieder beheben. Hat man eine falsche Selektion getätigt und dies rechtzeitig erkannt, ruft man beim Dienstleister an, stoppt die Telefonate, liefert am nächsten Tag eine neue Selektion und hat am Ende kaum Geld verloren und nur wenige Kunden verärgert, denn dies ist nur eine Werbemaßnahme, ein freundliches „Anstupsen" des Kunden. Auch wenn dies einen Tag später als gewünscht erfolgt, so war es doch die ganze Zeit möglich, dass kaufwillige Kunden aus eigenem Antrieb ihre Verträge erneuern und zusätzliche Produkte einkaufen konnten. Stellen Sie sich vor, es gäbe nun einen Fehler im zentralen Buchungsprozess und alle Händler und Vertriebspartner in ganz Deutschland oder der Welt wären einen Tag lang gezwungen, sämtliche Transaktionen abzulehnen. Oder Ihr Kernprodukt, zum Beispiel ein Video-on-Demand-Dienst, würde einen Tag lang nicht funktionieren. Das sind Katastrophen. Eine leicht verspätete Werbekampagne ist es nicht.

Wenn dies also die komplette Welt wäre, wäre sie fein säuberlich entlang dieser Qualitätsanforderungen getrennt. Es gäbe auf der einen Seite eine IT-Infrastruktur, die niemals ausfällt, aber auch nur sehr schleppend und in Schüben weiterentwickelt werden kann. Und auf der anderen Seite hätte man eine Business-Intelligence-Umgebung mit weniger strengen Prozessen der Qualitätssicherung, in die man aber kontinuierlich verbessernd eingreifen kann.

Der Anspruch, unternehmenskritische Prozesse ebenso intelligent steuern zu wollen wie die Selektion einer Werbekampagne, zerstört nun aber diese Idylle. Sie haben vor sich den elementaren Verkaufs- und Buchungsprozess, der jederzeit reibungslos funktionieren muss. Und genau dort wollen Sie eingreifen mit einer analytischen Optimierung, die nur in der organischen Business-Intelligence-Umgebung entstehen kann. Die IT ist natürlich wenig begeistert von der Vorstellung, dass so ein fehleranfälliges Nebenprodukt einer Reporting-Umgebung ihre sterile, aber reibungslos funktionierende Infrastruktur „kontaminieren" soll.

Nehmen wir als Beispiel die wertorientierten Restriktionen. Ihre Absicht ist es, einem bestimmten Kunden nur die zwei billigsten Tarife zu verweigern, da diese ein zu starkes Downselling bedeuten würden. Nun haben Sie aber einen Fehler in Ihrer Restriktionslogik und sie gestattet dem Kunden plötzlich gar keine Tarife mehr. Jegliche Transaktion wäre blockiert. Im Laden steht ein Kunde, der seinen Vertrag verlängern will. Vielleicht muss er ihn auch unbedingt jetzt verlängern, weil ansonsten seine Kündigungsfrist abläuft und seine Verhandlungssituation sich verschlechtert. Wenn er ihn jetzt nicht verlängern darf, wird er kündigen. Wenn gerade jetzt die Technik streikt, müssen Sie den Kunden ohne Verlängerung entlassen. Das ist natürlich völlig indiskutabel.

Oder betrachten Sie beispielhaft eine Rabatt- oder Verhandlungsbudget-Logik. Sie wollen dem Kunden ein bestimmtes Produkt verkaufen, jedoch ist der Listenpreis viel zu hoch, denn er ist es gewohnt, immer einen Zehn-Euro-Rabatt zu bekommen. Den wollen Sie ihm auch jetzt gewähren, aber die Verhandlungsbudget-Logik ist defekt und Sie können gar keine Rabatte vergeben. Jedes halbwegs interessante Produkt bedeutet für den Kunden ein deutliches Upselling, das er dankend ablehnt. So können Sie auch keine Transaktion durchführen.

Man kann diese Fehler in der Restriktions- oder Verhandlungsbudget-Logik abmildern, indem man zu Sicherheit Fallback-Regeln einbaut. Bei Restriktionen kann das eine Regel sein, die übersteuernd eingreift, wenn das analytische Steuerungssystem keine erlaubten Tarife liefert. Sie nutzen üblicherweise ein System aus dem Umfeld der Business-Intelligence-Bereiche und ihres Data Warehouse, das je Vertrag eine fein justierte Restriktionslogik umsetzt. Es liegt aber wie gesagt in der Natur dieser Systeme, dass sie nicht an 365 Tagen im Jahr zu 100 % verfügbar sind. Erstens werden übliche Maßnahmen, um die Verfügbarkeit wichtiger Systeme abzusichern, hier nicht ausgeführt: Man baut diese Systeme nicht verteilt, parallel oder mehrfach gespiegelt und sie können daher durch einen banalen Hardware Crash jederzeit ausfallen. Zweitens hat das zuständige Fachpersonal auch nicht dauerhaft Rufbereitschaft. Fällt am Samstagmorgen ein Business-Intelligence-System aus, merkt es erst der zuständige Mitarbeiter, wenn er am Montagmorgen ins Büro kommt. Man muss also definieren, was passiert, wenn das analytische System dem Geschäftsprozess nicht antwortet. Normalerweise kann man eine solche Fallback-Logik direkt in den Geschäfts- oder Verkaufsprozess einbauen. Diese Logik ist dann zwangsläufig recht primitiv, dafür aber immer verfügbar.

In unserem Beispiel könnte man definieren, dass man dann doch wieder alle Zieltarife für den Kunden öffnet, wenn das analytische System nicht mindestens einen erlaubten Zieltarif liefert. Man läuft in so einem Fall natürlich Gefahr, dass man bei diesem Kunden ein stärkeres Downselling ausführt, als eigentlich vorgesehen war, aber dies wird meist vom Marketing als das kleinere Übel angesehen. Lieber verkauft man ein zu billiges Produkt, als dass man einen Kunden verliert.

Beim Verhandlungsbudget kann man ähnlich vorgehen. Nennt das analytische System keinen Budgetwert, setzt man ihn auf einen beliebig hohen Maximalwert, was faktisch bedeutet, dass jeder angelegte Rabatt auswählbar ist. Man kann an diesem Beispiel vielleicht schon erkennen, dass auch eine simple Fallback-Regel nicht zu primitiv sein darf. Denn wenn jeder Rabatt erlaubt ist, dann vielleicht auch ein Rabatt, der höher ist als der Listenpreis, wodurch man theoretisch dem Kunden jeden Monat Geld überweisen müsste anstatt andersherum. In der Realität ist so etwas oft schon im Billing-System ausgeschlossen, aber es zeigt, dass auch in der Fallback-Regel eine gewisse Intelligenz stecken muss, damit sie keine Szenarien erzeugt, die noch schlimmer sind als die Fälle, die man zu vermeiden sucht.

Wie intelligent man den Fallback am Ende machen muss, hängt auch damit zusammen, wie oft er erfahrungsgemäß eintritt. Dass dies protokolliert und in einem Monitoring-Prozess überwacht wird, muss also auch Teil Ihres Konzepts sein. Wenn der Fallback nur in 0,1 % der Fälle angewendet wird, muss er nicht sonderlich gut sein. Wenn er jedoch zehn Prozent der Transaktionen ausmacht, muss man mehr tun. Zum Beispiel könnte man je Tarif ein festes Verhandlungs-budget definieren. Man hätte also nicht nur die ursprüngliche Gefahr gebannt, dass ein 30-Euro-Produkt immer exakt 30 EUR kostet und somit oft unverkaufbar ist. Man hätte auch vermieden, dass jemand aufgrund einer zu simplen Fallback-Logik dieses Produkt für fünf Euro oder noch weniger verkauft. Beispielsweise hätte man für diesen Tarif ein fixes Budget hinterlegen können, das zu einem Minimalpreis von 22 EUR führt. Das ist noch nicht sonderlich ausgereift, aber durchaus akzeptabel. Ein Zehntel der Transaktionen kann man vielleicht so aus-halten.

Prämienlogik ist hier wieder ein besonderes Thema. Wenn Sie es geschafft haben, die Höhe von Prämien auf eine raffinierte vertragsindividuelle Basis zu stellen, dann muss Ihr wackeliges, oft unverfügbares Business-Intelligence-Sys-tem gleich zwei Stellen des Verkaufsprozesses beliefern. Erstens müssen Sie dem Verkäufer während des Kundenkontakts Echtzeit-Feedback darüber geben, wel-che Prämie in Aussicht steht, da Sie sonst keinen Steuerungseffekt erzielen kön-nen. Zweitens müssen Sie später aber auch veranlassen, dass dem Händler oder Agent wirklich diese vertragsindividuelle Prämie ausgezahlt wird. Beide Schritte sind wichtig, aber der letztere ist noch brisanter, weil bei ihm wirklich Geld bewegt wird.

Beginnen wir mit diesem letzten Schritt. Was für einen Fallback benötigen Sie, wenn das eigentliche analytische System nicht verfügbar ist, um die wirklich auszuzahlende Prämie zu berechnen? Einen Maximalwert? Einen Minimalwert? Einen Mittelwert? All dies ist undenkbar. Sie dürfen dem Mitarbeiter oder Ver-triebspartner nichts Anderes auszahlen als das, was ihm laut offiziell vereinbarter Logik zugesichert wurde. Es darf und muss also gar keinen Fallback geben, denn diese muss nicht in Echtzeit kalkuliert zu werden. Man berechnet sie ohnehin einige Tage nach der Transaktion, da es ja nachträglich noch Stornierungen und andere Änderungen geben kann. Man kann sich also den Luxus leisten, sie erst dann zu berechnen, wenn das Business-Intelligence-System wieder verfügbar ist.

Was tut man nun mit der Prämie, die man während der Transaktion in Echt-zeit berechnen musste, um den Mitarbeiter zu steuern? Bedenken Sie, diese Prä-mienanzeige ist effektiv ein Versprechen gegenüber dem Mitarbeiter. Sie können nur dazwischen wählen, entweder ein falsches Versprechen zu machen oder gar keines. Eine kluge Fachseite entscheidet sich dafür, kein Versprechen zu machen. Man würde also dann, wenn das System ausfällt, gar keine Prämie anzeigen. Der Verkäufer weiß dann, dass er im Hinblick auf die Prämienberechnung auf sich allein gestellt ist. Er ist damit aber nie ganz orientierungslos, denn es gilt immer: je teurer das verkaufte Produkt, desto mehr Prämie.

Zuletzt muss man noch den Fall absichern, dass das analytische System zwar nicht ausfällt, aber falsche Zahlen liefert. Stellen Sie sich vor, die vertragsindividuelle Logik gibt aufgrund einer falschen Konfiguration immer nur den teuersten Tarif aus. Nun wird Ihr Fallback-Mechanismus nicht anspringen, denn das geschieht nur, wenn das analytische System nichts liefert. Aber der teuerste Tarif ist für 98 % Ihrer Kunden absolut nicht verkaufbar. Es ist letztlich so schlimm wie ein Totalausfall des Verkaufsprozesses.

Es würde sich etwas besser gestalten, wenn Sie in Ihrem Verkaufsprozess einen Not-Knopf hätten, mit dem ein fachlicher Entscheider das analytische System mit sofortiger Wirkung vom Verkaufsprozess abschneiden kann. Es würden dann gar keine Tarife mehr geliefert und der Fallback würde bei jeder Transaktion wirken und zumindest die schlimmsten Konsequenzen verhindern. So ein Knopf ist eine gute Idee, denn er wirkt sofort. Hat man ihn nicht, muss man auf dem normalen Anforderungsweg eine Logikänderung veranlassen, die dann schlimmstenfalls mehrere Tage dauert. Trotzdem ist so ein Knopf vielleicht noch nicht für Ihre Zwecke ausreichend, denn es muss ja ein Entscheider da sein, der ihn betätigt. Das setzt auch voraus, dass das Problem erst einmal auffallen muss. Selbst wenn viele Händler oder Agents gleichzeitig Alarm schlagen und Fehlertickets öffnen, dauert es oft Stunden, bis so ein Schritt unternommen wird.

Besser wäre noch, wenn der Fallback automatisch ausgelöst wird. Man müsste dann den Trigger für den Fallback intelligenter definieren und zwar transaktionsübergreifend. Wenn bei einem solchen Trigger diese Entscheidung bei jeder einzelnen Transaktion isoliert getroffen wird, müsste man nun aufgrund von Mittelwerten oder Verteilungen das ganze System in den Fallback-Modus setzen. Einzelne Transaktionen fragen dann gar nicht mehr das analytische System ab, bis ein Entscheider den Fallback-Modus offiziell beendet. Die Trigger-Logik kann man nun theoretisch beliebig kompliziert gestalten, in der Realität ist man aber sehr begrenzt, denn diese Logik liegt eben nicht im analytischen System, sondern im Verkaufs- oder Buchungsprozess selbst. Und dieser ist oft nicht dazu in der Lage, statistische Auswertungen der Transaktionen zu unterstützen. Aber genau das benötigen Sie in dieser Situation. Wenn mehr als 70 % Ihrer Anfragen beim analytischen System weniger als zwei Zieltarife erhalten, würden Sie zum Beispiel eingreifen wollen. Aber welches System soll das kalkulieren und den Echtzeit-Prozentwert bei jeder Transaktion aktualisieren?

Es besteht die Möglichkeit, diese etwas kompliziertere Trigger-Logik im analytischen System einzubauen. Voraussetzung ist, dass dieses Business-Intelligence-System verfügbar ist, dessen Logik aber fehlerhaft arbeitet. Es ist denkbar, dass dieses System die eigentliche Business-Logik (also zum Beispiel Restriktion) durch eine zweite Logik, die Trigger-Logik, überwacht. Hat ein Umsetzer die

Restriktionslogik beschädigt, ist die Trigger-Logik vermutlich weiterhin intakt und führt zum Fallback, rettet also die Situation.

Sie sehen, es gibt durchaus viele Möglichkeiten, durch kluges Design das Eingreifen eines Business-Intelligence-Systems in Geschäftsprozesse vertretbar zu machen. Durch solche Sicherungen werden Projekte natürlich nicht billiger. Am Ende des Tages gibt es aber keine Alternative, denn man kann es sich weder leisten, seine Geschäftsprozesse unoptimiert zu lassen, noch kann man echte Prozesskatastrophen riskieren.

10.1.2 Ideologische Konflikte zeigen sich erst richtig im Betrieb!

Während Sie im Rahmen eines Projekts eine revolutionäre Neuerung vorbereiten, sind Sie oft noch stark isoliert von der Betriebsrealität um Sie herum. Selbst wenn Sie eine Roadshow nach der anderen machen und alle Register ziehen, um die Stakeholder ins Boot zu holen, so kommen diese Informationen meistens noch nicht bei denen an, die auf der Arbeitsebene das operative Tagesgeschäft führen. Selbst wenn Sie die hier dargelegte prinzipienbasierte Wertorientierung erfolgreich aufbauen, so werden Sie spätestens im Betriebsübergang feststellen, dass der Großteil der Organisation weiterhin an seinen vorherigen Prozessen festhält. Dabei trifft die Vertreter dieser althergebrachten Arbeitsweise keine Schuld. Sie haben vielleicht in großen Veranstaltungen die neue Methode hochgelobt, aber sind anschließend in den Arbeitsalltag zurückgekehrt und machen alles wie bisher.

Nehmen wir als Beispiel die Art und Weise, wie Rabattaktionen gestaltet und umgesetzt werden. Mit einem Rabatt schenkt man dem Kunden von je her etwas Geld unter einem ganz bestimmten Thema: ein Jubiläumsrabatt, ein Studentenrabatt und so weiter. Dabei bleiben es stets fünf Euro.

Beispiel

Ein Marketingmitarbeiter hat ein bestimmtes Rabattbudget. Er darf fünf Millionen Euro ausgeben, um Verkäufe anzukurbeln. Dafür lässt er einen ganz bestimmten Jubiläumsrabatt im Wert von fünf Euro einrichten. Er hat also genug Budget, um ihn eine Million Mal einzusetzen. Mit dem Controlling handelt er jetzt aus, in welchen konkreten Situationen er ihn vergeben darf. Man einigt sich, dass der Rabatt mit den Tarifen MKULTRA und MKMEGA kombiniert werden darf, letzteres aber nur in einem Bundle mit einem bestimmten Endgerät. Wie immer gibt es zahlreiche Ausnahmen. Denken wir uns einige aus. Besonders zu berücksichtigen sind natürlich wieder die

Kündiger, aber nur jene, die nur noch weniger als vier Monate von der finalen Deaktivierung des Vertrags trennt. Aber auch einige Nichtkündiger dürfen den Rabatt in Anspruch nehmen, denn kürzlich gab es einen Report, dass Neukunden, die weniger als drei Monate dabei sind, besonders häufig wieder abspringen. So oder so ähnlich kompliziert könnte eine Vereinbarung zur Verwendung eines Rabattbudgets aussehen.

Dies ist eine ganz typische Situation. Es ist ein neuer themenbezogener Rabatt entstanden, mit einer ganz eigenen Logik, die sofort recht kompliziert werden kann. Es gab bereits zahlreiche Male einen Fünf-Euro-Rabatt in der Geschichte des Unternehmens und einige davon sind sogar noch im Einsatz. Es gibt Marketingmanager, die einen Großteil ihrer Karriere damit verbringen, immer die gleichen Rabatte neu mit dem jeweils aktuellen Produktportfolio zu bündeln und dem Ganzen jedes Mal einen neuen Namen zu verpassen. Gönnen Sie sich doch einmal einen Blick in die Rabatthistorie Ihres Unternehmens. Sie erblicken beispielloses Chaos, eine unendliche Zusammenstellung aus den immer gleichen Rabattbeträgen mit etwas anderen Kombinationsregeln und völlig neuen Namen. Es ist jedes Mal das gleiche Geldgeschenk, aber es entwickelt eine zusätzliche Komplexität.

Außerdem hat die Logik immer den gleichen Hintergrund: man versucht natürlich, wertorientiert zu sein. Teure Produkte dürfen auch größere Rabatte bekommen und Kündiger oder andere gefährdete Kunden bekommen zusätzliche Privilegien. Aber das Ganze ist inkonsequent. Bei jedem neuen Jubiläumsrabatt erfindet man Wertorientierung ein wenig neu und verwendet unterschiedliche Wertkriterien. Mal werden alle Kündiger privilegiert, mal nur die, die nah an der Deaktivierung sind. Manchmal werden auch Nichtkündiger gelockt, wenn sie gefährdet erscheinen. Ein andermal ist die Wertkennzahl der Umsatz, dann der Deckungsbeitrag und so weiter. Obwohl dies alles suboptimal ist, ist man daran gewöhnt und besteht darauf. Wenn der Owner des Rabatts grünes Licht für seine Aktion hat, will er sie umsetzen und sein Budget einsetzen. Was wird er tun, wenn Sie nun seine mühsam erkämpften fünf Millionen Euro Ihrem pauschalen Wertorientierungsprinzip unterwerfen wollen?

Jetzt vertreten Sie einen neuen Wertsteuerungsansatz, der auf Prinzipien basiert, die produktübergreifend sind. Wenn Ihnen ein Kunde begegnet, denken Sie noch lange nicht über konkrete Tarife, geschweige denn über Rabatte nach. Sie fragen zunächst: wie viel Geld kann ich monatlich von diesem Kunden verlangen? Dies ist abgebildet in einer Restriktionslogik, die keine einzelnen Produkte nennt, sondern nur eine Umsatzgrenze. Ihr Urteil lautet: Der Umsatz darf nicht um mehr als fünf Euro sinken. Sodann fragen Sie nicht nach konkreten

Jubiläums- und Studentenrabatten, sondern Sie prüfen, wie viel zukünftiges Upselling-Potenzial Sie aufgeben müssen, um dem Kunden hinreichend attraktive Leistungen für seine Gebühr anbieten zu können. Sie sind bereit, ihm für seine Gebühr maximal eine Leistung zu bieten, die eigentlich zehn Euro mehr kosten würde.

Dass Sie für diesen Kunden diese Entscheidungen getroffen haben, basiert auf dem unbestechlichen, zentralen Strategiemodus, der immer gleich berechnet wird, egal welcher Tarif oder welcher Rabatt gerade beworben wird. Wenn Sie nun also Ihrem Kunden Leistungen im Wert von zehn Euro schenken wollen, dann brauchen Sie einen Rabatt in Höhe von zehn Euro. Dieser Rabatt benötigt aber keine weiteren Eigenschaften oder gar Regeln. Die Rabatte, die Sie in Zukunft nur noch benötigen, sind nicht-themenbezogen, sondern einfach eine Währung, die Sie dem Kunden auszahlen können. Sie brauchen also nicht zig verschiedene Rabatte der gleichen Höhe, sondern nur einen einzigen. Dieser hat keine Regeln, sondern seine Auswählbarkeit hängt nur vom Verhandlungsbudget ab.

Sie können sich nun vorstellen, welche Konflikte Sie im Betrieb austragen müssen. Die Marketingmanager lassen weiterhin themenbezogene Rabatte entwickeln und verlangen, dass diese immer genau dann eingesetzt werden können, wenn die rabatteigenen Regeln es vorschreiben. Sie hingegen wollen zunächst einmal verhindern, dass überhaupt noch derartige Rabatte erdacht werden. Misslingt Ihnen dies, dann wollen Sie zumindest jeden neuen Jubiläumsrabatt Ihrem Verhandlungswert unterwerfen. Tun Sie das, wird der Rabatt gleich durch zwei Restriktionen eingeschränkt: durch Ihren Verhandlungswert und seine eigenen komplexen Rabattregeln. Die doppelte Restriktion führt dazu, dass der Rabatt seltener als vom Owner geplant eingesetzt wird und weniger Wirkung zeigt. Aber bis es soweit kommt, hat sich der Rabatt-Owner vermutlich bereits beschwert. Wie der Konflikt ausgeht, hängt von Unternehmenspolitik, dem Charisma der Führungskräfte und ihrer Konfliktbereitschaft ab. Vor allem aber hängt es davon ab, ob Ihr Vorgesetzter – der Owner der prinzipienbasierten Wertorientierung – tatsächlich daran glaubt, dass diese Philosophie seiner persönlichen Zielerreichung nützt, oder ob er es nur als eine Story sieht, die er dem Vorstand verkaufen kann. Denn diese wird auch dann noch intakt bleiben, wenn man die Wirkung dieser Wertorientierung bereits komplett untergraben hat, indem man zum Beispiel weiterhin Spezialrabatte entwirft und vom Verhandlungsbudget befreit.

Rechnen Sie damit, dass diese Konflikte ungefähr in der Woche einsetzen, in der der Launch Ihrer prinzipienbasierten, produktübergreifenden Methode ansteht. Die Sponsoren Ihres Vorhabens müssen Ihnen genau in dieser Phase den Rücken stärken. Werden sie das tun?

10.2   IT-Betrieb von Logikanteilen

10.2.1 Hauptsache es läuft! IT-Betrieb ist nicht gleich Betrieb!

Der IT-Betrieb ist hauptsächlich um eine möglichst hohe Verfügbarkeit und Performance der IT-Systeme bemüht. Hier werden Service Level Agreements (SLA) abgeschlossen, um zwischen der Erwartungshaltung und den dazu notwendigen Aufwänden vertraglich zu vermitteln. Jede Änderung an den laufenden IT-Systemen ist im Grunde eine Gefahr für die Stabilität und damit für die Verfügbarkeit. Hierzu zählen die zahlreichen Softwareänderungen für neue Funktionalitäten in Form von Projekten genauso wie Änderungen an Konfigurationen und Parametern im laufenden Betrieb. Änderungsanforderungen und Stabilität sind von Grund auf also Gegensätze, die auszugleichen sind. Eine wesentliche Maßnahme, um die Risiken von Änderungen auf die Performance, die Stabilität und die Verfügbarkeit zu verringern, ist Qualitätssicherung. Zur Qualitätssicherung gehören nicht nur die Testaktivitäten, wie sie umfangreich in Softwareprojekten geplant und durchgeführt werden, sondern auch die konzeptionelle Robustheit der Funktionen gegen Konfigurationsanpassungen und Parameteränderungen.

Regelwerkskomponenten nehmen hier eine spezielle Rolle ein. Sie sind quasi Zwitter. Auf der einen Seite verhalten sie sich wie Software, enthalten funktionellen Code und sind damit so risikovoll wie Software selbst. Auf der anderen Seite verhalten sie sich wie Konfigurationen und Parameter, die man zu jeder Zeit austauschen, verändern und adaptieren möchte. Die wichtigste Aufgabe bei der Einführung von Regelwerkskomponenten ist die Absicherung der Schnittstellen zwischen dem Regelwerk und des restlichen Softwareenvironments. Neben den fachlichen Maßnahmen innerhalb des Regelwerks, damit keine falschen Entscheidungen innerhalb des Regelwerks getroffen werden, müssen eine Reihe von Maßnahmen ergriffen werden, damit das Regelwerk rein technisch nicht versagt. Dies Art von Robustheit gilt insbesondere für die flexible Datenschnittstelle als auch gegenüber unbekannten Eingangsparametern. Hierauf muss beim Konzept und bei der Einführung im Test ein besonderes Augenmerk gelegt werden.

Ein weiteres Risiko im Zusammenhang mit Regelwerkskomponenten ist das Thema Performance. Gerade die notwendige Flexibilität eines Regelwerks ist es, warum das Thema Performance die volle Aufmerksamkeit benötigt. Änderungen an den inneren Funktionen eines Regelwerks, eine massive Zunahme der zu verarbeitenden Datenelemente oder gar eine ungünstige Kombination einer Berechnungsfunktion können schnell die Performance eines ganzen Regelwerks kippen lassen. Auch vonseiten der Symptome kann alles Erdenkliche auftreten. Gerade ein Regelwerk arbeitet **nicht** nach dem Grundsatz „funktioniert oder funktioniert nicht". Die Logik selbst sorgt dafür, dass ein Regelwerk sich ganz unterschiedlich verhalten kann.

Performanceprobleme, Fehler und sonstige Erscheinungen sollten also ernst genommen werden. Verlassen Sie sich nicht allein auf das allgemeine IT-Incident-Management oder die gemeldeten Fehler und deren Beseitigungsprozesse (siehe Abschn. 10.2.2). Sowohl für die fachlichen als auch für die technischen Analysen brauchen Sie Loggingmechanismen und Auswertungen, die Ihnen ermöglichen, das Verhalten einer Regelwerkskomponente in Abhängigkeit vom Einsatzkontext zu beobachten.

- Stellen Sie sich frühzeitig die Frage, wie Sie das zeitliche Antwortverhalten beobachten werden.
- Wie können Sie die Situationen analysieren, in denen Ihr Regelwerk immer besonders lange braucht?
- Welche Gemeinsamkeiten weisen die Eingangsparameter in diesen Situationen auf und welcher Teil der Logik wird durchlaufen?
- In welchen Situationen haben Fallbacks zugeschlagen?
- Wie oft fehlen Daten, die Sie in der Logik benötigt hätten und die nun einen Daten-Fallback (Abschn. 4.4.1) nutzen müssen?

Der IT-Betrieb kann Ihnen diese Antworten selten out-of-the-box geben, auch wenn Sie noch so vehement danach fragen werden.

Wie bereits erwähnt, sind Änderungen im reinen IT-Betrieb immer eine Gefahr und werden damit als Risiko gesehen. Denken Sie daran, dass trotz Robustheit der Schnittstellen und Ihres Qualitätssicherungsprozesses eine Änderung auch immer unerwünschte Auswirkungen haben kann. Aus diesem Grund ist es immens wichtig, die Transparenz von Änderungen entsprechend gut zu gestalten. Die IT muss informiert sein, wenn Sie größere Änderungen in der Logik planen. Oft werden die Freigabeprozesse im Fachbereich in Richtung IT durch einen weiteren Freigabeschritt als Change abgesichert. Es schließt sich eine erhöhte Aufmerksamkeit im IT-Betrieb an, falls sich die Stabilität der IT-Systeme verändern würden. Im Fall der Fälle muss allen Beteiligten klar sein, was es bedeutet, ein neu produktiv gesetztes Regelwerk wieder auf den alten stabilen Stand zurückzusetzen. Das wird umso schwieriger, wenn Regelwerke voneinander abhängig sind und nur gemeinsam einen konsistenten Stand abbilden. Es ist keine gute Idee, diese Dinge erst zu diskutieren, wenn Sie in einer Notsituation sind. Konzeptionell sollten die Fallback-Szenarien zwischen IT und der betreuenden Fachseite in jedem Change vorher klar konzipiert und offengelegt werden.

Vielleicht kann es aber auch sinnvoll sein, einen echten Notbetrieb zu implementieren, wenn es denn möglich ist. Bestimmte Regelwerke sind hilfreich, aber es geht auch ohne. Wenn Ihr Empfehlungsregelwerk nicht funktioniert, egal ob technisch oder fachlich, geht es auch so in den Prozessen weiter. Bei den anderen vier Steuerungsinstrumenten wäre ein Ausfall fatal. Einen Notbetrieb zu konzeptionieren, ist nicht einfach. Sie verlieren jegliche Steuerungsunterstützung und fallen auf eine sehr simple Unterstützung zurück. Oft ist es sinnvoller, in Ausfallsicherheit zu investieren, um eine derartige Situation zu vermeiden.

Schnell werden die Kollegen im IT-Betrieb oder Ihr Outsourcing-Partner lernen, dass Regelwerke eine etwas andere Aufmerksamkeit benötigen. Spätestens wenn sich die Erkenntnis durchsetzt, dass an Fehlern innerhalb eines Regelwerks nicht immer der IT-Betrieb schuld ist, werden Sie merken, wie sich das Engagement verbessert.

10.2.2 Fachliches Monitoring und Notfallfunktionen

Für den technisch reibungslosen Betrieb Ihrer neuen Regelwerkskomponenten wird der IT-Betrieb sorgen. Das betrifft die Hardware genauso wie die Fail-Over-Systeme im Rechenzentrum. Eine weitere Disziplin sollte das fachliche Monitoring Ihrer Steuerungskomponenten sein. Ein ganzer Tag mit nicht korrekt funktionierenden Regelwerksinstrumenten kann eine Menge Geld verbrennen und viel Nacharbeit bedeuten. Wenn Sie, wie bereits im Abschn. 4.4 Datenmanagement beschrieben, eine ausreichende Vorsorge für fehlende oder falsche Daten in den Regelwerken getroffen haben und durch Datenqualitätsmonitoring bereits wissen, dass diese Situationen nicht signifikant sind, haben Sie hier wenig zu befürchten.

Aber ein kleiner Fehler in einem Regelwerk kann trotzdem einen hohen Schaden produzieren. Deswegen bleibt ein ungutes Gefühl, auch wenn Sie hierfür in den Regelwerken vorgesorgt haben. Es wird Sie ereilen, wenn Sie einmal eine etwas umfangreichere Änderungen an Ihren Regelwerken vornehmen und diese anschließend produktiv nehmen. Wie erkennen Sie, ob alles korrekt funktioniert? Etwas entspannter werden Sie sein, wenn Sie die neuen Regelwerke vorher in der Simulationsumgebung an einem Sample ausprobiert haben und sowohl technisch als auch fachlich sicher sein können, dass sie funktionieren. Ein Business-Monitoring könnte trotzdem nicht nur nach einer umfangreichen Produktivsetzung helfen, sondern auch im normalen Betrieb.

Eine derartige Funktion zu konzipieren, ist auf Basis Ihrer Loggingmechanismen und mit ein paar Handgriffen in den Prozessen, die Sie damit steuern, schnell gemacht. Für ein Businessmonitoring benötigen Sie die Verknüpfung der

Ergebnisse einer Entscheidung (Prozess) mit dem Regelwerks-Output Ihrer Steuerungsinstrumente. Protokollieren Sie die gemachten Entscheidungen in Ihren
Prozessen, egal ob es zu einer Buchung gekommen ist oder nicht, und verknüpfen
Sie diese mit den Regelwerksergebnissen. Das ist nicht bei allen Steuerungsinstrumenten sinnvoll, aber für die nachträgliche Auswertung (Reporting und Analyse) und für ein Business-Monitoring extrem hilfreich.

10.2.3   Fehler finden, aber wie? Wahrheiten über das Incident-Management

Wie Sie bereits im Abschn. 10.2.1 zum IT-Betrieb erfahren haben, verhalten sich
Regelwerkskomponenten höchst eigenartig. In Fehlersituationen können die
Ursachen in fehlerhaftem Code oder den verarbeiteten Daten liegen oder gar konzeptioneller Natur sein. Gerade diese Eigenschaft macht es besonders schwer, aus
den Symptomen die Ursache zu erkennen. Denn: Fehler sind nicht immer Fehler! Besonders deutlich wird das beim Bearbeiter, der in der Regel nur die Ergebnisse der wertsteuernden Instrumente und der darunterliegenden Regelwerke zu
Gesicht bekommt. In den agentenlosen Kanälen ist es überhaupt nur der Kunde
selbst, der mit den Ergebnissen leben muss. Wie wir im Abschn. 10.1 zum fachlichen Betrieb bereits gehört haben, sollte das Regelwerk selbst gewisse Situationen ausschließen, um Schlimmeres zu verhindern. Eine Provision in Höhe von
10.000 EUR durch einen Regelberechnungsfehler sollte durch sinnvolle Max-
Funktionen als Begrenzer genauso ausgeschlossen sein wie Verhandlungsbudgets
in Höhe von 0,01 EUR oder negative Werte.

Wenn nun aber zum Beispiel die Empfehlungsmaschine keine Empfehlungen
produziert, kann das ein Fehler sein oder aber ein völlig korrektes Ergebnis der
Logik. Das kann der Agent niemals wirklich beurteilen. Wenn die Empfehlungsmaschine nun aber bei jedem Kunden und in jeder Situation mehrere Empfehlungen erzeugt und nach einer Änderung zum Monatswechsel dies auf einmal
bei keinem Kunden mehr passiert, liegt es schon sehr nahe, dass hier ein Fehler vorliegt. Ob dieser Fehler nun technischer oder fachlicher Natur ist – sprich
Regelfehler –, kann man noch nicht sagen. Stellen Sie sich einfach vor, dass in
diesem Umfeld alles passieren kann. Da werden die falschen Dateien (technische
Ausprägung eines Regelwerkes) an falsche Orte kopiert. Es werden nicht alle
technischen Maschinen mit dem gleichen neuen Regelwerk ausgestattet oder die
Maschinen des Empfehlungsregelwerkes sind einfach abgestürzt und keiner hat
es gemerkt, um beim Beispiel zu bleiben. All dies sollte bei einem wohldefinierten IT-Betrieb und vernünftig geplanten Changeprozessen natürlich nicht passieren, aber in der Realität sieht das anders aus!

Bei der Beurteilung von fachlich seltsamen Ergebnissen von Regelwerken im Umfeld der Wertsteuerungsinstrumente und Regelwerke ist die IT im Betrieb oft überfordert. Das ist nachvollziehbar, weil viele Themen ein weitaus umfangreicheres fachliches Know-how erfordern, als es im IT-Betrieb vorhanden ist. Eine wichtige Konsequenz ist es deshalb, die Incident-Prozesse so zu erweitern, dass die Organisationsbereiche, die sich mit der Erstellung der Regelwerke beschäftigen, eine offizielle Rolle als Lieferant in der IT bekommen. Das wird für die IT neu sein, ist aber sehr wirkungsvoll. Sagen Sie der IT ruhig, dass Sie als „Softwarelieferant" im Incident-Prozess auftreten wollen, dann bekommen Sie die richtige und notwendige Rolle.

Jetzt müssen Sie die Incident-Manager im IT-Betrieb noch dazu befähigen, ein gewisses Gespür zu entwickeln, wann Symptome aus dem First Level Support auf Fehler im Regelwerk hindeuten, um entsprechende Tickets zu eröffnen. Weitaus schwieriger ist es, vermeintliche Fehler bei den Agenten zu behandeln, die gar keine sind. Die IT-Incident-Prozesse werden diese schließen mit der Antwort „works as designed", sobald sie sich rückversichert haben. Für den Agenten ist es oft wie ein Schlag vor den Kopf, war er doch sicher, dass dies ein Fehler sein muss. Wie bekommt er nun fachlich fundiert die richtige Antwort, warum dies im Sinne der Wertsteuerung „nicht falsch" ist? Diese Situation deutet sicher darauf hin, dass Ihre Informationen nicht bis zum letzten Mitarbeiter verteilt oder fachlich nicht verstanden worden sind. Eine Analyse der First Level Incidents oder eine gute und umfangreiche Pilotphase wie in Abschn. 8.3.3 beschrieben kann hier helfen.

Betriebsprozesse und Qualitätssicherung

Beim fachlichen und technischen Betriebsübergang werden durch die Integration von Regelwerkskomponenten neue Wege beschritten. Die Fachabteilung taucht noch umfassender als Lieferant von mächtigen Steuerungskomponenten auf und sollte in die Betriebsabläufe integriert werden. Mit den richtigen funktionalen Voraussetzungen, insbesondere für die Fehleranalyse und für das operative Monitoring, gelingt das umfassend.

Deep Customer Value in der Zukunft

Digitale Transformation kommt nicht von allein

Zusammenfassung

Bei der Umsetzung des Deep Customer Value werden Sie noch viele Spielarten erleben. So schnell wird der Kampf nach innen und außen nicht zu Ende sein. Im Gegenteil. Immer neue Ideen und Möglichkeiten werden die Kundeninteraktion und die Vertragsgestaltung prägen. Die Transparenz des Kunden wird sich weiter erhöhen. Neue Mechanismen des Machine Learnings werden durch immer ausgeklügeltere analytische Modelle und Algorithmen noch schnellere Ergebnisse liefern. Entscheidend wird sein, wie effizient und schnell Sie diese Ergebnisse in den eigenen Unternehmensprozessen nutzbar machen können. Die ein oder andere Verirrung oder Niederlage wird dabei nicht ausbleiben. Auch hier trennt sich Spreu vom Weizen basierend auf der Art, wie effektiv und umfassend Sie aus Ihren Fehlern lernen werden.

Die Digitale Transformation wird weiter alle Branchen und Bereiche durchdringen [1]. Schon heute sehen wir erste disruptive Veränderungen. Der Predictive-Analytics-Technologie und der Blockchain-Revolution [2] schreibt man wahre Wunder zu. Ohne zu optimistisch zu sein, werden sich weitere neue Technologien und Werkzeuge etablieren, die eine wertorientierte Steuerung und die Kundeninteraktion noch besser machen.

Wie weit werden es Algorithmen schaffen und sich in Unternehmen ausbreiten? Es gibt kühne Vorhersagen darüber, welche Arbeitsplätze demnächst durch Roboter oder sonstige autonome Mechanismen ersetzt werden. Inzwischen laufen nicht nur Fließbandarbeiter und Berufskraftfahrer, sondern auch einige hoch qualifizierte Berufsgruppen Gefahr, überflüssig zu werden. Ärzte und Anwälte drohen durch Diagnosealgorithmen und Expertensysteme ersetzt zu werden. Sollte es nicht auch den Produktmanagern so ergehen, wenn ein Algorithmus Lücken im Produktportfolio automatisch erkennt und diese gleich selbstständig schließt? Und sollten nicht die Marketingmanager ihre Sachen packen müssen, wenn eine Kampagnenmanagement-Software erkennt, dass der Kundenbestand reif für eine weitere Maßnahme ist und diese dann fast automatisch anstößt? Endet dies in einem Szenario, wo am Ende der Marketingleiter nur noch Maschinen oder Algorithmen unter sich hat, in denen er einmal pro Woche die Umsatzziele neu justiert und dann sich anderen Dingen widmet? Abgesehen vom kleinen Stab der KI- oder Data-Science-Experten, die die Maschinen am Laufen halten, gehen dann morgens nur noch die Texter und Grafiker ans Werk, um sich von den Algorithmen die Vorgaben für die Ausgestaltung der automatisch entstandenen Kampagnen abzuholen.

Aber das wird vielleicht nicht so schnell passieren. Mächtige Algorithmen breiten sich viel langsamer aus, als es schon längst technisch möglich wäre. Die meisten Unternehmen halten sie in wenigen isolierten, eingeschränkten Anwendungsfällen gefangen und sind organisatorisch gar nicht in der Lage, dies auf neue Fragestellungen auszudehnen. Ein Score, der alle zwei Monate beim Analytical CRM neu bestellt wird, wird wie ein neues Werkzeug oder ein Staubsauger betrachtet. Dass es auch andere Problemstellungen im Unternehmen gibt, auf die man diese Algorithmen anwenden könnte, muss erst einmal erkannt werden und das geschieht oft nicht oder viel zu langsam.

Jüngere Unternehmen, die von vornherein um einen Algorithmus herum konzipiert wurden, sind anders. Google hat sich den Sortierungsalgorithmus der Suchergebnisse nicht erst im Nachhinein überlegt. Niemand musste dort dafür kämpfen, dass man hierfür Technik auf höchstem Niveau einsetzt. Gleichen Rang hat der Algorithmus, der bei Facebook entscheidet, welche Posts Ihnen angezeigt werden, ebenso natürlich auch die Empfehlungslogik von Amazon und vielleicht trifft dies sogar auf den Matching-Algorithmus von Parship zu. Alle diese Algorithmen sind Kernkompetenzen und Teile des Geschäftsmodells und werden stetig weiterentwickelt. Wenn Ihr Unternehmen aber eine lange Geschichte hat und Arbeitsprozesse noch aus dieser Zeit stammen, müssen sich Algorithmen ihren Platz erst erkämpfen. Vermutlich gibt es bereits den ein oder anderen isolierten Algorithmus aus der Vergangenheit (zum Beispiel die Auslastungsprognosen eines Stromanbieters oder die geografische Anordnung von Versorgungsnetzknoten) und Sie müssen diesen eventuell erst in ein neues Licht rücken und konzeptionell einordnen.

Während Google und Amazon also mit ihrer Intelligenz die Welt erobern, ist es überhaupt nicht selbstverständlich, dass Ihr Unternehmen von dieser Art des Fortschritts profitieren kann, bevor es vielleicht verdrängt wird. Schlanke Unternehmen, die von vornherein Algorithmen auf einem überragenden Niveau haben, werden sich durchsetzen. Veraltete und mit Bauchgefühl manuell gesteuerte „Supertanker", die Algorithmen nur als notgedrungene Rationalisierung in der Peripherie einsetzen, werden untergehen oder an Bedeutung verlieren. Ob es überhaupt möglich ist, diese Art der Intelligenz nachträglich ins Herz der Unternehmensentscheidungsprozesse zu integrieren, werden uns erfolgreiche Marktteilnehmer in der Zukunft noch zeigen müssen. Wenn Sie dabei sein wollen, sollten auch Sie diesen Kampf aufnehmen. Mit einer guten konzeptionellen Grundlage können Sie das Hineinwachsen in eine auf Algorithmen und Regeln basierende Welt deutlich verbessern.

Mit Sicherheit könnten diese Konzepte auch mit einigen Anpassungen auf das Neukundengeschäft angewendet werden. Hierzu ist die Verbesserung der Ausgangslage bezogen auf die Daten bereits vor dem ersten Vertragsabschluss notwendig. Das könnte gelingen. Heute schon wird daran gearbeitet, den potenziellen Neukunden mit diversen Eigenschaften rechtzeitig zu kennen, wenn er noch gar nicht Kunde ist, aber großes Interesse zeigt. Für die Arbeit mit Affinitätsmodellen ist das sicher eine gute Entwicklung und wird Fortschritte zeigen. Warum sollten Sie Zeit im Vertrieb verschwenden, wenn der Kunde für ein bestimmtes Feature oder Produkt überhaupt kein Grundinteresse aufweist?

Ein weiteres spannendes Zukunftsthema mit disruptiver Bedeutung könnte das Thema Private oder Dynamic Pricing haben. Hierbei handelt es sich um einen echten kundenindividuellen Preis – direkt in der Situation erzeugt! Ein paar erste Kostproben davon gab es schon,[1] auch wenn diese nicht so ganz individuell waren wie möglich. Diese Versuche erzeugen regelmäßig eine Menge an Empörung. Ganz allgemein befinden wir uns, ohne es so wirklich zu merken, bereits auf einem Weg zu immer mehr Individualisierung in der Vertrags- und Preisgestaltung. Das ist ein globaler Trend in allen Branchen, die mit Digitalen Vertragsprodukten arbeiten. In jeder Branche gibt es eine Menge an Begründungen, warum das sinnvoll und notwendig ist. Dies ist selbstverständlich der Gegentrend zur immer besser werdenden Transparenz durch das Internet. Vergleichbarkeit der Angebote für den Kunden ist nicht gerade hilfreich für die Konkurrenz. Ohne gute und ehrliche Gründe wird aber ein Kunde dieser Entwicklung sicher skeptisch gegenüberstehen. Warum sollte eine Person höhere Preise zahlen, nur weil der Anbieter frühzeitig erkennen kann, dass es sich um einen solventen Kunden handelt?

---

[1]Es gibt immer wieder Berichte über unterschiedliche dynamische Preisgestaltung und Abhängigkeiten von bestimmten Eigenschaften des Kunden. [3].

Interessant ist zu beobachten, was dies eventuell für das Marketing und die Werbung bedeuten wird. Im Hinblick auf Private Pricing oder Dynamic Pricing haben Werbekampagnen mit Preisen ja immer weniger Sinn. Sie kennen das berühmte „ab ... Euro" in der Werbung. Die vielen klein gedruckten Fußnoten erzeugen eher Angst und Unbehagen. Eine Gegenbewegung hierzu ist die Konzentration der Werbung allein auf eine emotionale Markenbindung. Sicher ein lohnenswertes Ziel, weil es in Zeiten schneller Änderungen nachhaltiger zu sein scheint und den Weg frei macht für Dynamic Pricing.

Das Thema Daten wird uns alle in den nächsten Jahren am umfangreichsten in Beschlag nehmen. Das resultiert auf der einen Seite in dem ungebremsten Boom der Erzeugung von immer mehr Daten. Zum anderen erwartet man weiterhin entsprechende Wunder. Die Autoren sind hier zumindest skeptisch, ob die Integration von noch mehr Daten im Zusammenhang mit den Wertsteuerungsinstrumenten wirklich so viel Potenzial freisetzen kann. Auf jeden Fall wird man weiter investieren müssen in Data Analytics und Data Science, um beweisen zu können, was tatsächlich in den Daten steckt. Gehen Sie ruhig davon aus, dass die Komplexität im Umgang mit den Daten weiter steigt. Dieser Entwicklung entgegen laufen die Datenschutzbemühungen, die zu Recht im Aufwind sind. Missbrauch von Daten und der Schutz personenbezogener Daten ist ein immer wichtiger werdendes Gut, was noch mehr in den Fokus rücken wird. Hier heizt sich die gesellschaftliche Stimmung weiter an.

Noch kein Wort haben wir über selbstlernende Mechanismen verloren, werden sie doch bereits eingesetzt. Sie kennen sicher die Empfehlungsmaschinen in Internetshops, die Ihnen ständig zeigen, was andere Kunden zusätzlich zu den von Ihnen ausgewählten Produkten gekauft haben. Das sind interessante Funktionen und sie basieren tatsächlich auf selbstlernenden Mechanismen. Sie beruhen allein darauf, eine auf der Affinität des gemeinsamen Kaufs basierende Statistik auszuwerten. Das ist wenig komplex und doch sehr erfolgreich. In mengenorientierten Aktivitäten – zum Beispiel beim Produktverkauf – ist das eine gute Idee. Jeder zusätzlich motivierte Kauf ist Umsatz und damit auch Gewinn, wenn gut kalkuliert wurde.

Wenn Sie hingegen digitale Produkte wertorientiert steuern wollen, sollten Sie sich heute noch nicht so schnell in die Hände selbstlernender Systeme begeben. Aber vielleicht ist es gerade diese Facette, die eine Zukunft haben könnte. Wenn es möglich ist, wertorientierte Mechanismen so zu beschreiben, dass die konzeptionellen Zusammenhänge analytisch begriffen werden können und Systeme entwickelt werden, deren Logik sich selbst adaptieren kann, dann werden wir vielleicht in eine völlig neue Welt (teil-)autonomer Wertsteuerung eintreten.

Deep Customer Value der Zukunft wird über Technologie und die Lernfähigkeit der Unternehmen ausgetragen, so viel steht fest. Unternehmen, die die Zeichen der Zeit erkannt haben und sich aufmachen, die Digitalisierung und deren Herausforderungen anzunehmen, werden Schritt halten können. Die Konzepte und Zielvorstellungen zukünftiger Steuerungsstrategien werden jetzt entwickelt. Je früher Sie dabei sind, umso besser sind Sie morgen aufgestellt.

Deep Customer Value in der Zukunft

Was immer die Digitale Transformation auch in den nächsten Jahren noch umwälzen wird: Es ist jetzt an der Zeit, sich diesen Themen durch Veränderungen in der Arbeitsweise zu stellen.

Literatur

1. *Brand Eins Wirtschaftsmagazin*. 2016. Es denkt nicht für dich. Schwerpunkt Digitalisierung. 2016 (7).
2. Tapscott, Don, und Alex Tapscott 2016. *Die Blockchain Revolution*. Kulmbach: Plassen.
3. Heise: „Amazon-Deutschland-Chef bestätigt unterschiedliche Preise". https://www.heise.de/newsticker/meldung/Amazon-Deutschland-Chef-bestaetigt-unterschiedliche-Preise-2866554.html. Zugegriffen: 16. März 2017.

Sachverzeichnis

© Springer Fachmedien Wiesbaden GmbH 2017   221
K. Zimmermann und F. Pensel, *Deep Customer Value,*
DOI 10.1007/978-3-658-17972-4

.

The manufacturer's authorised representative in the EU is Springer
Nature Customer Service Centre GmbH, Europaplatz 3, 69115 Heidelberg,
Germany. If you have any concerns regarding our products, please
contact ProductSafety@springernature.com

Printed and bound by CPI Group (UK) Ltd, Croydon, CR0 4YY

27/04/2026

02097670-0001